DOSTOYEVSKI. CHÉJOV. GORKI.

EL ZAPATERO Y EL DIABLO Y OTROS CUENTOS RUSOS

EL ZAPATERO Y EL DIABLO Y OTROS CUENTOS RUSOS
DOSTOYEVSKI. CHÉJOV. GORKI.

Supervisión Editorial: Óscar Flores López
Diseño de portada: Andrea Rodríguez
Administración: Tesla Rodas—Jessica Cordero
Director Ejecutivo: José Azcona Bocock
Primera Edición
Tegucigalpa, Honduras—Febrero de 2026

FIÓDOR DOSTOYEVSKI[1]

[1] Nacimiento: Moscú, Rusia — 11 de noviembre de 1821. Muerte: San Petersburgo, Rusia — 9 de febrero de 1881. Obras más importantes: Crimen y castigo; Los hermanos Karamázov; El idiota; Los demonios y Memorias del subsuelo.

EL COCODRILO

I

Eran las doce y media del trece de enero del presente año de mil ochocientos sesenta y cinco cuando Elena Ivánovna, esposa de Iván Matvéich, erudito amigo mío, colega y algo pariente, aunque lejano, manifestó el deseo de ir a ver el cocodrilo exhibido en el Pasaje por un módico precio de entrada. Iván Matvéich, que tenía ya en el bolsillo el billete para emprender un viaje al extranjero (no tanto por motivos de salud como por afán de instruirse) y, por consiguiente considerándose ya de permiso, estaba totalmente libre de obligaciones aquella mañana, Iván Matvéich, lejos de oponerse al vehemente deseo de su esposa, se sintió también embargado por una ardiente curiosidad.

—¡Magnífica idea! —exclamó muy orondo—. Iremos a ver el cocodrilo. A punto de salir para Europa, no está de más ir conociendo aquí ya los indígenas que la pueblan. Con estas palabras, y tomando del brazo a su esposa, se dirigió inmediatamente al Pasaje en su compañía. En cuanto a mí, siguiendo mi costumbre, emprendí el camino a su lado en calidad de amigo de la casa. Nunca había visto yo a Iván Matvéich de mejor humor que aquella mañana, memorable para mí. ¡Bien es verdad que nuestro destino es un arcano!

Nada más entrar en el Pasaje, Iván Matvéich manifestó inmediatamente su admiración por la munificencia del edificio y, cuando llegamos al local donde era mostrado el monstruo recién traído a nuestra capital, expresó el deseo —cosa que nunca le había sucedido antes— de abonarle por mí al cocodrilero los veinticinco kopeks del billete. Dentro ya del local, que era de reducidas dimensiones, advertimos que, aparte del cocodrilo, había allí loros de la especie extranjera llamada cacatúa y, además, un grupo de simios en un armario especial empotrado en un hueco. Justo al lado de la puerta, a lo largo de la pared izquierda, se encontraba un gran recipiente de cinc parecido a una bañera, cubierto por una sólida tela de alambre y con una pulgada de agua en el fondo.

En aquel charco insignificante era mantenido un tremendo cocodrilo que yacía como un tronco, totalmente inmóvil y, al parecer, privado de todas sus facultades naturales debido a nuestro clima, húmedo y desapacible para los extranjeros. Al principio, aquel monstruo no despertó particular atención en ninguno de nosotros.

—¡Con que esto es un cocodrilo! —exclamó Elena Ivánovna decepcionada. Pues, yo me lo había figurado distinto…

Lo más probable es que se lo hubiera imaginado hecho de brillantes. Un alemán que había salido a recibirnos, el amo, el propietario del cocodrilo, nos miraba muy orgulloso.

—Se comprende —me susurró Iván Matvéich—: sabe que es el único que exhibe ahora un cocodrilo en toda Rusia.

Esta absurda observación, la relaciono yo también con la extraordinaria euforia que embargaba a Iván Matvéich, sumamente envidioso en otras ocasiones.

—A mí me parece que este cocodrilo suyo no está vivo —profirió de nuevo Elena Ivánovna que, molesta por la sequedad del dueño y recurriendo a una maniobra muy propia de las mujeres, le habló con amable sonrisa para rebajarle los humos a aquel grosero.

—¡Oh, perdón señora! —protestó el alemán desollando las palabras y en seguida levantó un poco la tela de alambre y se puso a pincharle levemente en la cabeza al cocodrilo con una varita.

Entonces, para dar señales de vida, el pérfido monstruo agitó un poco las patas y la cola, levantó el hocico y exhaló una especie de prolongado resoplido.

—Bueno, bueno, no te enfades, Kárlchen —pronunció cariñosamente el alemán, cuyo amor propio había quedado satisfecho.

—¡Qué odioso es este cocodrilo! Incluso me ha asustado —gorjeó Elena Ivánovna con mayor coquetería. Ahora, seguro que se me aparece en sueños…

—Pero en sueños no morderá él a usted, señora —observó el alemán con galantería horteril, y fue el primero en reírse la gracia, pero nadie le secundó.

—Mejor será que vayamos a ver los monos, Semión Semiónich —dijo Elena Ivánovna dirigiéndose exclusivamente a mí—. Me encantan los monos. Algunos son tan graciosos… En cuanto al cocodrilo, es horrible.

—¡Oh, no temas, querida! —gritó detrás de nosotros Iván Matvéich dándose el gusto de echárselas de valiente delante de su esposa—. Este soñoliento habitante del reino de los faraones no nos hará nada.

Se quedó junto al recipiente. Por si fuera poco, agarró uno de sus guantes y con él se puso a hacerle cosquillas al cocodrilo en la nariz para obligarle a resoplar de nuevo, según me confesó más tarde. En cuanto al alemán, siguió a Elena Ivánovna, por tratarse de una señora, hacia el armario de los monos.

Así, pues, todo marchaba a la perfección y no era de prever ningún contratiempo. Elena Ivánovna se divertía locamente con los monos y parecía dedicada enteramente a ellos. Pegaba chillidos de alborozo, dirigiéndose siempre a mí como si recalcara que no le prestaba la menor atención al alemán, y reía a carcajadas al descubrir cierto parecido entre los animalitos y algunos conocidos o amigos. También yo me divertía, pues los parecidos que señalaba eran indudables. El propietario alemán, que no sabía si reír o no, acabó muy enfurruñado. Fue en ese preciso instante cuando estremeció la estancia un grito pavoroso y yo diría incluso que sobrenatural.

Sin saber qué pensar, primero me quedé petrificado en el sitio; pero, al advertir que gritaba también Elena Ivánovna, di media vuelta rápidamente y ¿qué vi? Pues vi —¡oh, Dios mío!— al desdichado Iván Matvéich que, apresado por la mitad del cuerpo entre las terribles mandíbulas del cocodrilo y mantenido así horizontal mente en el aire, pataleaba desesperadamente. Un instante después, había desaparecido. Pero lo referiré en detalle ya que, habiendo permanecido todo el tiempo inmóvil, pude contemplar el proceso entero de lo que sucedía delante de mí con una atención y una curiosidad que no recuerdo haber experimentado nunca. «Porque ¡menudo contratiempo —pensé en aquel instante fatal— si todo eso me hubiera ocurrido a mí y no a Iván Matvéich!». Volvamos a los hechos. El cocodrilo empezó por darle la vuelta al pobre Iván Matvéich entre sus espantosas fauces de manera que las piernas estuvieran enfiladas hacia ellas, y primero se tragó las piernas; luego, eruptando un poco a Iván Matvéich, que pugnaba por escapar y se aferraba al borde del recipiente, volvió a engullirlo, esta vez hasta más arriba de la cintura. De nuevo lo eruptó un poco y tragó otra vez, y otra... De este modo fue desapareciendo Iván Matvéich ante nuestros ojos. Finalmente, con un último movimiento de deglución, el cocodrilo se engulló a mi erudito amigo, esta vez sin dejar nada. Sobre la piel del cocodrilo se podía observar, según las formas que adquiría, cómo pasaba Iván Matvéich por su interior. Estaba yo a punto de gritar nuevamente, cuando el destino quiso gastarnos otra pérfida broma: el cocodrilo hizo un esfuerzo, al parecer atragantado por la enormidad del objeto engullido, abrió de nuevo sus espantosas fauces, y de ellas emergió de pronto por un segundo, como último erupto, la cabeza de Iván Matvéich con una expresión desesperada en el rostro; y en ese preciso momento, sus anteojos se deslizaron por la nariz y cayeron al fondo del recipiente.

Era como si aquella cabeza, de expresión desesperada, solo hubiera emergido para lanzar una mirada postrera a todos los objetos y despedirse mentalmente de todas las alegrías de este mundo. Pero, no le dio tiempo a realizar su propósito: el cocodrilo, que había recobrado fuerzas, hizo otro movimiento de deglución, y al instante desapareció la cabeza, esta vez para siempre. El hecho de la aparición y la desaparición de una cabeza humana, aún con vida, había sido tan espantoso, pero al mismo tiempo encerraba algo tan risible —quizá por lo imprevisto y sorprendente o quizá debido a la caída de los anteojos—, que yo solté de pronto la carcajada; pero, al percatarme de que, en mi calidad de amigo de la casa, no me cuadraba reír en tal momento, en seguida me dirigí a Elena Ivánovna, diciéndole con aire de condolencia:

—¡Ahora, kaput nuestro Iván Matvéich!

No intentaré siquiera describir la intensa emoción de que fue presa Elena Ivánovna a lo largo de todo lo ocurrido. Al principio, nada más lanzar el primer grito, se quedó como petrificada en el sitio y contempló el barullo que se desarrollaba delante de ella con aparente indiferencia, pero con los ojos extraordinariamente desorbitados; luego estalló de pronto en un alarido desgarrador, pero yo la tomé de las manos. En aquel momento, también el propietario del cocodrilo, que al principio se había quedado igualmente sobrecogido de horror, juntó de pronto las manos y gritó mirando al cielo:

—¡Oh, mi cocodrilo! ¡Oh, mein allerliebster Kärlchen! Mutter, Mutter, Mutter!

A sus gritos se abrió la puerta del fondo y apareció la Mutter, mujer entrada en años, subida de color, con el cabello revuelto debajo de la cofia, que corrió hacia su hijo chillando.

Entonces fue cuando se produjo la gran barehúnda: como enajenada Elena Ivánovna corría del alemán a la Mutter repitiendo «¡Al potro con él! ¡Al potro!» y dando así la impresión de que, en su locura, pretendía que alguien fuera llevado al potro y sometido a tormento por alguna razón. En cuanto al alemán y a la Mutter, no nos hacían el menor caso a ninguno: berreaban como chotos junto al recipiente del cocodrilo.

—¡Está perdido! ¡En seguida estará reventando porque tragó un funcionario todo entero! —gritaba el alemán.

—Unser Kärlchen! Unser allerliebster Kärlchen wird sterbenl —aullaba la Mutter.

—¡Quedamos sin amparo y sin pan! —se lamentaba por su lado el dueño.

—¡Al potro! ¡Al potro con él! —vociferaba Elena Ivánovna, aferrada a la levita del alemán.

—Él molestaba al cocodrilo. ¿Por qué su marido molestar al cocodrilo? —gritaba el alemán tratando de desasirse. Usted pagar si Kärlchen wird reventado: das war mein Sohn, das war mein einziger Sohn!

Confieso que yo estaba terriblemente indignado viendo tamaño egoísmo en el alemán forastero y tanta aridez de corazón en su despeinada Mutter. Sin embargo, los gritos de «¡Al potro con él! ¡Al potro!», constantemente repetidos por Elena Ivánovna, aumentaban mi inquietud y terminaron por captar toda mi atención hasta el punto de sobresaltarme... Dejaré sentado que yo había dado una interpretación totalmente errónea a dichas extrañas exclamaciones: me pareció que Elena Ivánovna, enajenada por un instante pero deseosa, sin embargo, de vengar la muerte de su amado Iván Matvéich, exigía como satisfacción que ataran al cocodrilo al potro de tormento y le diesen de azotes. En realidad, lo que ella pretendía expresar era una cosa muy distinta. Mirando hacia la puerta con bastante preocupación, rogué a Elena Ivánovna que se tranquilizara y, especialmente, que no empleara una palabra tan peliaguda como «potro».

En efecto, la manifestación de semejante deseo retrógrado, allí, en el corazón mismo del Pasaje y de un público erudito, a dos pasos de la sala donde quizá estuviera el señor Lavrov dando una conferencia pública en aquel preciso instante, no era solo inadmisible sino incluso descabellada y podía exponernos, de un momento a otro, a la rechifla de las personas ilustradas y a las caricaturas del señor Stepánov. Pronto comprobé, con horror, que no iba descaminado en mis temores: la cortina que separaba el local del cocodrilo del tabuco de entrada, donde había que abonar los veinticinco kopeks del billete, se descorrió de pronto, descubriendo al otro lado del umbral a un señor de barba y bigotes que, con su gorra de uniforme entre las manos, inclinaba cuanto podía hacia nosotros la parte superior del cuerpo, aunque procurando muy precavidamente mantener los pies fuera de la cocodrilera para conservar el derecho de no pagar la entrada.

—Un deseo tan retrógrado, señora mía —profirió el desconocido, siempre cuidando de quedarse al otro lado del umbral y no caer fortuitamente del lado donde nos encontrábamos nosotros—, no hace honor a su desarrollo intelectual y está condicionado por la escasez de fósforo que contiene su cerebro. Será usted inmediatamente vapuleada en la crónica progresista y en nuestras publicaciones satíricas…

No pudo concluir su tirada: viendo, horrorizado, a una persona que hablaba dentro de la cocodrilera sin haber pagado nada, el alemán se recobró y arremetió contra el progresista desconocido, echándole de allí a puñetazos. Ambos desaparecieron de nuestra vista detrás de la cortina, y solo entonces caí yo por fin en la cuenta de que todo aquel barullo se había formado sin razón. Elena Ivánovna era totalmente inocente. No había estado en su ánimo —como he señalado más arriba— imponerle al cocodrilo el retrógrado castigo de azotes: quería, simplemente, que le ataran a un potro para abrirle la barriga con un cuchillo y extraer así a Iván Matvéich de su interior.

—¡Cómo! ¡Usted querer que mi cocodrilo era muerto! —rugió el alemán volviendo a la carrera. Nein! ¡Mejor el marido suyo primero era muerto y luego el cocodrilo!… ¡Mein Vater mostraba el cocodrilo, mein Grossvater mostraba el cocodrilo, mein Sohn mostrar después el cocodrilo y yo mostrar ahora el cocodrilo! ¡Todos mostrar! A mí conoce ganz Europa, pero a usted ganz Europa no conoce y me pagará multa.

—Ja, Ja —intervino la alemana furiosa—. Ustedes no escapar. ¡Multa cuando Kärlchen era reventado!

—Además, que sería inútil abrirle la barriga —añadí yo con calma, buscando el modo de llevarme cuanto antes a Elena Ivánovna de allí—, pues lo más probable es que nuestro querido Iván Matvéich se encuentre ya en los empíreos.

—Amigo —profirió en ese momento, y de la manera más inesperada la voz de Iván Matvéich, dejándonos totalmente sorprendidos—: en mi opinión, hay que recurrir directamente a la comisaría, pues este alemán es incapaz de comprender la verdad sin ayuda de la policía.

Estas palabras, pronunciadas con entereza y convicción, y que expresaban una extraordinaria presencia de ánimo, nos sorprendieron tanto al principio, que nos resistíamos a dar crédito a nuestros oídos. Pero, como es natural, corrimos al recipiente del cocodrilo y escuchamos al desdichado cautivo con tanta devoción como incredulidad. Tenía una voz apagada, débil e incluso destemplada, como si llegara desde una distancia considerable. Era igual que cuando algún bromista, retirado a una estancia contigua y con la boca pegada a una almohada, se pone a gritar, imitando para las personas que permanecen en la otra habitación, el diálogo a distancia entre dos hombres que se hallan en un desierto o están separados por un profundo barranco, espectáculo que tuve ocasión de escuchar una vez por Navidad en casa de unos conocidos.

—¡Iván Matvéich, querido mío! ¿De manera que estás vivo? —gorjeaba Elena Ivánovna.

—Sí, estoy sano y salvo —contestó Iván Matvéich—. Gracias al Altísimo, he sido tragado sin sufrir el menor daño. Lo único que me preocupa es pensar en cómo estimarán este episodio mis superiores al enterarse de que, teniendo ya en mano el billete para viajar al extranjero, he ido a parar a la panza de un cocodrilo, hecho que ni siquiera tiene gracia...

—¡Querido mío, no te preocupes por si tiene o no gracia! Ante todo, lo que hace falta es encontrar el modo de arrancarte de ahí —le interrumpió Elena Ivánovna.

—¡Arrancar! —gritó el alemán. ¡No dejaré arrancarle nada al cocodrilo! Ahora, publicum vendrá muy mucho, yo cobraré fünfzig y no veinticinco kopeks de un billete y Kärlchen dejar de reventar.

—Gott sei dank! —exclamó la Mutter.

—Tiene razón —observó Iván Matvéich con calma—: el principio económico es ante todo.

—Amigo mío —grité yo—: corro ahora mismo a las debidas instancias y formularé una queja, pues presiento que nosotros solos no saldremos de este atolladero.

—Lo mismo pienso yo —observó Iván Matvéich—; pero, en estos tiempos nuestros de crisis comercial, es difícil hacer abrir la panza de un cocodrilo de balde, sin compensación económica. De modo, que se plantea la cuestión inevitable de cuánto pedirá el amo por su cocodrilo y, tras ella, la de quién va a pagar, pues bien sabes tú que yo no poseo medios...

—Si acaso, con un anticipo sobre el sueldo —aventuré tímidamente.

Pero el alemán me interrumpió en seguida.

—Yo no vender el cocodrilo. Si yo vender cocodrilo, tres mil rublos; si yo vender cocodrilo, cuatro mil rublos... Ahora publicum vendrá muy mucho. ¡Si yo vender cocodrilo, cinco mil rublos!

En una palabra, que se había puesto por las nubes. La avidez y la sórdida codicia ponían destellos de alegría en sus ojos.

—Voy ahora mismo —exclamé indignado.

—¡Y yo! ¡Y yo también! Llegaré hasta el propio Andréi Osipich y le conmoveré con mis lágrimas —dijo Elena Ivánovna compungida.

—No, querida, no hagas eso —se apresuró a interrumpirla Iván Matvéich, pues hacía tiempo que estaba celoso de Andréi Osipich y sabía que su mujer iría encantada a lloriquear delante de un hombre culto, ya que el llanto la agraciaba—. Y tampoco a ti, amigo mío, te aconsejo que vayas así, de golpe y porrazo —continuó dirigiéndose a mí—; podría ser contraproducente. Mejor será que te acerques hoy a casa de Timoféi Semiónich en plan de visita particular. Es hombre chapado a la antigua y de escasos alcances, pero tiene una buena posición y, sobre todo, es franco. Le saludas de mi parte y le pintas todas las circunstancias de lo ocurrido. Y como le debo siete rublos de la última partida que jugamos, aprovecha la ocasión para dárselos: será una manera de ablandar al viejo. En cualquier caso, podremos atenernos a su consejo. Y, ahora, llévate de aquí a Elena Ivánovna... Cálmate, querida —prosiguió dirigiéndose a su esposa—. Estoy fatigado de tanto grito y tanta chinchorrería y quisiera echar un sueño. Porque aquí hace buena temperatura y se está blando, aunque todavía no he tenido tiempo de inspeccionar este inesperado albergue...

—¡Inspeccionar! ¿Es que hay alguna claridad ahí dentro? —exclamó muy contenta Elena Ivánovna.

—No. Me rodea una oscuridad absoluta —contestó el desdichado cautivo—: pero, puedo palpar y, en cierto modo, inspeccionar con las manos... Adiós, pues. No te preocupes ni te prives de distracciones. ¡Hasta mañana! En cuanto a ti, Semión Semiónich, vuelve a verme esta tarde. Y como eres distraído y se te puede olvidar, hazte un nudo en el pañuelo... Confieso que me encantaba la idea de marcharme, pues estaba ya muy cansado y aburrido también. Por eso, tomando en seguida el brazo de Elena Ivánovna, triste pero embellecida por la emoción, la saqué inmediatamente de la cocodrilera.

—Esta tarde, otra vez veinticinco kopeks por entrada —gritó el alemán a nuestra espalda.

—¡Dios mío! ¡Qué interesada es esta gente! —profirió Elena Ivánovna, que iba mirándose en todos los espejos del Pasaje y parecía satisfecha de comprobar que estaba incluso más guapa.

—El principio económico... —dije, algo emocionado y presumiendo de acompañante.

—El principio económico —repitió ella con voz agradable—: no he comprendido nada de lo que acaba de decir Iván Matvéich acerca de ese odioso principio económico.

—Se lo explicaré —dije, y me puse inmediatamente a hablarle de los beneficiosos resultados de la inversión de capitales extranjeros en nuestro país, según lo que había leído aquella misma mañana en «Noticias de San Petersburgo» y en «El Cabello».

—¡Qué extraño es todo eso! —me interrumpió a las pocas palabras. Pero, no sea odioso y deje de contar esas tonterías... Dígame: ¿estoy muy sofocada?

—Está usted preciosa y no sofocada —observé, aprovechando la ocasión para decirle un cumplido.

—¡Qué pícaro! —gorjeó ella halagada—. ¡Pobre Iván Matvéich! —añadió al momento, inclinando con coquetería su cabecita sobre un hombro—. De verdad que me da pena de él. ¡Dios mío! —exclamó luego de pronto—. Diga: ¿cómo podrá cenar hoy ahí dentro y... y... cómo se las arreglará, si siente alguna necesidad?

—Ésta es una cuestión imprevista —contesté preocupado también, pues la verdad es que no me había pasado aquello por la imaginación. ¡Y es que las mujeres son mucho más prácticas que los hombres a la hora de resolver las cuestiones de la vida cotidiana!

—¡Pobrecillo! ¡Mire que ir a parar ahí dentro!... Sin ninguna distracción, a oscuras... Siento que no me haya quedado ninguna fotografía suya... De modo que ahora estoy como viuda —añadió con una sonrisa encantadora, y al parecer intrigada por aquella nueva situación suya—. Hum... ¡De todas maneras, me da pena de él!

En una palabra, aquello era la expresión de la congoja, muy comprensible y natural, de una mujer que ha perdido a su esposo. La acompañé finalmente hasta su casa, logré tranquilizarla, comí con ella y, después de una aromática taza de café, a las seis de la tarde me dirigí a casa de Timoféi Semiónich con la idea de que, a esa hora, todo hombre que tuviese un hogar y ejerciera determinadas actividades se encontraría tranquilamente en su casa o estaría incluso descansando acostado.

Habiendo escrito este primer capítulo en el estilo adecuado al suceso que relato, tengo la intención de emplear en adelante un estilo menos elevado, pero sí más natural, y así se lo anuncio de antemano al lector.

II

El respetable Timoféi Semiónich me recibió como aturulladamente y algo azorado. Me hizo pasar a su angosto despacho, y cerró la puerta herméticamente: «Para que no molesten los niños», explicó con evidente desasosiego. Luego me ofreció una silla junto a su mesa escritorio, tomó él asiento en un sillón, cruzó los faldones del batín acolchado y, a todo evento, adoptó un aire oficial, incluso casi severo, aunque él no era jefe mío, ni tampoco de Iván Matvéich, y hasta entonces le habíamos considerado como a un simple colega, como a un conocido.

—Ante todo —comenzó—, tome usted en consideración que yo no soy un superior, sino una persona subordinada, exactamente igual que usted y que Iván Matvéich. Yo soy parte, y no tengo el propósito de inmiscuirme en nada.

Yo me sorprendí de que, al parecer, lo supiera ya todo. A pesar de ello, volví a referirle toda la historia con detalle. Me expresé incluso con vehemencia, pues en aquel instante cumplía con mi obligación de auténtico amigo. Él me escuchó sin especial sorpresa, pero dando inequívocas muestras de desconfianza.

—Pues, ya ve usted —dijo después de oírme—: yo siempre supuse que habría de ocurrirle eso.

—Pero, ¿por qué, Timoféi Semiónich? El hecho, de por sí, es sumamente extraordinario...

—De acuerdo. Pero, a lo largo de toda su carrera, Iván Matvéich ha tendido precisamente a un resultado como ése. Mucho desparpajo; yo diría incluso engreimiento... Siempre a vueltas con el «progreso», amén de ciertas ideas... ¡Vea usted adónde conduce el progreso!

—Sin embargo, este caso es de lo más inusitado y no se puede tomar, de ninguna manera, como regla general para todos los progresistas...

—Así es, no obstante. Todo esto, ¿sabe?, proviene de una ilustración excesiva, créame. Y es que la gente excesivamente ilustrada se mete en todas partes: primordialmente, allí donde nadie la llama. Aunque, quizá sepa usted más que yo —añadió como resentido—. Yo no tengo tanta ilustración; además, soy viejo. Hijo de soldado era cuando comencé mi carrera en la administración, y este año se ha cumplido mi cincuenta aniversario de servicio.

—¡Por Dios, Timoféi Semiónich! Me habré explicado mal. Iván Matvéich, por el contrario, ansia que usted le aconseje, que usted le oriente. Lo implora con lágrimas en los ojos, diría yo.

—¿Con lágrimas en los ojos? Hum… Bueno, esas son lágrimas de cocodrilo y no se les puede dar mucho crédito. Vamos a ver: ¿quiere decirme por qué se le ha ocurrido hacer un viaje al extranjero? ¿Y con qué dinero, además? Porque él no tiene fortuna, ¿verdad?

—Con lo que había ahorrado, Timoféi Semiónich, con lo de su última gratificación —repliqué con acento dolido—. Solo se proponía hacer un viaje de tres meses… a Suiza… la patria de Guillermo Tell.

—¿Guillermo Tell? ¡Hum!

—Deseaba presenciar la llegada de la primavera en Nápoles. Quería visitar museos, conocer las costumbres, los animales…

—¡Hum! ¿Los animales? Pues, a mi juicio, era simplemente por orgullo. ¿Qué animales? ¿Los animales? ¿Acaso tenemos aquí pocos animales? Hay Casas de Fieras, museos, camellos. Tenemos osos a las puertas mismas de San Petersburgo. Incluso, ya lo ve, el propio Iván Matvéich se encuentra actualmente dentro de un cocodrilo…

—¡Por compasión, Timoféi Semiónich! Ese hombre se halla en un apuro, ese hombre recurre a usted como a un amigo, como a un pariente mayor, ansioso de un consejo suyo, y usted le recrimina… ¡Por lo menos, tenga piedad de la pobre Elena Ivánovna!

—¿Se refiere usted a su esposa? Una mujercita encantadora —profirió Timoféi Semiónich que, algo más suave, aspiró con deleite una toma de rapé—. Una criatura sutil. Rellenita y con la cabecita así, un poco ladeada, un poco ladeada… Muy agradable. Anteayer mismo me hablaba de ella Andréi Ósipich.

—¿Le habló de ella?

—En efecto. Y en términos de lo más elogiosos. «El busto», decía, «la mirada, el peinado… Más que una mujer», decía, «un bomboncito». Y se echó a reír. Los pocos años, todavía, claro —Timoféi Semiónich se sonó la nariz con estrépito—. Aunque, ya ve usted, por joven que sea, la carrera que está haciendo…

—Pero, aquí se trata de otra cosa, Timoféi Semiónich.

—Sí, claro; claro.

—¿Y entonces, Timoféi Semiónich?…

—¿Qué puedo hacer yo?

—Pues, como persona de experiencia, como pariente, diría yo, dar algún consejo, alguna orientación… ¿Qué gestiones emprender? ¿Se recurre a la superioridad o…?

—¿A la superioridad? ¡De ninguna manera! —protestó con viveza Timoféi Semiónich—. Si quiere un consejo, lo que hace falta, ante todo, es echarle tierra al asunto y actuar de modo exclusivamente privado, por decirlo así. El caso es sospechoso, sí; y, además, inaudito. Eso, sobre todo. Inaudito, puesto que no ha habido otro ejemplo, y de mal efecto... Por eso, ante todo hace falta prudencia... Que se quede allí de momento. Hay que aguardar, aguardar...

—Pero, ¿cómo se puede aguardar, Timoféi Semiónich? ¿Y si se asfixia allí dentro?

—¿Por qué ha de asfixiarse? ¿No ha dicho usted mismo que se ha instalado allí, incluso con cierto confort?

Volví a contarlo todo desde el principio. Timoféi Semiónich se quedó pensativo.

Hum... —profirió dándole vueltas a la tabaquera entre los dedos—. A mi juicio, incluso es bueno que permanezca allí algún tiempo en lugar de marcharse al extranjero. Que aproveche para meditar. Desde luego, nada de asfixiarse. Por ello, hay que tomar las medidas adecuadas para proteger la salud: prevenir la tos, por ejemplo, y demás... En cuanto al alemán, según mi opinión personal, está en su derecho, incluso más que la parte contraria, puesto que se han metido en su cocodrilo sin autorización suya y no ha sido él quien se ha metido sin autorización en el cocodrilo de Iván Matvéich, quien, dicho sea de pasada, en lo que yo recuerdo no poseía un cocodrilo propio. Y como el cocodrilo es propiedad privada,no se le puede destripar sin pagar una indemnización.

—Para salvar a un ser humano, Timoféi Semiónich.

—Eso, ya, es cosa de la policía. A ella hay que recurrir.

—Pero, ¿y si en el negociado necesitaran a Iván Matvéich para alguna cosa, si le mandaran llamar?

—¿Necesitar a Iván Matvéich? ¡Je, je! Además, se considera que está disfrutando ya de su permiso y nosotros podemos desentendernos de todo mientras él anda recorriendo tierras de Europa. Otra cosa será si no se presenta cuando haya expirado el plazo de su permiso. Entonces, claro que preguntaremos, haremos indagaciones...

—¡Es que son tres meses! ¡Por Dios Santo, Timoféi Simiónich!

—La culpa la tiene él. ¿Quién le metió en el cocodrilo? Siguiendo la cosa así, habría que ponerle un guarda a cargo del Presupuesto. Y eso no encaja en ninguna partida. Además, el cocodrilo es propiedad privada y, por consiguiente, aquí entra en acción el llamado principio económico. Y el principio económico es lo primero de todo. Anteanoche mismo lo decía Ignati Prokófich durante una velada en casa de Luká Andréich. Ignati Prokófich, ya sabe usted, ¿verdad? Un capitalista, un hombre metido en negocios; pero, le advierto que se expresa muy bien. Decía: «Necesitamos industria; tenemos poca industria. Hay que engendrarla. Hay que engendrar capitales, o sea, una capa media, la llamada burguesía. Y, como no tenemos capitales, debemos hacer que vengan del extranjero. En primer lugar, hay que dar paso a las compañías extranjeras para que compren nuestras tierras por parcelas, como se practica ahora en todos los países. ¡La propiedad en común es un veneno, es la muerte!». ¡Y hablaba con un ardor!... Claro que los hombres como él se lo pueden permitir: tienen capitales, no son funcionarios... Dijo que con nuestro sistema de propiedad en común no podrán engrandecerse la industria ni la agricultura. Hay que hacer, dijo, que las compañías extranjeras compren, a ser posible, todo nuestro territorio por partes y después morcelarlo, morcelarlo, morcelarlo en parcelas lo más pequeñas que se pueda —acentuando mucho lo de morcelar, ¿sabe?— para venderlas entonces en propiedad. Y ni siquiera venderlas, sino simplemente arrendarlas. Cuando toda la tierra se encuentre en manos de compañías extranjeras, decía, entonces se podrá fijar el precio de arriendo que se quiere. Conque el mujik trabajará el triple, solo por el pan de cada día, y se podrá hacer de él lo que se quiera. De esta manera espabilará, será obediente, pondrá afán y producirá el triple por el mismo precio. Porque, ahora, con el régimen de comunidad, ¿qué le importa nada? Como sabe que no va a morirse de hambre, se dedica a hacerse el remolón y a emborracharse. Pero, de la otra manera, entraría dinero en nuestro país, se formarían aquí capitales, se desarrollaría la burguesía. Incluso el Times, un periódico inglés político y literario, comentaba hace unos días, en un análisis de nuestras finanzas, que si éstas no crecen es precisamente porque no hay en nuestro país una capa media, no hay grandes fortunas, no hay proletarios serviciales... Habla bien, Ignati Prokófich. Es todo un orador. Quiere presentar una memoria a la superioridad y publicarla luego en Izvestia. Esto no son ya unos versitos de nada, como los que escribe Iván Matvéich...

—Y a propósito de Iván Matvéich, ¿qué se hace? —aproveché para volver al tema después de dejar que el viejo se explayara, pues Timoféi Semiónich gustaba a veces de perorar un poco para demostrar que no andaba atrasado en noticias, sino muy enterado de todo.

—¿Qué se hace de Iván Matvéich? A eso voy, precisamente. Estamos buscando el modo de atraer capitales extranjeros a nuestra patria y ahí tiene usted: apenas se ha duplicado, por medio de Iván Matvéich el capital traído por el cocodrilero, lo que procurarnos nosotros, en lugar de proteger a ese propietario extranjero, es destripar a lo que constituye su capital principal. Dígame: ¿es eso sensato? A mi entender, Iván Matvéich debe incluso alegrarse y enorgullecerse, como auténtico hijo de la patria, de haber duplicado, o incluso triplicado, con su intervención, el valor de un cocodrilo extranjero. Eso es lo que hace falta para atraer capitales. ¿Que uno sale adelante? Pues en seguida se presentará otro, también con un cocodrilo, luego un tercero trayendo dos o tres de golpe, y así irán agrupándose los capitales a su alrededor. Ahí tiene usted ya formada la burguesía. ¡Eso, hay que estimularlo!

—¡Por Dios, Timoféi Semiónich! —exclamé yo—. ¡Usted le exige un sacrificio casi sobrenatural al pobre Iván Matvéich!

—Yo no exijo nada, y ante todo le ruego —como le he rogado ya anteriormente— tomar en consideración que yo no soy ningún jefe y, por lo tanto, no puedo exigir nada a nadie. Hablo como hijo de la patria; bueno, no hablo como el Hijo de la Patria, sino que hablo, sencillamente, como hijo de la patria. Por otra parte, ¿quién le mandó meterse en el cocodrilo? Un hombre serio, funcionario de cierto rango, casado como Dios manda… ¡y de pronto dar ese paso! ¿Es eso sensato?

—Pero, es que ese paso lo dio fortuitamente.

—¡Cualquiera sabe! Además, explíqueme usted a ver de dónde se saca el dinero para pagarle al amo del cocodrilo.

—Si acaso, del sueldo de Iván Matvéich, ¿no?

—¿Iba a alcanzar?

—No alcanzaría, Timoféi Semiónich —repliqué con dolor—. Al principio, el cocodrilero se asustó pensando que iba a reventar el animal; pero, viendo luego que no pasaba nada, empezó a engallarse y se alegró de poder duplicar el precio de la entrada.

—¡Y podrá triplicarlo, y cuadruplicarlo también! Ahora acudirá el público a montones. Y los cocodrileros son gente hábil. Además, es carnívoro, aficionado a las diversiones… Por todo ello, repito, lo que debe hacer Iván Matvéich antes que nada es guardar el incógnito. Que no se precipite. Que todos sepan que está dentro del cocodrilo, pero que no lo sepan oficialmente. En ese aspecto, Iván Matvéich se encuentra en circunstancias particularmente favorables, puesto que se le considera en el extranjero. ¿Qué nos dicen que se encuentra dentro del cocodrilo? Nosotros no le damos crédito. Es una cosa que se puede hacer perfectamente. Lo principal es que espere con paciencia. Además, ¿qué prisa tiene?

—Pero, ¿y si…?

—No se preocupe. Es de complexión robusta…

—Bueno, ¿y luego, cuando termine la espera?

—Pues, no le negaré que el hecho es de lo más casuístico. Resulta difícil orientarse y, sobre todo, el mayor escollo es que, hasta ahora, no se ha dado un ejemplo parecido. Si tuviéramos un ejemplo, aún podríamos orientarnos de alguna manera. Pero, así, ¿cómo se puede decidir? Y si nos ponemos a cavilar, podemos perder un tiempo precioso. Una idea salvadora me pasó por la mente.

—¿Y no se podría hacer, puesto que se halla destinado a permanecer en las entrañas de un monstruo y a conservarse vivo por voluntad de la Providencia, no se podría hacer que presentara una instancia para que le consideren en servicio activo?

—Hum… Si acaso, a título de excedencia con suspensión de sueldo.

—¿No podría ser con abono del sueldo?

—¿Con qué fundamento?

—Como comisión de servicios.

—¿De qué clase, y adónde?

—Pues, a las entrañas, a las entrañas del cocodrilo… Pongamos que para información, para el estudio de los hechos sobre el lugar. Claro que sería una cosa innovadora, pero también progresista, y al mismo tiempo pondría de manifiesto la preocupación por el saber.

Timoféi Semiónich se quedó pensativo.

—En mi opinión personal, sería absurdo comisionar a las entrañas de un cocodrilo a un funcionario para misiones especiales. No lo estipula el Reglamento. Además, ¿qué clase de misión se puede realizar allí dentro?

—Pues, digamos que el estudio directo de la naturaleza in situ, en vivo. Actualmente se trata mucho de las Ciencias Naturales, de la Botánica… Viviría allí y transmitiría informaciones… pues… acerca de la digestión o sencillamente de los usos… Para recopilación de datos, vamos.

—Esto entra ya en la estadística. La verdad, eso no es mi fuerte. Además, yo no soy un filósofo. Datos, dice usted; pero, es que estamos abrumados de datos y no sabemos qué hacer con ellos. Por otra parte, esa estadística es peligrosa.

—¿Peligrosa?

—Sí, peligrosa. Además, comprenderá usted que esos datos iba a comunicarlos tumbado a la bartola, por decirlo de algún modo. Pero, ¿acaso puede un funcionario cumplir su cometido tumbado a la bartola?

Eso también es una innovación, y peligrosa, por añadidura. Sin contar que no ha habido un ejemplo igual. Si por lo menos tuviéramos algún ejemplo anterior, aunque fuera insignificante..., entonces, a mi juicio, quizá se pudiera gestionar lo de la comisión de servicios.

—Pero, es que tampoco había traído nadie un cocodrilo vivo hasta ahora.

—Hum, claro... —se quedó otra vez pensativo—. Esta objeción suya es cierta, si quiere, e incluso podría servir de base para la tramitación del asunto. Pero, por otra parte, considere usted que si conforme van apareciendo cocodrilos vivos empiezan a desaparecer funcionarios y luego, con el aquel de que allí se está calentito y confortable, van a solicitar comisiones de servicios para allá y después tumbarse a la bartola..., convendrá usted en que sería un mal ejemplo. Porque, puestas así las cosas, muchos iban a querer meterse allí dentro para cobrar sin hacer nada.

—¡Influya usted, Timoféi Semiónich! A propósito: Iván Matvéich me ha rogado le entregue a usted un piquillo de siete rublos que le dejó a deber cuando jugaron la última vez...

—¡Ah, sí! Los perdió hace unos días en casa de Nikífor Nikíforich. Me acuerdo. Estaba de tan buen humor, gastando bromas, y ahí tiene usted...

El hombre estaba sinceramente conmovido.

—Influya usted, Timófei Semiónich.

—Haré gestiones. Hablaré en nombre propio, de modo privado, como si pidiera informes. Por cierto: entérese oficiosamente, a través de alguien, de la cantidad exacta que aceptaría el alemán por su cocodrilo.

Timoféi Semiónich se ablandaba, evidentemente.

—Lo haré sin falta —contestó—, y en seguida vendré a comunicárselo.

—Por cierto..., su esposa se ha quedado sola ahora. Le echará de menos.

—¿Y si fuera usted a verla, Timoféi Semiónich?

—Le haré una visita. Precisamente estaba pensándolo hace unos días, y ésta me parece la ocasión adecuada... Pero, ¿qué falta le haría ir a ver el cocodrilo? ¿Qué falta le haría? Aunque, también yo desearía verlo.

—Hágale usted una visita al pobre, Timoféi Semiónich.

—Sin falta. Desde luego, sin que este paso mío sirva para alentar esperanzas. Iré como particular... Hasta la vista, pues. Esta noche voy también a casa de Nikífor Nikíforich. ¿Y usted?

—No: yo voy a ver al cautivo.

—¡Ahora, el cautivo! ¡Lo que hace la falta de seso!

Me despedí del viejo. Me rondaban la cabeza ideas encontradas. Timoféi Semiónich era un hombre bondadoso y honrado a carta cabal. Sin embargo, al abandonar su casa me alegré de que hubiera cumplido ya cincuenta años de servicio y de que los Timoféi Semiónich fueran ya una rareza entre nosotros. Naturalmente, corrí al Pasaje para informar de todo al pobre Iván Matvéich. Además, me moría de curiosidad por saber cómo se habría acomodado dentro del cocodrilo y cómo se podría vivir dentro de un cocodrilo. En efecto, ¿se podría realmente vivir dentro de un cocodrilo? Había momentos, la verdad, en que todo aquello me parecía un sueño monstruoso; más aún porque, de hecho, se trataba de un monstruo...

III

Y, sin embargo, aquello no era un sueño, sino la auténtica e indiscutible realidad. De lo contrario, ¿iba yo a contarlo? Pero, prosigo. Llegué al Pasaje ya tarde, cerca de las nueve de la noche, y me vi obligado a penetrar en la cocodrilera por la puerta de atrás, pues el alemán había cerrado el establecimiento antes que de costumbre. Andaba por allí con atuendo casero, consistente en una vieja levita de mala muerte, llena de lamparones, y se le notaba tres veces más satisfecho que por la mañana. Era evidente que no sentía ya ningún temor y que publicum había venido muy mucho. La mutter salió más tarde, evidentemente para vigilarme. Ambos intercambiaban a menudo algunas palabras en voz baja.

A pesar de que el establecimiento estaba cerrado ya, el alemán me hizo pagar los veinticinco kopeks. ¡Qué meticulosidad tan fastidiosa!

—Usted, cada vez, tendrá pagar. Publicum tendrá pagar rublo, pero usted un cuarto de rublo porque ser usted buen amigo de su buen amigo y yo estimo amigos...

—¿Cómo estás? ¿Cómo te encuentras, docto amigo mío? —exclamé conforme me acercaba al cocodrilo, con la esperanza de que mis palabras llegarían ya a Iván Matvéich y halagarían su amor propio.

—Estoy sano y salvo —contestó como si hablara desde lejos o desde debajo de una cama, aunque yo estaba junto a él—. Estoy sano y salvo; pero, luego hablaremos de eso. ¿Cómo van las cosas?

Deliberadamente, hice como si no hubiera oído la pregunta y, a mi vez, me puse a inquirir con simpatía y precipitación cómo se encontraba él, qué hacía y cómo se las arreglaba dentro del cocodrilo y, en una palabra, qué era el interior de un cocodrilo. Hice lo que exigían la amistad y la simple cortesía. Pero él me interrumpió desabridamente.

—¿Cómo van las cosas? —gritó, tratándome sin miramiento, según acostumbraba, y su voz chillona era esta vez particularmente odiosa.

Le referí, hasta el último detalle, mi conversación con Timoféi Semiónich y, al hacerlo, procuré exteriorizar cierto resentimiento en mi tono.

—El viejo tiene razón —sentenció Iván Matvéich con la aspereza que, como siempre, empleaba para hablar conmigo—. A mí me gusta la gente práctica y no soporto a los blandengues melosos. Sin embargo, estoy dispuesto a reconocer que tampoco es totalmente absurda tu idea acerca de la comisión de servicios. En efecto, puedo informar de muchas cosas, tanto en el aspecto científico como en el moral. Pero todo esto adquiere ahora un cariz nuevo e inesperado, de manera que no merece la pena hacer gestiones tan solo por el sueldo. Escúchame con atención. ¿Te has sentado?

—No. Estoy de pie.

—Pues, siéntate en cualquier parte, aunque sea en el suelo, y escúchame atentamente.

De mal talante, agarré una silla y, rabioso, pegué un fuerte golpe con ella al dejarla otra vez en el suelo.

—Escucha —empezó despóticamente—: hoy ha venido aquí un montón de gente. Por la tarde, como faltaba sitio, hubo que recurrir a la policía para que pusiera orden. El alemán ha creído incluso conveniente cerrar el establecimiento a las ocho, o sea, mucho antes que de costumbre, y suspender la exhibición a fin de recontar el dinero recaudado y prepararse mejor para mañana. Yo sé que mañana estará esto tan concurrido como una feria. Conque, es de suponer que pasarán por aquí todas las personas ilustradas de la ciudad, señoras de la alta sociedad, embajadores extranjeros, magistrados y demás. También acudirá gente de las numerosas provincias de nuestro vasto e interesante imperio. De manera que, a la vista de todos, aunque oculto, yo domino la situación. Le daré una lección a la multitud ociosa. Respaldado por la experiencia, seré un ejemplo de grandeza de alma y de resignación ante el destino. Seré, en cierto modo, la cátedra desde donde ilustraré a la Humanidad. Solamente los datos científicos que puedo comunicar acerca del monstruo que habito son ya de por sí valiosos. Y, por eso, lejos de lamentar lo que me ha ocurrido, tengo la firme esperanza de hacer una carrera brillantísima.

—¿No acabará eso aburriéndote? —observé mordazmente.

Lo que más rabioso me ponía era ver las ínfulas que gastaba. Sin embargo, todo aquello me desconcertaba. «Pero, ¿de qué presumirá esa cabeza de chorlito? ¿De qué presumirá, cuando lo que debía hacer es llorar?», me preguntaba, rabiando por lo bajo.

—¡No! —contestó tajantemente a mi observación—. No, porque, plenamente imbuido de grandes ideas, solo ahora que dispongo de tiempo puedo soñar con mejorar el destino de toda la Humanidad. De este cocodrilo saldrán ahora la verdad y la luz. No cabe duda de que inventaré una nueva teoría propia acerca de las nuevas relaciones económicas y de que me sentiré orgulloso de ella, cosa que hasta el momento no he podido realizar por tanto como me ataban mi empleo y las triviales distracciones mundanas. Ahora lo desmentiré todo y seré un nuevo Fourier. Pero, concretemos. ¿Y ella?

—Me imagino que preguntas por Elena Ivánovna, ¿verdad?

—¡Ella! —gritó, incluso con cierta estridencia.

¿Qué podía hacer yo? Humildemente, aunque a regañadientes otra vez, le referí cómo había dejado a su esposa. Ni siquiera me escuchó hasta el final.

—Con respecto a ella, tengo ciertas miras especiales —me interrumpió, impaciente—. Si he de ser famoso yo aquí, quiero que ella sea famosa allá. Científicos, poetas, filósofos, mineralogos forasteros, estadistas visitarán el salón de Elena Ivánovna por las tardes después de haber platicado conmigo por las mañanas. A partir de la próxima semana deben comenzar las veladas diarias en su salón. Doblado por las dietas, mi sueldo alcanzará para estas recepciones, sobre todo porque bastará con un té servido por criados de una agencia de servicios. Desde hace tiempo ansío que se presente la ocasión de que todo el mundo hable de mí, aunque sin lograrlo debido a mi poco renombre y a mi escasa importancia en el escalafón. Ahora, en cambio, todo eso queda alcanzado merced al más simple movimiento de trasiego de un cocodrilo. Cada una de mis palabras será escuchada como un oráculo; cada una de mis sentencias será meditada, transmitida de boca en boca, publicada… ¡Ya lo creo que me daré a conocer! Al fin comprenderán qué brillantes facultades han dejado zozobrar en las entrañas de un monstruo. «Ese hombre habría podido ser ministro de cualquier país y gobernar un reino», dirán unos. «¡Y este hombre no gobernaba un reino extranjero!», dirán otros. Porque, vamos a ver, ¿en qué desmerezco yo de un Garnier—Pagès o de otro por el estilo?... A mi mujer le corresponde ser mi pendant: yo tengo la inteligencia, ella, la hermosura y la amabilidad. «Es bella, y por eso es la esposa de ese hombre», dirán unos. «Es bella porque es la esposa de ese hombre», puntualizarán otros. Por si acaso, que Elena Ivánovna compre mañana mismo el Diccionario Enciclopédico que se edita bajo la dirección de Andréi Kraevski, a fin de que pueda hablar de cualquier tema. Que se lea, sobre todo, el premier—politique de Noticias de San Petersburgo y lo confronte a diario con El Cabello. Supongo que el alemán accederá a llevarme de vez en cuando, con el cocodrilo, al brillante salón de mi esposa. Yo estaré dentro de un cajón, en medio de la magnífica estancia, y soltaré un sinfín de agudezas, preparadas desde por la mañana. Al estadista le daré a conocer mis proyectos; con el poeta hablaré en verso; con las señoras me mostraré ingenioso y galante, dentro de la decencia, ya que soy totalmente inofensivo para sus esposos. A todos los demás, les serviré de vivo ejemplo de sumisión al destino y a la voluntad de la Divina Providencia. Haré de mi mujer una notable dama literaria; yo me encargaré de su promoción y de darla a conocer a la gente. Como esposa mía, debe rebosar de maravillosas virtudes y si con razón se dice a Andréi Alexándrovich que es nuestro Alfredo de Musset ruso, con mayor razón habrán de llamarla a ella nuestra Eugenia Tour rusa.

Confieso que, aunque todos aquellos disparates cuadraban un poco con el Iván Matvéich de cada día, me pasó por la imaginación la idea de que entonces tenía fiebre y deliraba. Seguía siendo el Iván Matvéich corriente de cada día, pero observado a través de un cristal que todo lo aumentaba veinte veces.

—Amigo mío —pregunté—, ¿piensas vivir mucho tiempo así? En una palabra, dime si te encuentras bien, cómo comes, cómo duermes, cómo respiras... Tengo amistad contigo y comprenderás que el caso es excesivamente sobrenatural para que no sea excesivamente natural mi curiosidad.

—Vana curiosidad, y nada más —sentenció él—; pero, será satisfecha. Me preguntas que cómo me he acomodado en las entrañas del monstruo. En primer lugar, y para gran sorpresa mía, el cocodrilo está totalmente vacío. Su interior consiste en una especie de enorme saco, hecho de goma, por el estilo de los artículos de goma que suelen vender en la calle Gorójovaia, en la Morskaia y, si no me equivoco, también en la avenida Voznesenski. De lo contrario, ¿te imaginas cómo cabría yo dentro?

—¿Es posible? —exclamé con asombro muy comprensible—. ¿De verdad está totalmente vacío el cocodrilo?

—Totalmente —confirmó Iván Matvéich grave y enfáticamente—. Y lo más probable es que se halle configurado de esta suerte respondiendo a las leyes de la propia Naturaleza. El cocodrilo solo posee unas fauces provistas de dientes afilados y, como complemento, una cola considerablemente larga. De hecho, eso es todo. Pero en el centro, entre dichos extremos suyos, se encuentra un espacio vacío, circundado con algo que se parece al caucho y que probablemente es caucho en efecto.

—Pero, ¿y los pulmones, el estómago, los intestinos, el hígado, el corazón...? —le interrumpí incluso con rabia.

—Nada. No hay lo que se dice nada de eso, y de seguro que no lo ha habido nunca. Puras fantasías de triviales exploradores. Y ahora lo mismo que se hincha de aire una almohadilla para las hemorroides, así hincho yo el cocodrilo con mi persona. Es increíblemente elástico. Incluso tú, en tu calidad de amigo de casa, podrías acomodarte a mi lado si fueras un espíritu generoso, y aún sobraría sitio. Incluso estoy pensando, en último caso, en traerme aquí a Elena Ivánovna. Te advierto que esta estructura hueca del cocodrilo se halla en perfecta consonancia con las Ciencias Naturales. En efecto, supongamos, por ejemplo, que tuvieras tú que construir un cocodrilo nuevo. Naturalmente, surgiría la pregunta de cuál es la propiedad esencial de un cocodrilo. La respuesta está clara: la de engullir gente. ¿Cómo darle al cocodrilo la estructura adecuada para que engulla gente? La respuesta es más simple todavía: construyéndolo vacío. La Física ha demostrado hace ya mucho tiempo que la Naturaleza no consiente el vacío. A tenor de ello, el interior del cocodrilo debe estar precisamente vacío para que, al ser inadmisible el vacío, esté engullendo sin cesar y llenándose con todo lo que encuentra a mano. Ahí tienes la única razón sensata de que todos los cocodrilos nos engullan a nosotros. En la estructura humana, es distinto: cuanto más vacía está una cabeza humana, por ejemplo, menos ansias experimenta de llenarse. Y ésta es la única excepción a la regla general. Para mí, todo esto resulta ahora más claro que la luz del día; todo lo he descubierto gracias a mi propio talento y mi experiencia al encontrarme en las entrañas de la Naturaleza, por decirlo de algún modo: en su retorta, captando los latidos de su pulso. Incluso la etimología está de acuerdo conmigo, pues el propio nombre del cocodrilo implica voracidad. Crocodrillo es una palabra evidentemente italiana, moderna, aunque puede venir de los antiguos faraones egipcios y, desde luego, tienen su origen en la raíz francesa croquer, que significa comer, devorar...; consumir como alimento, vamos. Todo esto, tengo la intención de exponerlo como primera conferencia a las personas reunidas en el salón de Elena Ivánovna cuando me lleven allá dentro del cocodrilo.

—¿Y si tomases ahora por lo menos un laxante, amigo mío? —grité sin poderme contener, mientras repetía con horror para mis adentros: «Eso es la calentura. Tiene calentura. Está delirando».

—¡Tonterías! —contestó él desdeñosamente. Además, que sería muy incómodo en mi actual situación. Aunque, en parte, ya sabía yo que saldrías con lo del laxante.

—Y dime, amigo mío: ¿cómo..., cómo te las arreglas ahora para alimentarte? ¿Has comido hoy?

—No; pero, no tengo hambre, y lo más probable es que, desde ahora, no vuelva nunca a consumir alimentos. También es perfectamente natural: al llenar todo el interior del cocodrilo, hago que se sienta siempre como repleto de comida. Ahora, se le puede tener años enteros sin echarle de comer. Por otra parte, al sentirse repleto gracias a mí, también él me transmitirá de modo natural todo los jugos vitales de su cuerpo. Algo así como lo que ocurre con ciertas señoras que, en su refinada coquetería, aplican por la noches filetes crudos sobre todas sus redondeces y, después de tomar su baño por la mañana, quedan más lozanas, tersas, jugosas y seductoras. De modo que, al alimentar yo al cocodrilo con mi persona, en respuesta recibo alimento de él; por lo tanto, nos alimentamos recíprocamente. Pero, ya que ha de serle difícil, incluso a un cocodrilo, digerir a un hombre como yo, se comprende que note cierto peso en el estómago —del que, por otra parte carece— y por esa razón, para no causarle excesivo dolor al monstruo, procuro cambiar raramente de postura. Aunque podría hacerlo, lo evito por humanismo. Éste es el único inconveniente de mi actual situación, y Timoféi Semiónich está alegóricamente en lo cierto al decir que me encuentro aquí tumbado a la bartola. Pero he de demostrar que aun tumbado a la bartola —es más: que únicamente tumbado a la bartola— es posible cambiar los destinos de la Humanidad. Todas las grandes ideas, así como la orientación de nuestros periódicos y nuestras revistas, se les han ocurrido, evidentemente, a personas tumbadas a la bartola. Por eso se dice que son ideas de gabinete. Bueno, ¡al cuerno con el nombre que les den! Yo inventaré ahora todo un sistema social. Aunque no te lo creas, es facilísimo. Basta recogerse en algún rincón apartado —dentro de un cocodrilo, por ejemplo— cerrar los ojos y en seguida descubres un paraíso para ofrecérselo a toda la Humanidad. Antes, cuando os marchasteis, me puse en seguida a cavilar y llevo inventados ya tres sistemas; ahora, prepararé el cuarto. Cierto que, para empezar, hay que echarlo todo abajo; pero, eso es sencillísimo desde dentro de un cocodrilo. Más aún: desde dentro de un cocodrilo parece que lo ve uno todo mejor... Claro que mi situación tiene también sus inconvenientes, aunque pequeños: el interior del cocodrilo es algo húmedo y así como viscoso; además, huele un poco a goma, exactamente igual que mis chanclos del año pasado. Pero, eso es todo; no tiene ningún defecto más.

—Todas ésas son maravillas a las que apenas puedo dar crédito, Iván Matvéich —le interrumpí—. Y, dime, ¿de verdad, de verdad no piensas comer nunca más en tu vida?

—Pero, ¿cómo puedes pararte a pensar en esas nimiedades, cabeza de chorlito? Yo estoy exponiéndote grandes ideas, y tú... Has de saber que tengo alimento suficiente con las grandes ideas que iluminan la noche que me circunda. Aunque el afable propietario del monstruo y su bondadosa mutter han convenido entre ellos esta tarde que todas las mañanas meterán por las fauces del cocodrilo un tubo metálico encorvado como una trompetilla a fin de que yo pueda sorber un café o un caldo con pan migado. El tubo lo han encargado ya por aquí cerca, aunque yo opino que es un lujo superfluo. Espero vivir por lo menos mil años, si es cierto que los cocodrilos alcanzan esa edad. A propósito, ahora que me acuerdo: consulta mañana mismo una Historia Natural para comprobar si es cierto ese dato, y ven a decírmelo, pues he podido equivocarme, confundiendo al cocodrilo con cualquier otro fósil. Solo una circunstancia me ofusca un poco: ahora, como estoy vestido de paño y calzado con botas altas, es evidente que el cocodrilo no me puede digerir. Además, estoy vivo y por eso me resisto con toda mi voluntad a ser digerido, pues se comprende que no quiera transformarme en lo que se transforma cualquier alimento, ya que sería demasiado humillante para mí. Temo, sin embargo, que el paño de mi levita —desgraciadamente de fabricación rusa— llegue a pudrirse a lo largo de un milenio y entonces yo, al quedarme sin ropa y a despecho de toda mi indignación, quizá empiece a ser digerido. Aunque de día no lo permitiré ni lo consentiré en modo alguno, de noche, durante el sueño, cuando la voluntad abandona al hombre, puedo correr la suerte más humillante de una patata, unos blinis o un trozo de ternera. Esta idea me pone frenético. Creo que esta sola razón debería ser suficiente para modificar los aranceles y estimular la importación de paños ingleses, que son más sólidos y, por consiguiente, habrán de resistir más a la Naturaleza en caso de que una persona vaya a parar al interior de un cocodrilo. Aprovecharé la primera oportunidad para comunicarle esta idea mía a cualquier hombre de Estado y, a la vez, a los comentaristas políticos de nuestros diarios. Que hablen bien alto de ello. Espero que sea esto lo único que copien ahora de mí. Preveo que cada mañana acudirán en tropel, provistos del cuarto de rublo pagado por sus respectivas redacciones, y se apiñarán a mi alrededor para recoger mi opinión acerca de los telegramas de la víspera. En una palabra, que veo el porvenir auténticamente de color de rosa.

«¡Es la calentura, es la calentura!», murmuraba yo para mis adentros.

—Pero, ¿y la libertad, amigo mío? —inquirí para conocer a fondo su opinión—. Porque tú, por así decirlo, te encuentras preso, en tanto la aspiración del hombre es gozar de la libertad.

—Eres tonto —me contestó—. La gente salvaje ama la independencia; pero la gente cuerda ama el orden y si no hay orden…

—Iván Matvéich, por compasión…

—Calla y escucha —chilló, contrariado por mi interrupción—. Nunca he sentido mi espíritu tan elevado como ahora. En mi angosto refugio, solo me preocupan la crítica literaria de las revistas voluminosas y la rechifla de nuestros periódicos satíricos. Temo que quieran ponerme en ridículo los visitantes triviales, los estúpidos, los envidiosos y, en general, los nihilistas. Pero, yo tomaré mis medidas. Estoy impaciente por conocer mañana los juicios de la opinión pública y, sobre todo, el de los periódicos. De lo que digan los periódicos, infórmame mañana mismo.

—Bueno: mañana mismo traeré una pila de periódicos.

—Mañana es pronto para esperar comentarios en los periódicos, puesto que los anuncios solo aparecen al cuarto día. Pero, en adelante, ven todas las tardes por la entrada del patio. Pienso utilizarte como secretario. Tú me leerás los periódicos y las revistas y yo te dictaré mis pensamientos y te encargaré lo que necesite. Sobre todo, no te olvides de los telegramas. Todos los telegramas de Europa deben de estar aquí a diario. Pero, basta. Probablemente tendrás sueño. Vete a casa y no pienses en lo que acabo de decirte acerca de la crítica. No la temo, puesto que ella misma se encuentra en situación crítica. Basta ser sabio y virtuoso para verse finalmente sobre un pedestal. Si no soy Sócrates, soy Diógenes, o ambos a la vez, y ya tengo trazado mi futuro papel en la Humanidad.

De este modo trivial y obsesivo (cierto que por efecto de la calentura) se apresuraba a exponerme sus puntos de vista Iván Matvéich, emulando a esas mujeres de carácter flojo, incapaces de guardar un secreto, según dice el refrán. Por otra parte, cuanto había dicho acerca del cocodrilo me parecía poco verosímil. Vamos a ver: ¿cómo podía ser que el cocodrilo estuviera totalmente vacío? Apuesto a que, en ese punto, se había jactado por vanidad y, en parte, para humillarme. Verdad es que estaba enfermo y que a los enfermos hay que llevarles la corriente; pero reconozco sinceramente que nunca he podido soportar a Iván Matvéich. Durante toda la vida, desde que era niño, he deseado librarme de su tutela, sin poder conseguirlo.

Mil veces quise romper de mala manera con él, y otras tantas volví a tratarle, como si aún esperase demostrarle mi razón y vengarme de algo. ¡Singular amistad la mía! Puedo afirmar rotundamente que, en las nueve décimas partes, se componía de inquina. Sin embargo, aquella noche nos despedimos emocionados.

—Fuestro amigo es hombre mucho inteligente —me dijo el alemán a media voz cuando se disponía a acompañarme hasta la puerta después de haber estado todo el tiempo escuchando atentamente nuestra conversación.

—A propósito, y antes de que se me olvide —proferí—. ¿Cuánto pediría usted por su cocodrilo en caso de que quisieran comprárselo?

Se conoce que Iván Matvéich había oído la pregunta y esperaba la respuesta con curiosidad porque le hubiera molestado que el alemán pidiese poco; por los menos, carraspeó de una manera muy particular cuando yo hice la pregunta.

Al principio, el alemán no quería ni oír hablar del asunto; incluso se enfadó.

—¡Ninguno comprar puede mi cocodrilo propio! —gritó furioso, y se puso colorado como un cangrejo—. ¡No querer yo que sea vendido cocodrilo! Ni un millón de talers quería yo pedido por el cocodrilo. Hoy tenía cobrado ciento treinta talers del publicum y mañana tenía diez mil talers cobrado y luego cien mil talers cada día tenía cobrado. ¡No querer yo vendido cocodrilo!

A Iván Matvéich se le escapó incluso una risita de satisfacción.

Haciendo de tripas corazón, pues cumplía con mi deber de amigo verdadero, le di a entender fría y razonablemente al desatinado alemán que sus cálculos no eran del todo exactos, pues si recaudaba un centenar de miles a diario, en cuatro días habría pasado todo San Petersburgo por su establecimiento y no quedaría luego nadie a quien cobrarle; que la vida y la muerte están en la mano de Dios; que el cocodrilo podía reventar por cualquier razón; que Iván Matvéich podía caer enfermo y fallecer, y así sucesivamente.

El alemán se quedó pensativo.

—Yo daré a él gotas de la botica —recapacitó al fin—, y el amigo fuestro no será morir.

—Lo de las gotas está muy bien —repliqué—; pero, tenga en cuenta que se puede entablar un proceso. La esposa de Iván Matvéich puede exigir la devolución de su marido legítimo. Usted, en lo que piensa es en hacerse rico. Pero, ¿ha pensado en asignarle alguna pensión a Elena Ivánovna?

—¡No, yo no pensar! —contestó decidida y gravemente el alemán.

—¡No—o! ¡No pensar! —corroboró la Mutter, incluso con rabia.

—Entonces, ¿en vez de una ganancia problemática, no les convendría más agarrar ahora de golpe alguna cantidad segura y palpable, aunque sea módica? Considero deber mío añadir que, si se lo pregunto, no es por mera curiosidad.

El alemán tomó del brazo a su Mutter y se apartó, para conferenciar con ella, hacia el rincón donde se encontraba la jaula del mono más grande y más feo de la colección.

—¡Ahora verás! —me dijo Iván Matvéich.

Por lo que a mí se refiere, en ese momento ardía en deseos, primero, de pegarle un paliza al alemán; segundo, de pegarle una paliza aún mayor a la Mutter y, tercero, de atizarle la mayor de las palizas a Iván Matvéich por su desmedido engreimiento. Sin embargo, nada de esto tenía importancia al lado de la respuesta del codicioso alemán.

Después de deliberar con su Mutter, exigió por el cocodrilo cincuenta mil rublos en bonos de la Deuda interior, con sorteo, una casa de ladrillo en la calle Gorójovaia con botica propia instalada en ella y, por añadidura, el rango de coronel ruso.

—¿Te das cuenta? —exclamó triunfalmente Iván Matvéich—. ¡Ya te lo decía yo! Aparte de la última y disparatada pretensión de que le hagan coronel, tiene toda la razón, pues comprende perfectamente el actual valor del monstruo que exhibe. ¡El principio económico es lo que priva!

—¡Un momento! —rugí—. ¿Por qué razón iban a hacerle coronel, eh? ¿Qué proeza ha realizado, qué servicios ha prestado, qué gloria militar ha alcanzado? ¿No es usted un insensato, después de todo esto?

—¿Insensato? —gritó el alemán ofendido—. No. Yo ser hombre mucho sensato y usted ser hombre mucho tonto. Yo haber merecido coronel porque mostrar cocodrilo con dentro de él encerrado Hofrat vivo, pero ruso no poder mostrar cocodrilo con Hofrat vivo encerrado dentro de él. Yo ser hombre extraordinario inteligente y quiero mucho ser coronel.

—Bueno, Iván Matvéich, ¡adiós! —grité temblando de indignación, y salí de estampía al notar que no podría responder de mí si me quedaba un momento más en la cocodrilera. Eran insoportables las descabelladas pretensiones de aquellos dos cretinos. El aire frío calmó un poco mi indignación al quitarme el sofoco. Finalmente, y después de escupir con energía unas quince veces a un lado y a otro, tomé un coche de punto, llegué a mi casa, me desnudé y me tiré en la cama. Lo que más coraje me daba era encontrarme de secretario suyo. Ahora, ¡a morirse de aburrimiento todas las veladas cumpliendo el deber de auténtico amigo! Me entraban ganas de pegarme a mí mismo por ello y, efectivamente, después de apagar la vela y de taparme con el edredón, me aticé unos cuantos puñetazos en la cabeza y otros lugares del cuerpo. Esto me alivió un poco y acabé conciliando el sueño, incluso bastante profundo, pues estaba muy cansado. Me pasé la noche entera soñando con monos; pero, ya al amanecer, soñé también con Elena Ivánovna.

IV

Si soñé con monos, supongo que sería por haberlos visto en el establecimiento del cocodrilero. Por lo que se refiere a Elena Ivánovna era cosa distinta.

Empezaré por decir que yo la amaba. Pero me apresuro a añadir —y me apresuro con la velocidad de un expreso— que la amaba como un padre. Ni más ni menos. Llego a esa conclusión porque había sentido muchas veces el incontenible deseo de besar su cabecita o sus sonrosadas mejillas. Y aunque nunca llegué a hacerlo, confieso que no me hubiera negado a besarla incluso en los labios. Y no ya en los labios, sino en los dientecitos que aparecían de modo tan encantador, semejantes a una sarta de perlas igualitas, cada vez que ella se reía. Y ella reía con extraordinaria frecuencia. En sus efusiones de cariño, Iván Matvéich la llamaba su «lindo desatino», apelación en grado sumo justa y adecuada. Era una mujer bombón, y nada más. Por ello, no comprendo cómo se le había ocurrido ahora al propio Iván Matvéich ver en su esposa a nuestra Eugenia Tour rusa. Sea como fuera, y dejando a un lado los monos, mi sueño me produjo una impresión de lo más grata. De modo que, al repasar todo lo sucedido la víspera mientras tomaba el té de por la mañana, decidí pasar inmediatamente por casa de Elena Ivánovna, de camino hacia la oficina, cosa que, por otra parte, tenía la obligación de hacer en mi calidad de amigo de la casa.

Elena Ivánovna me recibió en un cuartito diminuto contiguo a la alcoba —ellos lo llamaban la sala pequeña, aunque también era pequeña la sala grande—, sentada en un lindo divancito ante una pequeña mesita de té, vestida con una vaporosa mañanita y tomando café de una pequeña tacita en la que mojaba una diminuta galletita. Estaba arrebatadoramente linda, aunque también me pareció como meditabunda.

—¡Ah, es usted, picarón! —exclamó acogiéndome con sonrisa ausente—. Siéntese, so veleta, y tome una taza de café. ¿Qué hizo usted anoche, vamos a ver? ¿Fue al baile de máscaras?

—Pero, ¿acaso estuvo usted? Yo no suelo ir a esos bailes… Además, es que anoche visité a nuestro cautivo.

Exhalé un suspiro y adopté una expresión compungida al tomar la taza de café que me ofrecía.

—¿A quién? ¿A qué cautivo? ¡Ah, sí! ¡Pobrecillo! Bueno, ¿y cómo está? ¿Se aburre? Verá… quisiera preguntarle a usted una cosa… Ahora puedo solicitar el divorcio, ¿verdad?

—¡El divorcio! —grité indignado, y estuve a punto de derramar el café. «Eso es cosa del morenito», pensé con furia para mis adentros.

Porque había cierto morenito de bigotito, perteneciente al negociado de obras de construcción, que les visitaba con harta frecuencia y tenía una habilidad especial para divertir a Elena Ivánovna. Confieso que yo le odiaba y no me cabía duda de que se las había ingeniado la víspera para verse con Elena Ivánovna (en el baile de máscaras o quizá allí mismo) y contarle un montón de tonterías.

—Pero, bueno… —se disparó de pronto Elena Ivánovna como si repitiera una lección—. Pero, ¿es que se va a estar él allí, dentro del cocodrilo, sin volver quizá en toda la vida, mientras yo me quedo aquí esperándole? Un marido debe vivir en su casa y no dentro de un cocodrilo…

—Es que se trata de un suceso imprevisto —quise explicarle con emoción muy natural.

—¡No, por Dios! Déjeme de historias. ¡No quiero escucharle, no quiero! —gritó ella, realmente enojada de pronto—. ¡Siempre se pone usted en contra mía, mala persona! Con usted no se puede ir a ninguna parte; es incapaz de aconsejar nada. Incluso personas extrañas me dicen que me concederán el divorcio porque Iván Matvéich quedará suspendido de sueldo.

—¡Elena Ivánovna! —exclamé en tono patético—. Parece mentira que sea usted quien así habla. ¿Qué desalmado ha podido imbuirle tales ideas? Además, que es totalmente imposible obtener el divorcio por una razón tan nimia como la suspensión de sueldo. ¡Y el pobre Iván Matvéich consumiéndose de amor por usted incluso en las entrañas de ese monstruo! Es decir: se derrite de amor como un terrón de azúcar... Anoche mismo, mientras usted se divertía en el baile de máscaras, aludió a que, en último caso, quizá se decida a llevársela a usted, como legítima esposa, al interior del cocodrilo, sobre todo teniendo en cuenta que hay sitio de sobra, y no solo para dos, sino incluso para tres personas.

A renglón seguido le referí toda aquella interesante parte de la conversación mantenida la víspera con Iván Matvéich.

—¿Cómo? ¿Qué dice? —gritó estupefacta—. ¿Pretende usted que me meta yo también allí con Iván Matvéich? ¡Valiente ocurrencia! ¿Y cómo iba a meterme? ¿Con el sombrero puesto y la crinolina? ¡Señores, qué estupidez! Y luego, ¿qué papel iba yo a hacer metiéndome en ese monstruo, sobre todo si estuviera mirándome alguien? ¡Eso es ridículo! ¿Y cómo me las arreglaría para comer allí dentro? ¿Y... y... cómo me las arreglaría allí dentro cuando?... ¡Dios mío, lo que se les ha ocurrido! ¿Qué distracciones iba a encontrar allí?... ¿Dice usted que dentro huele a goma? Y, también, si nos enfadáramos por algo, ¿tendría yo que quedarme de todos modos allí dentro, pegadita a él? ¡Puah! Eso es odioso.

—De acuerdo, admito todas sus objeciones, querida Elena Ivánovna —corté yo, intentando exponer mis razones con la natural vehemencia que siempre le embarga a uno cuando nota que la verdad está de su parte—; pero, hay una circunstancia que no ha valorado usted en todo esto. No ha valorado que él no puede vivir sin usted, puesto que desea tenerla allí a su lado. Ésa es una prueba de amor, de un amor apasionado, constante, arrebatador... ¡El amor es lo que no ha valorado usted, querida Elena Ivánovna, el amor!

—¡No quiero, no quiero ni oír hablar de eso! —protestó, agitando una encantadora manecita, cuyas imitas de color de rosa brillaban recién cepilladas y pulidas—. ¡Antipático! Acabará por hacerme llorar. Si es su gusto, métase usted dentro del bicho ése. ¿No es usted amigo de mi marido? Pues, vaya y quédese a su lado en aras de la amistad, y podrán pasarse la vida entera discutiendo sobre esos temas científicos tan aburridos…

—Hace usted mal en burlarse de tal hipótesis —atajé con gravedad a la frívola personita—, pues Iván Matvéich me ha propuesto efectivamente que me reuniera con él. A usted, como es natural, debe llevarla allá su sentido del deber, mientras que en mí es solo generosidad. Pero, al hablarme anoche de la extraordinaria elasticidad del cocodrilo, Iván Matvéich aludió con suma claridad a que no solo ustedes dos, sino también yo, en mi calidad de amigo íntimo, podría acomodarme allí para estar los tres juntos, en particular si yo así lo deseaba, y por eso…

—¿Cómo dice? ¿Los tres juntos? —gritó Elena Ivánovna contemplándome asombrada—. Pero, ¿cómo íbamos nosotros… a estar allí juntos los tres? ¡Ja, ja, ja! ¡Cuidado que son necios! ¡Ja, ja, ja! Iba a pasarme el tiempo pegándole a usted pellizcos, mala persona. ¡Ja, ja, ja! ¡Ja, ja, ja!

Recostada contra el respaldo del diván, rompió a reír hasta que se le saltaron unas lagrimitas. Todo aquello, lo mismo las lágrimas que la risa, era tan encantador, que no pude reprimirme y, en un arrebato, me puse a besarle las manecitas, expansión a la que ella no opuso resistencia, aunque me tiró ligeramente de las orejas en señal de reconciliación.

Luego nos sentimos más desenfadados los dos, y yo le referí en detalle los planes que me había expuesto la víspera Iván Matvéich. Le agradó mucho la idea de tener salón abierto y recibir por las tardes.

—Pero, necesitaré muchos vestidos nuevos —observó ella—. Por eso, es preciso que Iván Matvéich me haga llegar cuanto antes la mayor cantidad posible de dinero: el sueldo, las dietas… Solo que —añadió pensativa—, ¿cómo van a traerle a casa en un cajón? Eso es muy ridículo. No quiero que transporten a mi marido en un cajón. Me daría mucha vergüenza delante de los invitados… No quiero. No, no quiero.

—A propósito, y antes de que se me olvide: ¿vino a verla ayer por la tarde Timoféi Semiónich?

—¡Ay, sí! Vino a distraerme un poco, y figúrese usted que nos pasamos la velada jugando a las cartas, con prendas. Si perdía él, me daba un caramelo y cuando perdía yo, le dejaba que me besara una mano.

¡Qué malo! Imagínese que estuvo a punto de acompañarme al baile de máscaras. ¡De veras!

—Estaría embelesado —observé yo—. ¿Y quién no se embelesaría con usted, tan seductora como es?

—¡Déjese de requiebros! Y ahora aguarde, que le voy a tirar un pellizco antes de que se marche. He aprendido a tirar unos pellizcos riquísimos. ¿Eli, qué tal? A propósito: ¿dice usted que Iván Matvéich habló mucho de mí anoche?

—Bueno... Tampoco fue mucho... Le confieso que ahora piensa más en los destinos de la Humanidad y quiere que...

—¡Allá él! No tiene que decirme nada más. Seguro que estará aburridísimo. Tengo que ir a verle. Mañana iré sin falta. Pero, hoy no. Me duele la cabeza y, además, habrá tanta gente... Empezarán a comentar que soy su mujer, me pondrán en evidencia... Adiós. ¿Irá usted allá esta tarde?

—Claro, claro. Me dijo que fuera y le llevara los periódicos.

—Entonces, muy bien. Vaya a verle y a leerle la prensa. Y no necesita tomarse la molestia de pasar hoy por aquí. No me encuentro bien, y también es posible que salga de visita. Bueno, adiós, picarón.

«Eso es que el moreno vendrá a verla esta tarde», me dije.

En la oficina, como es natural, disimulé las preocupaciones y los tremendos afanes que me devoraban. Sin embargo, pronto advertí que algunos de los periódicos más progresistas pasaban aquella mañana con particular rapidez de mano en mano de mis colegas y eran leídos con extraordinaria atención. El primero que llegó a mis manos fue La Hoja, periódico sin gran importancia ni orientación definida, simplemente humanista en rasgos generales, circunstancia por la cual era más bien desdeñado entre nosotros, aunque lo leíamos. Bastante sorprendido, allí leí lo siguiente.

«Ayer se difundieron ciertos rumores por nuestra vasta capital, ornada de magníficos edificios. El señor N., famoso gastrónomo de la alta sociedad, probablemente hastiado de la cocina de Borel, así como del club que frecuenta, penetró en el establecimiento del Pasaje donde se exhibe un tremendo cocodrilo, recién traído a la capital, y pidió que se lo prepararan para la cena. Una vez cerrado el trato con el dueño del animal, se puso a devorarlo allí mismo (no al dueño, claro, que es un alemán muy pacífico y meticuloso, sino a su cocodrilo) vivo, cortando sabrosas tajadas con su navajita y engulléndolas con extraordinaria celeridad. Poco a poco desapareció todo el cocodrilo en aquel buche sin fondo del insaciable comensal, que aún se mostró dispuesto a emprenderlas con un icneumón, compañero habitual del cocodrilo, pensando probablemente que sería igual de sabroso. Nosotros no tenemos nada en contra del nuevo producto en cuestión, famoso hace ya mucho tiempo entre los gastrónomos extranjeros. Incluso lo habíamos previsto ya. Los lores y los viajeros ingleses pescan en Egipto bancos enteros de cocodrilos y consumen el lomo de este monstruo en filetes, con mostaza, cebolla y patatas. Los franceses, que llegaron allá con De Lesseps, prefieren las patas asadas entre las brasas. En realidad, lo hacen para llevarle la contraria a los ingleses, que a su vez se burlan de ellos. Lo más probable es que en nuestro país sean apreciadas ambas cosas. Por nuestra parte, celebramos la aparición de esta nueva rama de la industria, de la que carece esencialmente nuestra recia y variada patria. Después de este primer cocodrilo desaparecido en el estómago de un gastrónomo de San Petersburgo, es posible que antes de un año los importemos a cientos. Además, ¿por qué no aclimatar al cocodrilo aquí, en Rusia? Si el agua de Nevá resulta demasiado fría para tan interesantes animales de otras tierras, en la capital tenemos estanques y extramuros hay ríos y lagos. ¿Por qué no criar cocodrilos, digamos, en Pargólovo o en Pávlovsk? En cuanto a Moscú, están los estanques de la Presnia y del Samotiok. Además de proporcionar un alimento grato y saludable a nuestros refinados gastrónomos, podrían servir de distracción a las señoras que suelen pasear junto a dichos estanques, así como de viviente lección de Historia Natural a los niños. Con la piel de los cocodrilos se podría fabricar estuches, maletas, pitilleras y carteras, y es posible que más de uno de esos mugrientos billetes de mil rublos, predilectos de los comerciantes, se viera también entre tapas de piel de cocodrilo. Esperamos volver más de una vez a un tema tan interesante.»

Aunque algo por el estilo preveía yo, me dejó confuso el poco fundamento de la noticia. No sabiendo con quién compartir mis impresiones, me fijé en Prójor Sávich, sentado frente a mí, y entonces advertí que llevaba un rato observándome y tenía entre las manos un número de El Cabello, aparentemente con el propósito de entregármelo. Sin una palabra, tomó La Hoja que yo le tendía y, al pasarme a mí El Cabello, señaló con un fuerte uñetazo el artículo sobre el que deseaba llamar mi atención. Este Prójor Sávich es un hombre de lo más extraño: viejo y callado solterón, no mantenía trato con ninguno de nosotros, apenas hablaba con nadie en la oficina, siempre tenía su opinión acerca de todas las cosas, pero no se permitía compartirla con nadie. Vivía solo. Casi ninguno de nosotros había estado en su casa.

Véase lo que leí en el lugar señalado de El Cabello.

«De todos es sabido que nosotros somos progresistas y humanitarios y que en este aspecto queremos seguir la marcha de Europa. Sin embargo, pese a todos nuestros afanes y a los esfuerzos de nuestro periódico, estamos lejos de haber "madurado" como lo demuestra un hecho repugnante ocurrido ayer en el Pasaje y que nosotros habíamos pronosticado ya. Un propietario extranjero llega a la capital trayendo un cocodrilo que empieza a exhibir al público en el Pasaje. Nosotros nos apresuramos a saludar inmediatamente la aparición de esta nueva rama de una industria útil, de la que carece nuestra robusta y variada patria. Pero ayer, a las cuatro y media de la tarde, se presenta de pronto en el establecimiento del empresario extranjero un hombre extraordinariamente obeso, borracho, que paga su entrada y, a renglón seguido, sin previo aviso, se mete en las fauces del cocodrilo que, como es natural, no tuvo más remedio que tragárselo, aunque solo fuera por instinto de conservación, para no asfixiarse.

Nada más sumirse en el interior del cocodrilo, el desconocido se durmió. No le produjeron el menor efecto los gritos del empresario extranjero, ni los gemidos de sus aterrados feudos ni las amenazas de llamar a la policía. Desde dentro del cocodrilo solo se escuchaban carcajadas y la promesa de hacer uso del látigo (sic), mientras el pobre mamífero, obligado a tragarse semejante mole, vertía inútiles lágrimas. "Un huésped importuno es peor que un invasor", dice el proverbio ruso; pero, a pesar de ello, el desaprensivo visitante no quiere salir. No atinamos a explicar hechos tan bárbaros, que demuestran nuestra inmadurez y nos ponen en evidencia a ojos de los extranjeros. ¡Buena aplicación ha encontrado la audacia rusa!

¿Qué buscaría ese importuno huésped? ¿Un alojamiento abrigado y confortable? Pero en nuestra capital existe gran número de magníficas casas con apartamentos baratos y sumamente cómodos, que tienen agua traída del Nevá, luz de gas en la escalera e incluso portero muchas veces. También llamamos la atención de nuestros lectores sobre la barbarie de ese trato para con un animal doméstico: como es natural, al cocodrilo forastero le resulta difícil digerir semejante mole de golpe y ahora yace, esperando la muerte, hinchado como una montaña, en medio de insoportables sufrimientos. En Europa, la Justicia persigue desde hace mucho tiempo a quienes dan un trato inhumano a los animales domésticos. Pero nosotros, a pesar del alumbrado a la europea, de las aceras a la europea y de las casas edificadas a la europea, nosotros hemos de tardar todavía mucho en desprendernos de nuestros sempiternos prejuicios.

Las casas son nuevas, pero los prejuicios viejos… con la particularidad de que tampoco son nuevas las casas, o por lo menos las escaleras. Hemos aludido va varias veces en nuestro periódico a que en la Peterbúrgskaia, en casa del comerciante Lukiánov, los peldaños de la escalera de madera están podridos, algunos incluso rotos, constituyendo desde hace ya tiempo un peligro para la sirvienta que tiene —Afimia Skapidórova, esposa de un soldado—, obligada a subir a menudo dicha escalera llevando cubos de agua o brazadas de leña. Nuestros pronósticos se han cumplido finalmente: ayer, a las ocho y media de la noche, Afimia Skapidórova se desplomó, cargada con una sopera, y se fracturó una pierna. Ignoramos si Lukiánov reparará ahora la escalera —el ruso no escarmienta fácilmente—, pero la víctima de la desidia rusa ha sido ingresada en un hospital.

Tampoco nos cansaremos de afirmar que los porteros de la Víborgskaia, cuando barren las aceras de madera, no deben manchar el calzado de los transeúntes, sino que deben dejar la basura en montoncitos, como se hace en Europa…»

Y así sucesivamente.

—Pero, ¿qué es esto? —proferí mirando con cierta estupefacción a Prójor Sávich—. ¿Qué significa?

—¿A qué se refiere?

—¡Por Dios santo! En lugar de compadecerse del pobre Iván Matvéich, se compadecen del cocodrilo.

—¿Y qué importa? Nos compadecemos de un animal, incluso de un mamífero. ¿Tenemos algo que envidiar a Europa? ¿No sienten también allí mucha compasión por los cocodrilos? ¡Ji, ji, ji!

Dicho lo cual, el estrambótico Prójor Sávich volvió a meter la nariz en sus papeles y no pronunció ya ni una palabra más.

Me guardé El Cabello y La Hoja en el bolsillo, reuní también, para distraer aquella tarde a Iván Matvéich, todos los números atrasados que puede encontrar y, aunque tenía mucho tiempo por delante, aquel día me escabullí de la oficina antes de la hora para pasarme un rato en el Pasaje y, aunque fuera de lejos, contemplar lo que allí ocurría y escuchar los comentarios y juicios diversos.

Previendo que habría gran gentío, me embocé bien con el cuello del capote porque me sentía un poco avergonzado. Y es que estamos tan poco habituados a la publicidad… Pero, noto que, ante un suceso tan extraordinario y original, no tengo derecho a comentar mis prosaicas sensaciones personales.

NOCHES BLANCAS

I. Turguénev

Un relato sentimental
(de los recuerdos de un soñador)

Noche primera

Hacía una noche extraordinaria, como solo puede hacer, querido lector, cuando somos jóvenes. El cielo estaba tan estrellado y claro que, mirándolo, sin querer te preguntabas: ¿acaso bajo un cielo así puede vivir gente malhumorada y caprichosa? ¡También esta, querido lector, es una pregunta que se hace uno cuando es muy, muy joven, pero quiera Dios que te la hagas más veces...! Hablando de personas caprichosas y de todo tipo de caballeros malhumorados, no he podido dejar de recordar mi propio proceder con tan buena conducta durante todo ese día. Desde por la mañana me estuvo martirizando una extraña melancolía. De pronto me dio la impresión de que al solitario que era yo todos le habían abandonado y le daban la espalda. Claro que cualquiera estaría en su derecho de preguntar: ¿y quiénes son esos todos? Porque llevo ya ocho años viviendo en San Petersburgo, sin poder fraguar una sola amistad. Pero ¿para qué sirven las amistades? Pues, sin necesidad de ellas, conozco toda la ciudad. Y esta es la razón por la que me dio la impresión de que todos me abandonaban cuando los habitantes de San Petersburgo se levantaban para marcharse a sus casas de campo. Me entró un terrible miedo de quedarme solo y me pasé tres días deambulando por la ciudad sumido en una profunda melancolía, sin comprender qué era lo que me sucedía exactamente. Bien caminando por la avenida Nevski o por el jardín, bien paseando por el muelle, no hallaba ni a una sola de las personas con las que solía encontrarme en esos lugares a la misma hora durante todo el año.

Ellos, claro está, no me conocen, pero yo a ellos sí. Los conozco bien. Casi tengo estudiadas sus fisonomías y me alegra verlos cuando están contentos y me entristezco cuando sus semblantes se nublan. Prácticamente me he hecho amigo de un ancianito al que veía en la Fontanka todos los días a la misma hora. ¡Qué rostro tan interesante y pensativo! No cesa de murmurar y mover la mano izquierda, mientras que en la derecha lleva un largo bastón de pomo dorado. Incluso se da cuenta de mi presencia y se alegra de verme. Si algo sucediera y yo no pudiera estar en el lugar conocido de la Fontanka, estoy convencido de que se pondría melancólico. He aquí por qué a veces casi nos inclinamos el uno ante el otro, especialmente cuando estamos de buen humor. Hace poco, cuando estuvimos dos días enteros sin vernos, y nos encontramos al tercero, estábamos a punto de quitarnos el sombrero, pero afortunadamente nos dimos cuenta a tiempo, y bajamos las manos, cruzándonos los dos con manifiesto interés. También conozco las casas. Cuando voy andando, parece que cada una de ellas sale corriendo delante de mí por la calle, me mira con todas sus ventanas faltándole poco para decirme: «¡Hola! ¿Cómo está? ¡Yo también, gracias a Dios estoy bien de salud, y en el mes de mayo me van a añadir una planta más!». O bien: «¿Cómo está? ¡A mí mañana me empiezan a hacer obras!». O incluso: «¡Casi me quemo! ¡Qué susto!», etc.

De todas ellas, hay algunas casas por las que tengo predilección y con las que también tengo algo de amistad. Una de ellas está dispuesta a curarse este verano bajo la dirección de un arquitecto. ¡Pasaré por allí a propósito todos los días para ver si le hacen alguna chapuza! ¡Que Dios la ampare…! Pero jamás olvidaré la historia de una maravillosa casita de color rosa claro. Era una preciosa casita de piedra que a mí me miraba de un modo tan hospitalario, y a sus torpes vecinas con tanto orgullo, que mi corazón se alegraba cuando tenía ocasión de pasar junto a ella. De pronto, la semana pasada, cuando iba por la calle y miré a mi amiga, en tono lastimoso le oí exclamar: «¡Me van a pintar de amarillo!». ¡Malvados! ¡Bárbaros! No se apiadan de nada, ni de las columnas ni de las cornisas, y mi amiga lució un color amarillo canario. Por este motivo casi me da un ataque de bilis y aún no he recobrado fuerzas para encontrarme con esa pobre y desfigurada casa, que pintaron del color que mejor le fuera al cielo del imperio.

De modo que comprenderá usted, lector, de qué manera conozco todo San Petersburgo.

Como ya dije antes, llevaba tres días martirizándome el desasosiego, hasta que me di cuenta de lo que se trataba. También me encontraba mal en la calle (no está este, tampoco aquel, ¿dónde se habrá metido ese otro?). Y ni siquiera en casa me encontraba a gusto. Dos tardes enteras me he estado preguntando: ¿qué es lo que echaba yo de menos en mi rincón? ¿Por qué me encontraba tan a disgusto en él? Y, sin comprenderlo, observaba sus paredes verdosas, llenas de hollín, el techo cubierto de telas de araña que, con grandes esfuerzos, quitaba Matriona. Miraba los muebles, observaba cada silla pensando si la tristeza pudiera deberse a eso (pues con que hubiera solo una silla mal colocada, como lo estuvo ayer, yo ya no era el mismo), me asomaba a la ventana, y todo era en vano… ¡Nada me aliviaba! Incluso se me ocurrió llamar a Matriona y al instante la reprendí paternalmente por las telas de araña y el desorden general; pero ella solo me miró con asombro y se dio la vuelta, sin responder palabra, de manera que las telas de araña siguen hasta ahora colgando felizmente en su sitio. Por fin, solo esta mañana me he dado cuenta de lo que se trataba. ¡Eh! ¡Pero si se marchan a sus casas de campo huyendo de mí! Pido disculpas por la trivialidad de la frase, pero hoy no estaba yo para expresarme con estilo pulido… ya que todos cuantos había en San Petersburgo, bien se habían trasladado ya a sus casas de campo, bien lo estaban haciendo ahora; porque cada caballero de buena presencia y buen aspecto que alquilaba un coche se convertía ante mis ojos en el respetabilísimo padre de familia que, después de sus quehaceres y obligaciones rutinarios, se dirigía ligero de equipaje al seno de su familia, a la casa de campo; porque cada uno de los transeúntes tenía ahora un aspecto especialmente particular, al que solo faltaba decirle a quien se cruzara: «Nosotros, caballeros, estamos aquí solo de paso, porque dentro de dos horas nos marchamos a la casa de campo».

Si se abría una ventana en la que repiqueteaban unos dedos tan finos y blancos como el azúcar, y se asomaba la cabeza de alguna bella muchacha que llamaba al vendedor ambulante de flores, al instante me daba la impresión de que aquellas flores se compraban solo por comprar, es decir, que ello en absoluto se hacía para disfrutar del placer primaveral en el corazón de un piso de la capital, y que muy pronto todos se trasladarían a sus casas de campo llevándose consigo las flores. Por si fuera poco, ya había logrado yo tales éxitos en este nuevo tipo de descubrimientos que ya podía, sin temor a equivocarme, y a juzgar simplemente por el aspecto, adivinar en qué casa de campo vivía cada cual. Los habitantes de las islas Kámenny y Aptékarski, o los del camino de Petergof, se distinguían por la delicadeza de sus maneras, por la elegancia de sus trajes y los maravillosos coches con que venían a la ciudad. Los habitantes de Pargólovo y sus afueras, al primer golpe de vista, «impresionaban» por su nobleza y buen porte. El que vivía en la isla de Krestovski se distinguía por su imperturbable y alegre aspecto. Si se me presentaba la ocasión de cruzarme con una larga hilera de transportistas que caminaban perezosamente con las riendas en la mano junto a sus carretas, llenas hasta arriba, con montañas enteras de todo tipo de muebles, mesas, sillas, sofás turcos y de otras procedencias, y todo tipo de bártulos domésticos, encima de los cuales, en lo más alto de la carreta, a menudo iba sentada una cocinera canija, protegiendo los bienes de sus señores como oro en paño; y si se me ocurría mirar a las pesadas barcas llenas de carga doméstica que se deslizaban por el río Nevá, o por la Fontanka, hasta el río Chiorny o hasta las islas, tanto las cargas como las barcas se multiplicaban ante mis ojos, por diez y por cien. Parecía que todo se había levantado y había emprendido el camino, que se trasladaba en caravanas enteras a las casas de campo; parecía que todo San Petersburgo amenazaba con convertirse en un desierto, de modo que al final me sentía avergonzado, incómodo y triste. Verdaderamente, no tenía nada que hacer y ninguna dacha a la que dirigirme. Estaba dispuesto a marcharme con cada carga, irme con cualquier caballero de aspecto honorable que alquilaba un coche. Pero decididamente ninguno me invitaba. Era como si se hubieran olvidado de mí, como si realmente les fuera ajeno.

Estuve andando mucho rato, de modo que ya me había dado tiempo, como me ocurre a menudo, a olvidarme de dónde me encontraba. Cuando quise darme cuenta estaba a las puertas de la ciudad. De pronto sentí alegría, rebasé la barrera del paso a nivel para cruzarla y caminé por entre los campos y praderas sembrados, sin reparar en el cansancio, más bien sintiendo con todo mi cuerpo que me quitaba un peso del alma. Todos los transeúntes me miraban de un modo tan cordial que solo les faltaba saludarme; absolutamente todos estaban por alguna razón tan contentos que todos ellos, sin excluir a ninguno, fumaban puros. También yo estaba tan alegre como no lo había estado hasta entonces. Es como si de pronto me encontrara en Italia… tanta fue la impresión que causó la naturaleza a un caballero enclenque como yo, que estaba a punto de ahogarse entre las paredes de la ciudad.

Hay algo inexplicablemente conmovedor en nuestra naturaleza petersburguesa cuando, al comenzar la primavera, de pronto muestra toda su potencia, todas las fuerzas que le deparó el cielo; se reviste toda, se engalana, se llena de abigarradas flores… Involuntariamente, me evoca a una muchacha enfermiza y marchita, a la que unas veces se mira con lástima, otras, con cariño y compadecimiento, otras simplemente uno no se percata de ella; y que de pronto, inesperadamente, se convierte en extraordinariamente bella, y usted, impresionado y extasiado, se pregunta sin querer: ¿qué fuerza ha hecho brillar con fuego esos ojos tristes y pensativos?, ¿qué ha hecho sonrosarse esas pálidas y flacas mejillas?, ¿qué cubrió de pasión esos delicados rasgos de la cara?, ¿qué hace que su corazón palpite así?, ¿qué ha suscitado esa fuerza, vida y belleza en el rostro de la pobre joven, obligándolo a iluminarse con esa sonrisa, a revivir con esa resplandeciente y chispeante risa? Uno mira alrededor y busca algo, se da cuenta de algo… Pero pasado un instante, e incluso probablemente al día siguiente, vuelve usted a ver de nuevo la mirada pensativa y despistada de antes, el mismo semblante pálido, la misma humildad y timidez en sus movimientos, e incluso remordimiento y huellas de alguna tristeza mortecina y enojo por un momento de pasión… Y uno siente lástima de que tan pronto, y sin retorno, se haya marchitado aquella instantánea belleza que tan engañosamente y en vano brilló ante usted; se siente triste por no haber tenido tiempo a enamorarse de ella…

Pero ¡a pesar de todo mi noche fue aún mejor que el día! He aquí lo que sucedió.

Regresé a la ciudad muy tarde, y ya habían dado las diez de la noche cuando me propuse volver a mi piso. Mi camino me llevaba a lo largo del muelle del canal, en el que a esas horas no encuentras un alma. A decir verdad, vivo en una zona alejada de la ciudad. Iba caminando y cantando, porque cuando me siento feliz irremediablemente maúllo alguna melodía dentro de mí, como cualquier hombre feliz que no tiene amigos, ni buenos conocidos, y quien en momentos felices de la vida no tiene con quién compartir su alegría. De pronto me sucedió una aventura de lo más inesperada.

Cerca de mí, con los codos en la barandilla del muelle, había una mujer apoyada en la rejilla mirando atentamente las turbias aguas del canal. Llevaba un bonito sombrero de color amarillo y una mantilla muy coqueta de color negro. «Es una joven, y seguramente morena», pensé yo. Al parecer, no se había percatado de mis pasos, y ni siquiera se inmutó cuando pasé junto a ella, con la respiración entrecortada y el corazón palpitando. «¡Qué raro!», pensé, «seguramente estará sumida en algún pensamiento»; y de pronto me detuve como si me hubiera quedado petrificado. Me pareció oír un sordo sollozo. ¡Sí! No me había equivocado: la muchacha estaba llorando, y a cada minuto le sobrevenían sollozos. ¡Dios mío! Se me encogió el corazón. Y por muy vergonzoso que fuera yo con las mujeres, al tratarse de una cuestión así… me di la vuelta, retrocedí un paso hacia ella y al instante habría querido decirle: «¡Señorita!», de no ser porque esa exclamación había sido miles de veces empleada en todas las novelas rusas de alta sociedad. Eso fue lo único que me detuvo. Pero, mientras rebuscaba la palabra, la muchacha se repuso, se dio la vuelta, se percató de mi presencia, bajó la mirada y me esquivó por el muelle. Yo la seguí al instante, pero ella se dio cuenta, abandonó el muelle, cruzó la calle y siguió caminando por la otra acera. Yo no me atreví a cruzar la calle. Mi corazón se estremecía como el de un pajarillo recién capturado. De pronto un suceso salió en mi ayuda.

Al otro lado de la acera, cerca de mi desconocida, de repente apareció un caballero vestido de frac, entrado en años, aunque con unos andares poco nobles. Iba tambaleándose y apoyándose cuidadosamente sobre la pared. La muchacha, por el contrario, caminaba como una flecha, deprisa y tímidamente, tal y como andan todas las jóvenes que no desean que alguien les ofrezca acompañarlas de noche a su casa, y claro está que el caballero que se tambaleaba no la habría alcanzado por nada del mundo, si en mi destino no se hubiera interpuesto una artificiosa estratagema. De pronto, sin decir palabra, el caballero arrancó a correr tras la joven para alcanzar a mi desconocida. Ella caminaba tan rauda como el viento, pero el tambaleante caballero que iba en pos de ella la alcanzó, la muchacha lanzó un grito… y ¡yo bendigo el destino por llevar en aquella ocasión un bastón de nudos en mi mano derecha! Al instante me encontré en la otra acera y el inesperado caballero enseguida comprendió de qué se trataba, y se percató de mi irrebatible motivo. No dijo palabra, se quedó rezagado, y solo cuando ya estábamos muy lejos comenzó a protestar, insultándome en unos términos muy enérgicos. Pero sus palabras apenas llegaban hasta nosotros.

—Deme la mano —dije yo a mi desconocida—, y él ya no se atreverá a molestarla.

Ella en silencio me dio su mano todavía temblorosa por el miedo y el sobresalto. ¡Oh, inesperado caballero, cuánto te agradecí aquel momento! La miré de soslayo: era muy bella y morena: había acertado; en sus negras pestañas todavía brillaban lágrimas de un reciente disgusto o alguna desgracia acaecida. No lo sé. Pero en sus labios ya resplandecía una sonrisa. También ella me miró a hurtadillas. Se sonrojó ligeramente y bajó la mirada.

—Lo ve. ¿Por qué me rehuyó usted antes? Si yo hubiera estado aquí, nada habría ocurrido…

—Pero si yo no le conocía: pensaba que usted también…

—Pero ¿acaso me conoce ahora?

—Un poco. Por ejemplo, ¿por qué está usted temblando?

—¡Oh! ¡Ha acertado al primer golpe de vista! —respondí yo, completamente entusiasmado de que mi muchacha fuera inteligente: eso nunca estorba a la belleza—. Pero si desde el primer momento se dio cuenta usted de con quién trataba. Es cierto, soy tímido con las mujeres. No estoy menos turbado que usted hace un momento, cuando ese caballero le dio el susto… Ahora estoy algo avergonzado. Parece un sueño, y ni siquiera en un sueño podría presentárseme la idea de hablar con una mujer.

—¿Cómo es eso? ¿Es cierto…?

—Y si mi mano está temblorosa es porque nunca había cogido una mano tan agradable y pequeñita como la suya. He perdido la costumbre de tratar con las mujeres; quiero decir que nunca he tratado con ellas, soy un solitario… Si ni siquiera sé cómo hablarles. He aquí que no sé cómo dirigirme a ellas. Tampoco sé ahora mismo si le habré dicho alguna tontería. Dígamelo directamente; se lo aseguro, no soy de los que se ofenden…

—No, nada, nada, al contrario. Y si usted exige que yo sea sincera, entonces le diré que a las mujeres les gusta este tipo de timidez; y si desea saber algo más, le diré que también a mí me gusta, y no le echaré de mi lado hasta llegar a casa.

—Va a conseguir usted que deje de sentirme intimidado —empecé a decirle entusiasmado— y de tener vergüenza al momento, y entonces ¡adiós a todos mis procedimientos…!

—¿Procedimientos? ¿Qué procedimientos? Y ¿para qué? Esto ya sí es una tontería.

—Yo tengo la culpa, se me ha escapado. Pero ¿cómo quiere que en un momento así no tenga yo algún deseo…?

—¿De agradar, acaso?

—Pues sí; pero, por favor, tenga usted la bondad. ¡Júzguese tal y como soy! Porque yo ya tengo veintiséis años, y jamás he tratado con nadie. ¿Cómo puedo hablar bien, con habilidad y oportunamente? A usted le resultará más cómodo cuando todo quede explicado con claridad… No sé callar cuando me habla el corazón. Bueno, si da lo mismo. ¡Créame que no he conocido jamás a ninguna mujer! ¡Jamás! ¡No he conocido a ninguna! Y no hago más que soñar que finalmente algún día me encontraré con alguien. ¡Oh! ¡Si supiera cuántas veces he estado enamorado de ese modo…!

—Pero ¿cómo? ¿De quién?

—Pues de nadie, de un ideal, de la que se me aparece en sueños. Creo en mi imaginación novelas enteras. ¡Oh, usted no me conoce! A decir verdad, sí he conocido a dos o tres mujeres, pero ¡qué mujeres! Son una especie de patronas que… Le voy a hacer reír si le cuento que en unas cuantas ocasiones estuve tentado de entablar una conversación (así, por las buenas) con alguna aristócrata en la calle, cuando estaba ella sola, claro está; entablar una conversación tímida, respetuosa y apasionadamente; decirle que me muero de soledad, que no me eche de su lado, que no tengo posibilidad de conocer a mujer alguna; infundirle, incluso, que está obligada como mujer a no despreciar una petición tan tímida que procede de alguien tan infeliz como yo. Que, finalmente, cuanto estoy pidiendo se limita únicamente a dirigirme un par de palabras amistosas, participando, sin echarme desde el primer momento de su lado; a creer en lo que digo, escucharme, reírse de mí, si viniera al caso, a que me diera esperanzas, que me dijera un par de palabras, solo un par, ¡aunque después ya no nos volviéramos a ver más…! Pero se ríe usted… Por lo demás, hablo solo para hacerla reír…

—No se enoje; me río porque es usted su propio enemigo, y si lo intentara lo conseguiría, aunque la ocasión surgiera en la calle: cuanto más sencillo, mejor… Ninguna mujer buena, a menos que fuera una estúpida, o estuviera especialmente enfadada por algo en aquel momento, se decidiría a echarle de su lado sin haberle dejado pronunciar esas dos palabras que usted suplica tan tímidamente… ¡Además, quién soy yo para hablar! Lo más probable es que lo tomara por un loco. Pero juzgo por mí misma. ¡Como si yo supiera mucho de cómo vive la gente en este mundo!

—¡Oh, se lo agradezco! —exclamé yo—, ¡no sabe cuánto ha hecho ahora por mí!

—¡Está bien! ¡Está bien! Pero, dígame, ¿por qué ha sabido que yo era una de esas mujeres con las que… bueno, bueno, a las que considera dignas… de atención y amistad… en una palabra, que no era una patrona, como usted las llama? ¿Por qué ha decidido acercarse a mí?

—¿Que por qué? ¿Por qué? Pues porque estaba usted sola y aquel señor era excesivamente atrevido, y ahora es de noche: reconózcalo, tenía que hacerlo…

—No, no, antes de eso, estando allí, en la otra acera. Porque usted quería acercarse a mí, ¿no es cierto?

—¿Allí, en aquella acera? A decir verdad, no sé qué decir; temo… ¿Sabe una cosa? Hoy me he sentido feliz; iba caminando y cantando. Estuve en las afueras de la ciudad; hasta ahora no había sentido momentos tan felices. Usted… a mí, puede que me haya parecido… Bueno, disculpe si se lo recuerdo: me pareció que estaba usted llorando, y no podía oírlo… el corazón se me estremeció… ¡Oh, Dios mío! Bueno, pues sí, ¿acaso no podía sentir lástima hacia usted? ¿Acaso sería un pecado sentir hacia usted una compasión fraternal…? Perdone, he dicho compasión… Bueno, pues sí, en una palabra, ¿acaso podía ofenderla porque involuntariamente se me ocurriera acercarme a usted…?

—Déjelo, ya es suficiente, no hable más… —dijo la muchacha, bajando la mirada y apretando mi mano—. La culpa es mía por haber empezado a hablar de eso; pero estoy contenta de no haberme confundido respecto a usted… Bueno, pues ya he llegado a casa. Tengo que ir por aquí, por esta callejuela. Estoy a dos pasos… Adiós, le agradezco…

—Pero ¿acaso es posible que no nos volvamos a ver más…? ¿Es que esto se va a quedar así?

—Lo ve —dijo la muchacha sonriendo—, usted deseaba primero intercambiar solo un par de palabras, y ahora… Por lo demás, no le prometo nada… Puede que nos encontremos…

—Vendré aquí mañana —dije yo—. ¡Oh, disculpe, ya estoy exigiendo…!

—Sí, es usted muy impaciente… casi está exigiendo…

—¡Escuche, escuche! —la interrumpí—. Discúlpeme si de nuevo le digo algo por el estilo… Pero atienda una cosa: no podré dejar de venir aquí mañana. Soy un soñador; tengo tan poca vida privada, y unos minutos como estos, como los de ahora, se me presentan en tan escasas ocasiones que no puedo dejar de repetirlos en mis pensamientos. Estaré soñando con usted toda la noche, toda la semana y el año entero. Irremediablemente vendré aquí mañana, exactamente aquí, a este mismo lugar, a la misma hora, y seré feliz recordando lo de ayer. Este lugar ya me es querido. Tengo dos o tres lugares de estos en San Petersburgo. En una ocasión hasta lloré recordando algo, igual que usted… ¿Quién sabe? Puede que usted, hace diez minutos, también llorara recordando algo… Pero discúlpeme, de nuevo se me ha pasado; puede que usted en alguna ocasión haya sido especialmente feliz aquí…

—Está bien —dijo la joven—, a lo mejor yo también vendré aquí mañana, a las diez. Veo que ya no se lo puedo prohibir… La cuestión está en que tengo que estar aquí; no piense que le estoy citando. Le aseguro que yo tengo que estar aquí. Bueno… se lo diré directamente: no estaría mal que también viniera usted. Por un lado, de nuevo podríamos tener algún disgusto como el de hoy, y por otro… en una palabra, simplemente me gustaría verle… para intercambiar con usted un par de palabras. Pero, lo ve, ¿no me estará juzgando usted ahora? ¿No se pensará que estoy dándole una cita con mucha ligereza…? Yo se la daría, a no ser… Pero ¡que eso sea un secreto mío! Antes de todo una condición…

—¡Una condición!… Dígala, cuénteme, cuéntemelo todo. Estoy dispuesto a todo, a todo —exclamé yo entusiasmado—. Yo respondo por mí: seré obediente, respetuoso… Usted me conoce…

—Porque le conozco, le estoy invitando mañana —dijo la muchacha sonriendo—. Le conozco perfectamente. Pero tenga en cuenta una cosa, venga con una condición. Sobre todo (sea amable y cumpla lo que le pida: está viendo que le hablo con franqueza): no se enamore de mí... Eso está prohibido, se lo aseguro. Estoy dispuesta a una amistad, y aquí tiene mi mano... Pero ¡no se enamore, se lo ruego!

—¡Se lo juro! —exclamé yo cogiéndole la mano...

—Es suficiente. No jure, porque sé que es usted capaz de estallar como la pólvora. No me juzgue por hablar así. Si usted supiera... Tampoco yo tengo a nadie con quien intercambiar palabra, y a quien pedirle un consejo. Claro está que no iba a buscar un consejero en la calle, pero usted es una excepción. Le conozco como si fuéramos amigos desde hace veinte años... ¿Verdad que no va usted a cambiar?

—Ya lo verá... solo que no sé cómo sobreviviré estas veinticuatro horas.

—¡Que tenga un feliz sueño! Buenas noches; y recuerde que ya he confiado en usted. Pero hace un rato lanzó usted una exclamación tan hermosa que ¡acaso hay que dar explicaciones de cada sentimiento, incluso en el sentido fraternal! ¿Sabe una cosa? Lo expresó usted de una forma tan bella que al instante se me pasó por la cabeza la idea de confiar en usted...

—¡Por el amor de Dios! Pero ¿de qué se trata? ¿Qué es?

—Hasta mañana. Que de momento sea un secreto. Será mejor para usted; aunque lejanamente se parezca a una novela. Puede que se lo diga mañana y puede que no... Todavía tengo que hablar más con usted, conocernos mejor...

—¡Oh, sí! Mañana le contaré todo sobre mi persona. Pero ¿qué es esto? ¡Parece que me está sucediendo un milagro...! ¿Dónde estoy? ¡Dios mío! Pero, dígame, ¿acaso no está satisfecha de sí misma por no haberse enfadado conmigo como lo hubiera hecho otra mujer? ¿Por no haberme rechazado desde el primer momento? Dos minutos, y me ha convertido usted para siempre en una persona feliz. ¡Sí! ¡Feliz! ¿Quién sabe? Puede que me haya reconciliado conmigo mismo y haya resuelto mis dudas... Es posible que me sobrevengan minutos de esa naturaleza... Pero bueno, ya mañana le contaré todo, y usted lo sabrá todo, todo...

—Está bien, estoy de acuerdo. Empezará usted.

—Estoy conforme.

—¡Adiós!

Y nos despedimos. Estuve deambulando toda la noche. No me decidía regresar a casa. ¡Estaba tan feliz...! ¡Hasta mañana!

Noche segunda

—¡Bueno, ya veo que ha sobrevivido! —me dijo ella sonriendo y estrechándome las manos.

—Llevo aquí ya dos horas. ¡No sabe cómo lo he pasado durante el día!

—Lo sé, lo sé… pero vayamos al asunto. ¿Sabe por qué he venido? Pues no para decir cosas absurdas como ayer. Mire una cosa: debemos actuar con más inteligencia. Estuve dando muchas vueltas a todo esto ayer por la noche.

—¿En qué aspecto he de actuar con más inteligencia? Por mi parte, estoy dispuesto. Pero, a decir verdad, nunca en la vida me han ocurrido cosas tan sensatas como las de ahora.

—¿De veras? En primer lugar, se lo suplico, no me apriete tanto las manos; y en segundo lugar, le confieso que hoy he estado pensando durante mucho rato en usted.

—Y bien, ¿qué ha concluido?

—¿Qué he concluido? He concluido que es preciso comenzar por el principio, porque hoy he decidido que usted es completamente desconocido para mí, y que ayer me comporté como una cría, una jovencita; claro está, mi buen corazón tiene la culpa de todo. Es decir, yo me alabé, como siempre sucede cuando uno empieza a examinar su vida. Y por ello, para enmendar el error, he decidido enterarme ahora acerca de su vida de la manera más detallada posible. Y como no tengo a nadie que me la cuente, deberá hacerlo usted mismo, para que se conozca todo el intríngulis. Por ejemplo, ¿qué tipo de persona es usted? ¡Vamos! ¡Cuente su historia!

—¡Historia! —exclamé yo asustado—. ¡Historia! Pero ¿quién le ha dicho que yo tengo una historia? No tengo historia…

—Entonces, ¿cómo ha vivido usted sin una historia? —interrumpió ella, sonriendo.

—Pues ¡sin historia alguna! Como dicen aquí, simplemente viviendo, es decir, completamente solo; solo del todo. ¿Comprende lo que quiere decir solo?

—Pero ¿cómo que solo? ¿Quiere decir que jamás ha visto a nadie?

—¡Oh, no! Veía a gente, pero a pesar de todo estaba solo.

—Pero ¿acaso no habla usted con nadie?

—En sentido estricto, con nadie.

—Entonces, explíquese: ¿quién es usted? Espere, yo misma lo adivinaré: usted, al igual que yo, tiene una abuela. La mía es ciega y lleva toda la vida sin dejarme ir a ninguna parte, de modo que hasta casi se me olvida hablar. Y cuando hace dos años hice una trastada, al darse ella cuenta de que no había forma de sujetarme, cosió mi vestido al suyo con un imperdible y así nos pasamos sentadas días enteros; ella tejiendo calcetines aunque esté ciega, y yo junto a ella, cosiendo o leyendo un libro en voz alta. De esta forma tan rara, llevo ya dos años prendida con un imperdible a su vestido…

—¡Oh, Dios mío, qué desgracia! Pues no, yo no tengo una abuela como la suya.

—Y si no es así, ¿cómo puede quedarse sentado en casa…?

—Espere, ¿quiere saber quién soy?

—¡Pues sí!, ¡sí!

—¿En el estricto sentido de la palabra?

—¡En el más estricto!

—Disculpe, soy… un tipo.

—¡Un tipo, un tipo! ¿Qué tipo? —exclamó la muchacha riéndose como si no tuviera oportunidad de reírse así durante todo el año—. Pero ¡si es muy divertido estar con usted! Mire: aquí hay un banco. ¡Sentémonos! ¡Por aquí no pasa nadie y nadie nos oirá! ¡Comience ya a contar su historia! Porque usted no me convencerá, tiene una historia, solo que la está ocultando. En primer lugar, ¿qué es un… tipo?

—¿Un tipo? Un tipo es algo original, un hombre muy gracioso —respondí yo, soltando una carcajada a continuación de su risa infantil—. Es un tipo de carácter. Escuche: ¿sabe usted lo que es un soñador?

—¿Un soñador? Disculpe, ¿cómo no iba a saberlo? ¡Yo misma soy una soñadora! Algunas veces que estoy sentada junto a la abuela, hay que ver la de ideas que me vienen a la cabeza. Te pones a soñar y te quedas tan ensimismada en los pensamientos que vas y te casas con un príncipe chino… ¡O quizás no, sabe Dios! Especialmente cuando tienes en qué pensar sin necesidad de recurrir a eso —añadió la joven esta vez con un tono bastante serio.

—¡Excelente! Puesto que si en una ocasión se casó con un emperador chino, en tal caso, me entenderá a la perfección. Escuche… Pero permítame: si todavía no sé cómo se llama usted.

—¡Por fin! ¡A buenas horas!

—¡Ay, Dios mío!; es que no me dio por pensar en ello, me encontraba muy a gusto sin necesidad de saberlo…

—Me llamo Nástenka.

—¡Nástenka! Y ¿nada más?

—Nada más. ¿Acaso es poco? ¡Qué insaciable es usted!

—¿Que si es poco? Mucho, mucho, al contrario, es muchísimo, Nástenka. Es usted una muchacha muy bondadosa, ya que desde el principio ha sido Nástenka para mí.

—¡Eso es! ¡Bueno!

—Pues bien, escuche, Nástenka, qué historia más ridícula me va a salir.

Me senté junto a ella, adopté una pose entre pedante y seria y comencé a hablar como si estuviera leyendo un libro:

—Hay en San Petersburgo, Nástenka, si no lo sabe usted, unos rincones bastante curiosos. En esos lugares parece que no asoma el mismo sol que para el resto de los petersburgueses, sino otro, nuevo, como si se encargara a propósito para esos rincones, luciendo con una luz diferente, muy particular. En esos rincones, querida Nástenka, se vive de una forma completamente diferente que en nada se parece a la que bulle en torno a nosotros, sino que por el contrario se vive una vida que bien pudiera transcurrir en otro reino desconocido, y no aquí en este tiempo tan tremendamente serio. Pues precisamente esa vida viene a ser una mezcla de algo puramente fantástico, ardiente e ideal, con (¡oh, Nástenka!) algo terriblemente prosaico y corriente, por no decir trivial hasta más no poder.

—¡Uf! ¡Oh, Dios mío! ¡Vaya introducción! ¿Qué es lo que oigo?

—Lo que oye usted, Nástenka (creo que jamás me cansaría de llamarla Nástenka). Sí, lo que oye usted es que en esos rincones vive gente rara, soñadora. El soñador, si es necesario definirlo con más precisión, no es un hombre, sino, si quiere saberlo, un ser de género neutro. Se ubica generalmente en algún rincón inaccesible, como si se escondiera del mundo, y se introduce en él apegándose a su rincón como un caracol, o al menos pareciéndose mucho a ese curioso animal que es casa y animal a la vez, como la tortuga. ¿Por qué cree usted que ama tanto sus cuatro paredes, pintadas precisamente de verde, cubiertas de hollín, tristes e inadmisiblemente impregnadas de tabaco? ¿Por qué ese ridículo caballero, cuando le visita alguno de sus pocos conocidos (y lo que sucede es que se queda sin amigos), lo recibe de un modo tan tímido, demudándosele la cara y quedándose tan azorado como si acabara de cometer un crimen entre esas cuatro paredes, o de hacer unos billetes falsos o algunos versos para enviar a una revista con carta anónima, dejando constancia en ella de que el verdadero poeta ha muerto y de que su amigo considera un deber sagrado publicar sus versos? ¿Por qué, dígame, Nástenka, no fluye la conversación entre esos dos interlocutores? ¿Por qué ni la risa ni una palabra alegre salen de la boca del desconcertado compañero que acababa de irrumpir en su casa, y al que en otras ocasiones le gusta tanto la risa como las palabras alegres, así como las conversaciones sobre el bello sexo, y otros temas amenos? ¿Por qué, finalmente, ese compañero, al que probablemente conociera no hace mucho, ya en su primera visita (dado que no habrá otra, pues el compañero ya no volverá más), se queda tan confuso, petrificado, con lo ocurrente que es (¡eso solo si lo es!), al mirar la cara de zozobra del dueño, a quien a su vez ya le dio tiempo a quedarse completamente confuso, embrollarse tras los gigantescos y vanos esfuerzos de allanar y adornar la conversación, mostrándole a su vez desde su perspectiva los conocimientos que tiene de la sociedad, y hablarle de la belleza del sexo opuesto, aunque solo fuera por agradar con este humilde gesto al pobre hombre que cayó en un lugar inapropiado visitándole por error? ¿Por qué razón el huésped de pronto coge su sombrero y sale apresuradamente acordándose de un asunto muy importante, que jamás existió, y libera como puede su mano de los calurosos apretones del dueño, que por todos los medios intenta demostrar su arrepentimiento y enderezar el asunto? ¿Por qué el compañero que sale de su casa suelta una carcajada al cerrar la puerta, y se da palabra de no volver a entrar en casa de ese ser tan estrafalario, aunque este, en esencia, sea un joven maravilloso que a su vez no puede dejar de imaginar algo caprichoso: de comparar, aunque sea muy lejanamente, la fisonomía de su compañero de conversación durante el tiempo que duró la visita con el aspecto de aquel gatito infeliz al que estrujaron los niños, espachurrándolo y ofendiéndolo de todas las maneras posibles, tomándolo a la fuerza como presa, confundiéndole hasta más no poder, para meterse finalmente debajo de una silla, en la oscuridad, donde se vio obligado a pasar una hora entera, con el pelo erizado, bufando y lavando con sus dos patitas su ofendido hociquito; y que, transcurrido un buen rato, mira hostil el mundo y la vida, e incluso los restos de la comida de los señores que le lleva la compasiva ama de llaves?

—Escuche —interrumpió Nástenka, que durante todo ese tiempo estuvo escuchándome asombrada y boquiabierta—. Escuche: ignoro por completo por qué ha sucedido todo esto y por qué me hace usted preguntas tan ridículas. Pero de lo que estoy segura es de que todas esas aventuras de cabo a rabo le ocurrieron irremediablemente a usted.

—Sin duda alguna —respondí yo con cara muy seria.

—Pues, si no cabe duda, entonces continúe —fue la respuesta Nástenka—, porque tengo muchas ganas de saber cómo termina eso.

—¿Desea saber, Nástenka, lo que hacía nuestro héroe en su rincón, o mejor dicho, yo, porque el héroe de todo esto soy yo, con la particular timidez que me caracteriza? ¿Quiere saber por qué me había alarmado y turbado tanto durante el resto del día la inesperada visita del compañero? ¿Desea saber por qué me estremecí y me sonrojé tanto al abrir la puerta de mi casa? ¿Por qué no supe recibir la visita y me sentí morir, avergonzado bajo el peso de mi propia hospitalidad?

—Pues ¡sí! ¡Sí! —respondió Nástenka—, en ello está la cuestión. Escuche: usted lo narra maravillosamente, pero ¿no se podría contar de un modo más sencillo? Porque habla usted como si leyera un libro.

—¡Nástenka! —le respondí con voz grave y severa, sin poder apenas aguantar la risa—. ¡Querida Nástenka, sé que lo cuento muy bien, pero siento no poder contarlo de otro modo! Ahora, querida Nástenka, me parezco al espíritu del rey Salomón, que permaneció durante mil años encerrado en una urna bajo siete sellos, y al que finalmente liberaron. Y ahora, cuando nos hemos encontrado de nuevo tras una larga separación... porque yo ya la conozco desde hace mucho, y porque desde hace tiempo estuve buscando a alguien, lo que significa que la estuve buscando precisamente a usted y que nos estaba destinado encontrarnos; ahora en mi cabeza se han abierto miles de válvulas y tengo que derramar un río de palabras, pues de lo contrario me ahogaría. De manera que le suplico que no me interrumpa, Nástenka, sino que me escuche paciente y atentamente. De lo contrario, me callaré.

—¡De ninguna manera! ¡Hable! Ahora no diré ni una palabra.

—Continúo: hay en el día, mi querida amiga Nástenka, una hora que yo adoro extraordinariamente. Viene a ser la hora en que la gente termina casi todos sus quehaceres, obligaciones y deberes, y todos corren deprisa hacia sus casas para comer, descansar, y, mientras tanto, él camina y se inventa otros temas divertidos relacionados con la tarde, la noche y el tiempo restante. A esa hora, también nuestro héroe, y permítame, Nástenka, hablar en tercera persona, porque en primera me resultaría tremendamente bochornoso contarle todo esto, de modo que a esa hora, nuestro héroe, que también tiene cosas que hacer, va caminando con los demás. Pero un extraño sentimiento de satisfacción juguetea en su semblante pálido y ligeramente arrugado. Mira con indiferencia el crepúsculo vespertino que se apaga lentamente en el frío cielo petersburgués. Miento cuando digo que mira. Porque no mira, sino que contempla inconscientemente como si a la vez estuviera cansado o ensimismado en alguna otra cuestión más interesante, de modo que solo de pasada, y casi involuntariamente, repara en lo que le rodea. Se siente satisfecho porque ha finalizado hasta mañana los asuntos que le resultan tediosos, y está tan contento como un colegial al que liberan del pupitre para que se distraiga con travesuras y juegos divertidos. Mírele de reojo, Nástenka: al instante verá que la alegría ya afectó felizmente a sus débiles nervios y su fantasía, enfermizamente irritada. Y he aquí lo que piensa… ¿Cree usted que en la comida? ¿En la tarde de hoy? ¿Qué es lo que mira de ese modo? ¿A ese caballero de tan buen aspecto cual si estuviera plasmado en un cuadro, inclinándose ante la dama que acaba de pasar junto a él en un espléndido coche de veloces caballos? No, Nástenka, ¡qué le importan todas esas pequeñeces! Ahora ya es rico con su particular vida. De repente parece convertirse en un hombre rico, y el rayo de despedida del sol que se apaga no brilló en vano alegremente delante de él, sino que suscitó en su cálido corazón todo un enjambre de recuerdos. Ahora apenas se fija en aquel camino en el que antes le podía sorprender la cosa más nimia. Ahora la diosa Fantasía (si ha leído usted a Zhukovski, querida Nástenka) ya bordó con caprichosa mano su pátina de oro, desplegando ante él bordados de una vida desconocida, extravagante; y ¿quién sabe?, puede que lo transporte con su mágica mano hasta el séptimo cielo de cristal, arrancándole del espléndido suelo de granito por el que está caminando. Intente detenerle ahora y pregúntele: ¿dónde se encuentra ahora y por qué calles caminó? Probablemente no recuerde nada, ni por dónde anduvo, ni dónde se encuentra ahora, y, sonrojándose de angustia, mentiría ligeramente para salvar las apariencias. Esa es la respuesta a por qué se estremeció casi hasta gritar al mirar temeroso alrededor cuando una distinguida anciana que se había equivocado de camino le detuvo cortésmente en la acera para preguntarle por una calle. Sigue adelante con el entrecejo arrugado sin percatarse apenas de que más de un transeúnte sonrió al verle, volviéndose para mirarle, y de que alguna pequeña, que le cedió tímida el paso, soltó una carcajada al mirar con ojos como platos su amplia sonrisa contemplativa y sus gestos de manos. Y, sin embargo, esa misma Fantasía arrancó también en su vuelo juguetón a la anciana, a los curiosos transeúntes, a la niña que se rio, y a los muzhiks que se pasan la tarde en sus barcas que invaden la Fontanka (supongamos que en ese momento nuestro héroe está pasando por ella), prendiendo traviesamente todo y a todos en su cañamazo como moscas en una tela de araña. Con su nueva adquisición, el estrafalario entra en su acogedora madriguera, se sienta a cenar, termina, y solo regresa a la realidad cuando la pensativa y siempre triste Matriona, que le sirve, haya recogido la mesa y entregado la pipa. Es cuando se despabila y con sorpresa recuerda que ya cenó, completamente abstraído de cómo había transcurrido aquello. La habitación se queda a oscuras. Siente vacío y tristeza en su alma. Todo un reino de sueños se acaba de derrumbar alrededor de él, destruyéndose sin dejar huella, sin ruido ni estrépito, pasando junto a él como una visión, sin que él mismo pueda recordar lo que ha visto. Pero una sensación oscura hace gemir y atormentar su pecho. Una sensación nueva que tienta e irrita su fantasía suscita imperceptiblemente todo un enjambre de nuevos espectros. El silencio reina en la pequeña habitación. La soledad y la pereza acarician la fantasía. Esta se enciende con suavidad, y se pone ligeramente en ebullición como el agua en la tetera de la vieja Matriona, que prosigue tranquilamente con sus quehaceres en la cocina, preparando el café. He aquí que ya se empieza a abrir camino entrecortadamente, y el libro cogido sin finalidad alguna y al azar le resbala entre las manos a mi soñador, que no ha llegado ni a la tercera página. Su imaginación de nuevo está lista para despertar, suscitarse, y de pronto otra vez un nuevo mundo, una nueva y maravillosa vida brilla junto a él en su centelleante perspectiva. ¡Un nuevo sueño, una nueva vida! ¡Una nueva dosis de un veneno refinado y voluptuoso! ¡Oh! ¡Qué le importa nuestra vida real! Para su mirada cautiva, usted y yo, Nástenka, llevamos una vida perezosa, lenta y desvaída. ¡Para su mirada, todos nosotros estamos tan descontentos de nuestro destino y tan fatigados de nuestra vida! Y, verdaderamente, fíjese y verá cómo en realidad, al primer golpe de vista, todo entre nosotros parece frío, lúgubre, como si estuviéramos enfadados... «¡Pobres!», piensa mi soñador. Y no es de extrañar que piense así. ¡Fíjese en esas visiones mágicas! ¡De qué modo tan encantador, con qué filigranas, y de qué manera tan caprichosa e ilimitada se compone ante él un cuadro mágico y animado, donde en primer plano y en primera persona, evidentemente, aparece él, nuestro soñador, con su especial particularidad! ¡Fíjese en qué diferentes acontecimientos, y qué infinito enjambre de sueños ardientes! Tal vez se pregunte usted qué está soñando. ¿Para qué preguntarlo? Pues sueña con todo, con el destino del poeta, desconocido al principio y coronado después; con la amistad de Hoffmann; con la noche de san Bartolomé, con la Diana de Vernon, con el papel heroico ante la toma de Kazán por Iván Vasílievich; Clara Mowbray, Effie Deans, el concilio de los prelados y Huss ante ellos, con la rebelión de los muertos en la obertura (¿se acuerda de la música?: ¡huele a cementerio!) con Minna y Brenda, la batalla de Berezina, la lectura del poema en casa de la condesa V. D., con Danton, con Cleopatra, e i suoi amanti, La casita en Kolomna, de Pushkin, con su rinconcito junto a un ser querido, que le escucha en una tarde de invierno con los ojos y la boca abiertos, tal y como me escucha usted ahora, mi pequeño ángel... ¡No, Nástenka, qué más le da, qué le importa al voluptuoso holgazán esta vida, a la que tanto nos aferramos! Él piensa que esta vida es pobre y triste, sin adivinar que también le llegará el día en que suene la hora fatal, en que por un día de esta triste vida entregaría él todos sus años fantásticos, y no ya a cambio de la alegría o la felicidad, pues no tendría preferencias en esa hora de tristeza, arrepentimientos y dolor sin obstáculos. Pero, hasta que llegue ese momento amenazador, no desea nada, pues está por encima de los deseos porque lo tiene todo, está saciado, él mismo es el artífice de su vida, que va creando a su antojo a cada momento. ¡Y es que ese mundo de cuento y fantasía se va creando de un modo tan fácil y natural! Como si realmente todo ello no fueran visiones. Pero a decir verdad está dispuesto a aceptar, en ese momento, que toda esa vida no es efecto de la excitación de los sentidos, sino que todo ello es verdaderamente real, auténtico y tangible. Y ¿por qué, dígame, Nástenka, por qué durante esos minutos se le estremece el alma? ¿Por qué tipo de magia o voluntad invisible se le acelera el pulso, las lágrimas brotan de los ojos del soñador, arden sus pálidas y humedecidas mejillas y toda su existencia se llena de ese irresistible deleite? ¿Por qué noches enteras de insomnio duran un instante, lleno de inagotable alegría y felicidad, y cuando en su ventana brilla el alba con su rayo de color rosa iluminando al amanecer la sombría habitación con una luz incierta y fantástica, como ocurre en nuestras casas de San Petersburgo, nuestro soñador, fatigado y agotado, se deja caer sobre la cama para quedarse dormido con el alma presa de éxtasis por la enfermiza exaltación de su espíritu y el dulce y agotador dolor de su corazón? Sí, Nástenka, nuestro héroe le hace involuntariamente creer a uno que una pasión verdadera y genuina le atormenta el alma, cree que hay algo vivo, tangible, en sus sueños incorpóreos. ¡Y, sin embargo, qué engaño! El amor ha penetrado en su pecho con toda su inagotable alegría y sus agotadores sufrimientos... Basta mirarle para convencerse. ¿Podrá creer al mirarle, querida Nástenka, que realmente jamás conoció a la que tanto amó en sus frenéticos sueños? ¿Acaso solo la vio en sus seductoras visiones y solo ha soñado esa pasión? ¿Es posible que de veras no hayan caminado cogidos de la mano en todos los años de su vida, solos los dos, dejando el mundo a un lado y uniendo cada uno su mundo y su vida con los del compañero? ¿Acaso no era ella quien, a última hora de la separación, estaba apoyada en su pecho sollozando y triste, sin oír la tormenta que se preparaba bajo el cielo amenazador, ni el viento que le arrancaba las lágrimas de sus negras pestañas? ¿Acaso todo ello había sido un sueño? ¡Y ese jardín, melancólico, abandonado y salvaje, con sus caminitos cubiertos de musgo, solitario y sombrío, donde tanto pasearon los dos, presos de esperanza y melancolía y amándose tan intensamente el uno al otro, «tanto tiempo y con tanta ternura»! ¿Y aquella extraña y vieja casa, en la que durante tanto tiempo vivió ella en soledad y tristeza junto a su viejo y lúgubre marido, eternamente callado y bilioso, que los asustaba como a niños tímidos que ocultaban el amor que se tenían? ¡Cómo sufrían! ¡Cómo temían y qué puro e inocente era su amor! ¡Y, por supuesto, Nástenka, qué malvada era la gente! ¡Dios mío! ¿Acaso él no la encontró a ella después lejos de su tierra, bajo un cielo extraño, meridional y cálido, en una ciudad maravillosa y eterna, en el esplendor de un baile, bajo el estruendo de la música, en un palazzo, «precisamente un palazzo», ahogado en el mar de luces, sobre un balcón cubierto de mirto y rosas, en el que ella, reconociéndole, se quitó apresuradamente la máscara y susurrando: «¡Soy libre!» se lanzó temblorosa a sus brazos? Y exclamando de entusiasmo, abrazándose los dos, se olvidaron por un instante de la pena, la separación, los sufrimientos, la casa lúgubre, el anciano y el jardín sombrío en la lejana tierra, y del banco en que, tras el último beso apasionado, ella se arrancó de sus brazos petrificados por la tristeza y la desesperación… ¡Oh!, reconocerá, Nástenka, que uno se agitará, se turbará y se ruborizará como un colegial que acaba de meter en su bolsillo la manzana robada del jardín vecino cuando un muchacho alto y fuerte, juguetón y bromista, su amigo anónimo, abre la puerta y grita como si nada pasara: «¡Hermano, acabo de llegar de Pavlovsk!». ¡Dios mío! ¡Ha muerto el viejo conde, comienza una felicidad inenarrable…! ¡Y en ese momento llega gente de Pavlovsk!

Me callé patéticamente, finalizando mis conmovedoras exclamaciones. Recuerdo que tenía enormes ganas de echarme a reír a carcajadas, porque sentía un malévolo diablillo agitarse en mi interior; se me ponía un nudo en la garganta, me temblaba la barbilla y los ojos se me humedecían cada vez más… Yo esperaba que Nástenka, que me estaba escuchando con sus inteligentes y abiertos ojos, se echara a reír con su risa infantil e irresistiblemente alegre. Me arrepentía de haber llegado tan lejos y de haber contado en vano aquello que bullía en mi corazón desde hacía tiempo y acerca de lo cual podía hablar como si leyera un libro; porque desde hacía mucho había preparado la sentencia en contra de mí mismo, y no me resistía ahora a leerla, sin esperar que se me comprendiera. Pero para mi sorpresa ella se quedó callada, y después de un rato me estrechó la mano y me dijo tímidamente:

—¿De veras que ha vivido usted así durante toda su vida?

—¡Toda la vida, Nástenka! —respondí—. ¡Toda la vida, y me parece que también la acabaré del mismo modo!

—¡No, eso no puede ser! —dijo ella, inquieta—. Eso no sucederá; del mismo modo tampoco yo puedo pasarme la vida entera junto a mi abuela. ¡Escuche! ¿Sabe usted que no está bien vivir de ese modo?

—¡Lo sé, Nástenka! ¡Lo sé! —exclamé sin poder contener mi emoción—. ¡Ahora más que nunca sé que he malgastado los mejores años de mi vida! ¡Ahora lo sé, y eso me causa más dolor, porque Dios mismo me ha enviado a usted, a mi bondadoso ángel, para decirme esto y demostrármelo! Ahora que estoy sentado junto a usted y le hablo, hasta me da miedo pensar en el futuro, porque en el futuro... de nuevo me espera la soledad, de nuevo esa vida rancia e inútil. Y ¿con qué podría soñar cuando ya he sido tan feliz en la vida real junto a usted? ¡Que Dios la bendiga, querida muchacha, porque no me rechazó desde el primer momento, y porque ya puedo decir que he vivido dos noches en mi vida!

—¡Oh, no, no! —exclamó Nástenka, y unas lagrimillas brillaron en sus ojos—. ¡Eso ya no sucederá! ¡No nos separaremos de ese modo! ¿Qué es eso de dos noches?

—¡Oh, Nástenka, Nástenka! ¿Sabe para cuánto tiempo me ha reconciliado conmigo mismo? ¿Sabe que ahora ya no pensaré tan mal de mí mismo como lo he hecho otras veces? ¿Sabe que posiblemente ya no me entristeceré por haber cometido un crimen o un pecado en mi vida, porque esta vida es un delito y un pecado? ¡Y no piense que le estoy exagerando, por el amor de Dios, no lo piense, Nástenka, porque a veces me sobrevienen momentos de tanta, tanta melancolía...! Porque entonces me parece que ya no seré capaz de empezar a vivir de otro modo; porque me parece que he perdido todo el tacto y la intuición en lo real, en lo tangible; porque finalmente lancé maldiciones contra mí mismo; porque a mis noches de fantasía les sobrevienen momentos de desembriagamiento, que son horribles. Y mientras tanto oyes cómo a tu alrededor, en un torbellino vital, la muchedumbre humana da vueltas estruendosamente; oyes y ves cómo vive la gente (que vive de verdad), y ves que la vida para ellos no está hecha por encargo, que su vida no se esfumará como un sueño o una visión; que su vida, siempre joven, se renueva continuamente, y ni una sola de sus horas se parece a otra, que lo que resulta aburrido y monótono hasta el extremo es la asustadiza fantasía, sierva de la sombra, de la idea; sierva de la primera nube que repentinamente ha tapado el sol y estruja en la melancolía el verdadero corazón petersburgués, que tanto aprecia su sol. Y ¿qué fantasía puede haber en la tristeza? Sientes que ella finalmente se cansa, se agota en su continua tensión, porque uno finalmente madura dejando atrás sus ideales de antes, que se esfuman como el polvo y se rompen en pedazos; y si no hay otra vida, es preciso construirla con esos mismos pedazos. ¡Mientras tanto el alma ansía y te pide algo diferente! ¡Y en vano escarba el soñador entre sus viejas fantasías, como si fueran ceniza en la que busca algún rescoldo para reavivar el fuego y calentar su frío corazón, haciendo resurgir de nuevo en él todo cuanto ha sido tan querido, cuanto arrebataba el alma, cuanto le hacía hervir la sangre, arrancando lágrimas y cautivando sutilmente! ¿Sabe a lo que he llegado, Nástenka? ¿Sabe que hasta me siento obligado a celebrar el aniversario de mis sensaciones, el aniversario de aquello que antes me resultaba tan querido?; algo que en realidad nunca existió (porque ese aniversario se celebra conforme a aquellos sueños absurdos e incorpóreos), y esos sueños absurdos ni siquiera existen y no hay por qué sobrevivirlos: porque también los sueños se sobreviven. ¿Sabe que ahora, en una fecha determinada, me gusta recordar y visitar aquellos lugares donde algún día fui feliz a mi manera? ¿Sabe que me gusta construir lo presente conforme a lo que se fue sin retorno, y a menudo deambulo por las callejuelas y avenidas petersburguesas como una sombra triste y afligida, sin finalidad ni necesidad alguna? Y ¡qué recuerdos! Me viene a la memoria, por ejemplo, que justo en ese lugar, hace un año, a la misma hora, caminé por esa acera igual de solitario que ahora. Recuerdo que también entonces las ideas eran tristes y, aunque no estuviera mejor, parece que de alguna manera resultaba más fácil vivir, y que no te atormentaba esa idea oscura que ahora no te abandona; que no tenías esos remordimientos de conciencia; remordimientos oscuros, lúgubres, que ahora no te dejan en paz ni de día ni de noche. Y te preguntas: ¿dónde están tus sueños? Y sacudes la cabeza diciendo: ¡cómo pasan los años! Y de nuevo te preguntas: ¿qué has hecho con tus años?, ¿dónde has enterrado tus mejores años? ¿Has vivido o no? ¡Mira!, te dices a ti mismo. ¡Qué frío se llega a sentir en esta vida! Pasarán los años y vendrá la lúgubre soledad, y después, junto al bastón, la trémula vejez y, detrás de ella, la tristeza y la melancolía. Palidecerá tu mundo fantástico, se petrificarán y ahogarán tus sueños, y caerán cual hojas amarillentas de los árboles... ¡Oh, Nástenka, será triste quedarse solo, completamente solo sin tener nada que lamentar! Nada, absolutamente nada... ¡porque todo cuanto has perdido, todo eso no ha sido nada, porque el absurdo y aberrante cero no ha sido más que un sueño!

—¡Bueno, no me haga ponerme más triste! —dijo Nástenka, secándose una lagrimilla que salía de sus ojos—. ¡Ahora ya ha terminado! Ahora estaremos los dos juntos; me pase lo que me pase, no nos separaremos jamás. Escuche. Soy una muchacha sencilla, he estudiado poco, aunque la abuela pagaba a un profesor para darme clases. Pero, a decir verdad, yo le entiendo, porque todo cuanto usted me acaba de contar también lo he vivido yo cuando la abuela me cosió con imperdibles a su vestido. Yo no lo habría podido contar tan bien como usted, porque no he estudiado —repitió tímidamente, expresando todavía admiración y respeto por mi discurso patético y mi elevado estilo—; pero estoy muy contenta de que haya confiado en mí. Ahora yo le conozco bien, le conozco a fondo. Y ¿sabe una cosa? Me gustaría contarle también mi historia, toda íntegra, sin ocultar nada, y después de ello me dará usted un consejo. Es usted una persona muy inteligente, ¿me da su palabra de que me dará ese consejo?

—¡Oh, Nástenka! —respondí—. Aunque antes jamás había sido consejero, y menos aún consejero inteligente, me parece sensato lo que usted me propone. Bueno, mi querida Nástenka, ¿de qué consejo se trata? Dígamelo abiertamente. Ahora me siento tan contento y feliz, tan valiente y ocurrente, que no será necesario recurrir a trucos para responder con palabras precisas.

—¡No, no! —interrumpió Nástenka echándose a reír—, no me hace falta un consejo inteligente, sino uno que salga del corazón, fraternal, como si me quisiera usted hace ya un siglo.

—¡De acuerdo, Nástenka! ¡De acuerdo! —exclamé lleno de entusiasmo—. ¡Si yo la quisiera veinte años, a pesar de ello no la querría más de lo que la quiero ahora!

—¡Deme su mano! —dijo Nástenka.

—¡Aquí está! —le respondí yo, dándole la mano.

—Comencemos mi historia, pues.

La historia de Nástenka

—Ya conoce usted la mitad de la historia, es decir, ya sabe usted que tengo una abuela anciana…

—Y si la segunda mitad es tan corta como esta… —la interrumpí yo sonriendo.

—Calle y escuche. Antes que nada vamos a poner la condición de no interrumpir, porque de lo contrario me equivocaré. Bueno, pues escuche atentamente:

»Yo tengo una abuela anciana. Vivo con ella desde que era muy pequeña, porque mis padres murieron. Hay que tener en cuenta que antes la abuela vivía mejor, pues hasta hoy recuerda días mejores. Ella fue quien me enseñó francés y después me buscó un profesor particular. Cuando yo tenía quince años, pues ahora tengo diecisiete, terminaron mis estudios. Y en ese tiempo fue cuando hice algunas travesuras; lo que hice no se lo voy a contar, pero es suficiente con que le diga que no fue nada grave. Entonces una mañana me llamó la abuela y me dijo que, como estaba ciega, no podía vigilarme. Cogió entonces un imperdible y prendió su vestido al mío, diciendo que así es como viviríamos siempre, si yo, claro está, no sentaba la cabeza. En una palabra, al principio no podía apartarme de ella de ninguna de las maneras: tenía que hacerlo todo junto a la abuela: trabajar, leer, estudiar. Una vez se me ocurrió hacer un truco y convencí a Fiokla para que se sentara en mi lugar. Fiokla es nuestra criada y está sorda. Se sentó en mi lugar. Durante ese rato la abuela se quedó dormida en su sillón, y yo me fui a casa de una amiga que no vive lejos. Pero la cosa terminó mal. La abuela se despertó cuando yo no había regresado aún y preguntó algo pensando que yo estaba quieta sentada en mi sitio. Fiokla, al ver que la abuela la preguntaba, y ella que no oía lo que le decía, sin saber qué hacer, desabrochó el imperdible y salió corriendo…

Llegado este punto Nástenka se calló y se echó a reír. Yo me reí con ella. Pero ella al instante se detuvo.

—Escuche: usted no se ría de la abuela. Yo me río, porque me hace gracia… Pero ¿qué se puede hacer cuando la abuela es así? Pero yo, a pesar de todo, la quiero un poco. Y bien, entonces recibí mi merecido: al instante me sentó nuevamente a su lado sin que ya pudiera moverme ni hacer nada.

»Bueno, se me había olvidado decirle que tenemos, más bien que la abuela tiene, su propia casa, es decir, una casita pequeña, con solo tres ventanas, de madera y tan vieja como la abuela. Arriba hay un desván; y un día un inquilino nuevo se instaló en nuestro desván…

—¿Se entiende que era un inquilino mayor? —puntualicé yo de pasada.

—Pues claro —respondió Nástenka—, y sabía estar callado mejor que usted. Aunque a decir verdad apenas hablaba. Era un anciano seco, mudo, ciego y cojo, de manera que finalmente se le hizo imposible vivir en este mundo y murió. Después de aquello tuvimos que instalar a otro inquilino, pues no podíamos vivir sin alquilar. Nuestros únicos ingresos eran la pensión de la abuela y lo que cobrábamos por el alquiler. Y, como si fuera a propósito, el nuevo inquilino era un hombre joven que no era de aquí sino que estaba de paso. Como no regateó, la abuela lo aceptó. Después me preguntó: «¿Qué, Nástenka, es joven nuestro inquilino?». No quise mentirle y dije: «Bueno, abuela, no es del todo joven, pero tampoco parece viejo». «Bueno ¿y tiene buen aspecto?», preguntó la abuela.

»Tampoco quise mentirle. «Sí, tiene buen aspecto, abuela». Y la abuela me dijo: «¡Ay, qué castigo! Te lo digo, nieta, para que no le mires a la cara. ¡Vaya tiempos que corren! ¡Hay que ver, un inquilino tan insignificante, y tiene que tener buen aspecto! ¡Eso no pasaba en mis tiempos!».

»La abuela lo relacionaba todo con sus tiempos. En sus tiempos ella era más joven, el sol calentaba más, las ciruelas no se ponían tan pronto ácidas… y todo lo relacionaba con sus tiempos mozos. Y he aquí que estoy yo sentada y pensando: «¿Por qué la abuela me hace esas preguntas: que si el inquilino tiene buen aspecto, que si es joven?». Pero eso solo lo pensé un momento y continué sentada contando los puntos y haciendo calceta, olvidándome después de ello por completo.

»Un día por la mañana vino a vernos el nuevo inquilino para recordarnos que habíamos prometido empapelarle la habitación. Una palabra siguió a la otra, y como la abuela es charlatana me dice: «Ve, Nástenka, a mi dormitorio y tráeme las cuentas». Yo me levanté deprisa y sin saber por qué me sonrojé toda, olvidándoseme además que estaba sentada y prendida con un imperdible. En lugar de desabrochar despacito el imperdible para que el inquilino no se percatara, di un tirón tan fuerte que arrastré el sillón de la abuela. Al darme cuenta de que ahora el inquilino lo sabía todo sobre mí, me sonrojé, me quedé clavada en el sitio y de pronto rompí a llorar. ¡Sentí en aquellos momentos tanta vergüenza y amargura que quería morirme! Y la abuela gritó: «¿Qué haces quedándote ahí parada?», y yo lloraba aún más… Al ver el inquilino que estaba abochornada delante de él, hizo una reverencia y se marchó.

»Desde entonces, cuando oía un ruido en el zaguán, me quedaba paralizada. «Ya está», pensaba yo, «ya viene el inquilino», y por si acaso desabrochaba despacito el imperdible. Pero no era él. No venía. Pasaron dos semanas: el inquilino nos envió un recado a través de Fiokla en que decía que tenía muchos libros en francés que eran muy buenos, y que podíamos leerlos. Que si no le gustaría a la abuela que yo se los leyera para no aburrirse. La abuela aceptó agradecida, pero no paró de preguntar si eran libros morales, «en caso de que no lo sean, tú, Nástenka, no debes leerlos pues aprenderías cosas malas».

»—¿Y qué puedo aprender, abuela? ¿Qué es lo que dicen?

»—¡Ah! —me dijo—. Escriben cómo los jóvenes seducen a las muchachas, y bajo el pretexto de casarse con ellas se las llevan de la casa paterna para después abandonar a las pobres muchachas a la voluntad de Dios, que se pierden de la manera más lamentable. Yo —dijo la abuela— he leído muchos de esos libros, y todo está tan maravillosamente expresado que te pasas la noche leyéndolos en silencio. Así que tú —dijo—, Nástenka, ten cuidado, no los leas. ¿Y qué libros ha traído? —preguntó la abuela.

»—Todos son novelas de Walter Scott, abuela.

»—¡Las novelas de Walter Scott! Bueno, ¿y no habrá en ellas algún truco? Mira a ver si no habrá introducido él dentro alguna notita de amor.

»—No, abuela —le dije—, no hay ninguna nota.

»—Mira debajo de la encuadernación. ¡A veces, ellos las introducen allí, entremedias, los muy tunantes…!

»—No abuela. Tampoco hay nada debajo de la encuadernación.

»—Bueno, está bien.

»De modo que nos pusimos a leer a Walter Scott y en cosa de un mes nos leímos casi la mitad de los libros. Después él continuó enviándonos más. Nos mandó la obra de Pushkin, de modo que yo ya no podía vivir sin libros y dejé de pensar en casarme con un príncipe chino.

»Así transcurrían las cosas cuando un día me crucé en la escalera con nuestro inquilino. La abuela me había mandado a hacer un recado. Él se detuvo, yo me sonrojé toda, y él también, pero se echó a reír, me saludó y preguntó por la salud de la abuela, y me dijo: «Y bien, ¿ha leído usted los libros?». Y yo le respondí: «Los he leído». «¿Y cuál le ha gustado más?». Y yo le dije: «Ivanhoe y Pushkin son los que más me han gustado». Con esto concluyó aquella vez la conversación.

»Al cabo de una semana de nuevo me topé con él en la escalera. En aquella ocasión no iba a hacer ningún recado de la abuela sino que era yo quien necesitaba algo. Eran cerca de las tres y el inquilino volvía a esa hora a casa. «¡Hola!», me dijo. Y yo le respondí: «¡Hola!».

»—¿Y qué? —me dijo—, ¿no se aburre usted de estar todo el día sentada junto a la abuela?

»Cuando me preguntó aquello, no sé por qué me ruboricé toda, me avergoncé y me sentí ofendida, seguramente al pensar que ya era un tema que estaba en boca de todos. Estuve a punto de no responderle y marcharme, pero no tuve fuerzas.

»—¡Escuche! —me dijo—, ¡si usted es una buena muchacha! Disculpe que le hable en este tono, pero le aseguro que deseo su bien más que su abuela. ¿No tiene usted ninguna amiga a la que pudiera visitar?

»Le respondí que no tenía ninguna, que tuve una, Máshenka, pero que se había marchado a vivir a Pskov.

»—Escuche —me dijo él—. ¿Quiere venir conmigo al teatro?

»—¿Al teatro? Pero ¿y la abuela?

»—Pues márchese usted despacito de su lado…

»—No —le dije—. No quiero engañar a la abuela. ¡Adiós!

»—Bueno, pues adiós —respondió él, y no dijo más.

»Pero después de la comida vino a vernos. Se sentó y estuvo largo rato hablando con la abuela, preguntando si salía a alguna parte, si tenía conocidos. Y de pronto dijo:

—Pues hoy he sacado un palco para la ópera. Representan El barbero de Sevilla. Unos conocidos querían ir a verlo, pero después desistieron y me he quedado con una entrada en la mano.

»—¡El barbero de Sevilla! —exclamó la abuela—. ¿Y es el mismo Barbero que representaban en mis tiempos?

»—Sí, el mismo —dijo él mirándome—; ¿lo conoce? —yo ya lo había comprendido todo, me sonrojé, y el corazón me saltaba por la espera.

»—¡Cómo no iba a conocerlo! —respondió la abuela—. En mis tiempos yo misma representé el papel de Rosina en un teatro casero.

»—¿Y no querría ir hoy? —dijo el inquilino—. La entrada que tengo se perdería en vano.

»—¡Pues sí, vayamos! —dijo la abuela—. ¿Por qué no habíamos de ir? Pero resulta que mi Nástenka nunca ha estado en el teatro.

»¡Dios mío, qué alegría! Al momento nos pusimos en marcha, nos arreglamos y partimos al teatro. La abuela aunque estuviera ciega deseaba oír música, pero aparte de eso es buena, pues lo que más quería era agradarme a mí, porque por nuestra cuenta nosotras nunca nos habríamos decidido a ir. No le voy a contar la impresión que me causó El barbero de Sevilla, solo que durante toda la tarde nuestro inquilino me miraba de un modo tan agradable, se dirigía a mí en un tono tan cortés, que enseguida comprendí que por la mañana me pondría a prueba proponiéndome que me fuera sola con él al teatro. ¡Bueno, qué alegría! Me fui a dormir tan orgullosa, tan alegre, y el corazón me latía con tanta fuerza que hasta tuve un poco de fiebre y me pasé la noche delirando con El barbero de Sevilla.

»Yo creí que después de aquello el inquilino vendría a vernos más a menudo, pero no lo hizo. Casi dejó de visitarnos. Como máximo un par de veces al mes y solo para invitarnos al teatro. Fuimos al teatro dos veces más. Solo que yo no estaba contenta. Me percaté de que a él simplemente le daba lástima que yo viviera en esas condiciones con la abuela; nada más. Según pasaba el tiempo me di cuenta de que no podía estarme quieta sentada: no leía, tampoco hacía mis labores, a veces me echaba a reír y le hacía alguna travesura a la abuela para hacerla rabiar, y otras, simplemente me echaba a llorar. Finalmente adelgacé y casi caigo enferma. Pasó la temporada de ópera y el inquilino dejó de visitarnos por completo. Cuando nos encontrábamos (siempre en la misma escalera, se entiende), él se inclinaba sin decir nada, todo serio, como si no quisiera hablar, y bajaba después al porche mientras yo seguía aún en mitad de la escalera, colorada como una cereza, porque al cruzarme con él empezaba a subírseme toda la sangre a la cabeza.

»Y ahora ya viene el final. Hace ahora justo un año, en el mes de mayo, vino el inquilino a casa diciendo a la abuela que ya había concluido todas sus gestiones aquí y que debía partir de nuevo a Moscú por un año. En cuanto lo oí, me quedé pálida y como muerta me dejé caer en la silla. La abuela no se percató de nada. Y él, tras decirnos que nos dejaba, se despidió y se marchó.

»¿Qué iba yo a hacer? Le di muchas vueltas, estaba muy triste, hasta que por fin tomé una decisión. Él se marchaba al día siguiente y decidí resolverlo todo por la noche, cuando la abuela se fuera a dormir. Y así pasó. Hice un hatillo y metí todo dentro; todo cuanto tenía de vestidos y ropa, y con él en la mano, ni viva ni muerta, me dirigí al desván donde vivía nuestro inquilino. Creo que tardé una hora en subir la escalera. En cuanto abrí la puerta para entrar en su habitación, él me vio y dio un grito. Debió de pensar que era un fantasma y fue corriendo a ofrecerme agua, porque apenas me tenía en pie. El corazón me latía con fuerza, me dolía la cabeza y estaba mareada. Cuando me recompuse, puse mi hatillo en su cama, me senté junto a él, me tapé la cara con las manos y rompí a llorar desconsoladamente. Él pareció comprenderlo todo al instante, y permanecía delante de mí pálido y mirándome de un modo tan triste que faltaba poco para que me estallara el corazón.

»—Escúcheme —dijo él—. Escúcheme, Nástenka, no puedo hacer nada. Soy pobre y de momento no puedo ofrecer nada, ni siquiera un puesto de trabajo decente. ¿Cómo íbamos a vivir si yo me casara con usted?

»Estuvimos hablando largo rato, pero finalmente yo estallé y le dije que no podía vivir con la abuela, que me escaparía de su lado, que no quería que me cosiera con un imperdible, y que si él quería me iría con él a Moscú, porque no podía vivir sin él. La vergüenza, el amor y el orgullo… todo ello hablaba al mismo tiempo en mi interior, y me faltó poco para caer en la cama y delirar. ¡Temía tanto el rechazo!

»Estuvo un rato sentado en silencio, después se levantó, se acercó a mí y me cogió de la mano.

»—¡Escuche, mi buena y querida Nástenka! —dijo con lágrimas en la voz—. Escuche. Le juro que si en algún momento tengo posibilidades de casarme, inmediatamente formaría usted parte de mi felicidad. Le aseguro que ahora solo usted puede hacerme feliz. Escuche, yo me voy a Moscú y permaneceré allí justo un año. Espero arreglar mis asuntos. Cuando regrese y si usted sigue queriéndome, le juro que seremos felices. Pero ahora es imposible, no puedo, no tengo derecho a ofrecerle nada. Le juro que, si no es al cabo de un año, algún día se hará realidad;

se entiende que en caso de que no prefiera usted a otro, porque no puedo ni me atrevo a pedirle que me dé su palabra.

»Eso fue lo que me dijo, y al día siguiente se marchó. Lógicamente acordamos no decir ni palabra de aquello a la abuela. Así lo quiso él. Y, bueno, ahora ya casi termina mi historia. Pasó justo un año. Él regresó, y ya lleva aquí tres días y…

—Y ¿qué? —exclamé yo impaciente por oír el final.

—¡Hasta ahora no se ha presentado! —respondió Nástenka como si quisiera recobrar fuerzas—. No se sabe nada de él…

Llegado este punto se detuvo, se quedó callada, bajó la cabeza y de pronto, tapándose la cara con las manos, empezó a sollozar de tal modo que mi corazón al oír su llanto dio un vuelco.

No podía imaginarme un desenlace así.

—¡Nástenka! —dije con voz tímida e insinuante—. ¡Nástenka, no llore, por el amor de Dios! ¿Cómo lo sabe usted? Puede que aún no haya venido…

—¡Está aquí! ¡Está aquí! —respondió rápidamente Nástenka—. Yo sé que se encuentra aquí. Habíamos acordado una cosa. Aquella noche, antes de su marcha, cuando nos dijimos todo lo que yo le conté, acordamos salir a dar un paseo por aquí, justamente en este muelle. Eran las diez de la noche. Estuvimos sentados en este banco. Yo ya no lloraba, me deleitaba escuchándole… Me dijo que en cuanto regresara vendría a nuestra casa y, si yo no lo rechazaba, le contaríamos todo a la abuela. ¡Ahora ha regresado, lo sé, pero no viene!

Y de nuevo se echó a llorar.

—¡Dios mío! ¿Acaso no hay forma de ayudarla? —exclamé yo, saltando del banco verdaderamente desesperado—. Dígame, Nástenka, ¿y no podría yo ir a verle…?

—¿Acaso es posible? —dijo ella, levantando de pronto la cabeza.

—¡No! ¡Claro que no! —señalé yo, ocurriéndoseme de repente—. Pero mire, escríbale una carta.

—¡No, de ninguna de las maneras! ¡No lo puedo hacer! —respondió ella decididamente, pero ya con la cabeza gacha y sin mirarme.

—¿Cómo que no puede? ¿Por qué es imposible? —continué yo, aferrándome a mi idea—. Sepa una cosa, Nástenka: que no se trata de una carta cualquiera. Porque hay cartas y cartas y… ¡Oh, Nástenka, es así! ¡Créame! No le voy a dar un consejo absurdo. Todo eso se puede preparar. Si usted ha dado el primer paso, y ahora ya…

—¡No puede ser! ¡No puede ser! Podría parecer que quiero comprometerle…

—¡Oh, mi querida Nástenka! —interrumpí yo, sin ocultar la sonrisa—. ¡Le digo a usted que no! Usted, a decir verdad, está en su derecho porque él le hizo una promesa. Y por lo que veo se trata de una persona delicada, que ha actuado correctamente —continué yo, entusiasmándome cada vez más por la lógica de mis propias conclusiones y mis convencimientos—. ¿Cómo ha actuado él? Dio su palabra de compromiso. Le dijo que en caso de casarse, no lo haría con nadie que no fuera usted y le dio plena libertad para rechazarle en cualquier momento... En un caso así, usted puede dar el primer paso, tiene derecho a hacerlo, lleva ventaja, aunque solo fuera, por ejemplo, para liberarle del compromiso dado...

—¡Escuche! ¿Cómo la escribiría?

—¿Qué?

—Pues esa carta.

—Yo por ejemplo la escribiría del siguiente modo: «Muy señor mío...».

—¿Y necesariamente ha de ser así? ¿«Muy señor mío»?

—¡Necesariamente! Además, qué más da. Yo creo...

—¡Bueno, bueno, continúe!

—«¡Muy señor mío! Disculpe que yo...». ¡Por lo demás, no, no hace falta dar ningún tipo de excusas! El propio hecho lo justifica todo. Diga simplemente:

Me dirijo a usted. Perdone mi impaciencia. Durante todo el año fui feliz esperándole. ¿Acaso ahora soy culpable por no soportar un solo día de duda? Ahora que ha regresado usted, puede que haya cambiado de intención. En tal caso esta carta le demostrará que ni me quejo ni le recrimino. No le culpo porque no soy dueña de su corazón. ¡Mi destino es así!

Es usted una persona honesta. No se burle ni se enfade al leer estas impacientes líneas mías. Recuerde que las escribe una pobre joven, que está sola, sin nadie que la pueda orientar ni aconsejar, y que nunca supo dominar su corazón. Pero disculpe que por un instante la duda haya penetrado en mi corazón. No sería usted capaz de ofender ni siquiera mentalmente a la persona que tanto le amó y le ama.

—¡Sí, sí! Así es exactamente como yo lo he pensado —exclamó Nástenka, y la alegría brilló en sus ojos—. ¡Oh! Ha disipado usted mis dudas, Dios mismo le ha enviado a mí. ¡Se lo agradezco! ¡Se lo agradezco!

—¿El qué? ¿Haber sido enviado por Dios? —respondí yo, mirando entusiasmado su rostro lleno de felicidad.

—Sí, aunque sea eso.

—¡Ay, Nástenka! ¡Debemos agradecer a algunas personas el simple hecho de vivir junto a nosotros! ¡Yo le agradezco que nos hayamos encontrado, y que la recordaré todo un siglo!

—Bueno, basta. Y ahora escuche: entonces acordamos que en cuanto él llegara haría saber de su presencia dejándome una carta en casa de unos conocidos míos, gente buena y sencilla, que no saben nada de esto; y en caso de no poder escribirme la carta, porque no siempre se puede contar todo en una carta, entonces el día de su llegada vendría aquí, donde nos citamos, a las diez en punto de la noche. Sé que ya ha llegado; pero ya lleva aquí tres días y no tengo carta suya ni ha venido. Escaparme de la abuela por la mañana me resulta imposible. Entregue mañana usted mismo mi carta a esa buena gente de la que le hablo: ellos se la harán llegar; y en caso de haber respuesta, usted me la traerá a las diez de la noche.

—¡Pero la carta, la carta! Si lo primero que tengo que hacer es escribir la carta. De este modo, quizás todo podría solucionarse pasado mañana.

—¡La carta...! —respondió Nástenka, ligeramente confusa—, ¡la carta...!; pero...

No finalizó la frase. Al principio volvió la cara, se sonrojó como una rosa, y de pronto sentí la carta en mi mano, escrita al parecer ya hacía tiempo, completamente preparada y con el sobre cerrado. ¡Un recuerdo conocido, tierno y simpático, pasó por mi cabeza!

—¡Ro—ro—si—si—na—na! —dije yo.

—¡Rosina! —entonamos los dos, yo casi abrazándola de entusiasmo, y ella sonrojándose hasta más no poder, y riendo entre lágrimas, que como perlas temblaban sobre sus negras pestañas.

—¡Bueno, basta! Ahora, adiós —dijo ella deprisa—. Aquí tiene usted la carta y la dirección donde debe llevarla. ¡Adiós! ¡Hasta la vista! ¡Hasta mañana!

Me apretó con fuerza las dos manos, hizo un ademán con la cabeza y como una flecha desapareció en su callejuela. Permanecí un largo rato en el sitio, acompañándola con la vista.

«¡Hasta mañana! ¡Hasta mañana!», se me pasó por la cabeza cuando hubo desaparecido.

Noche tercera

Hoy ha sido un día triste, lluvioso, sin un rayo de luz, igual que lo será mi vejez. Pensamientos extraños, sensaciones oscuras e interrogaciones poco claras se agolpan en mi cabeza, sin que me encuentre con fuerzas ni ganas para resolverlos. ¡No seré yo quien resuelva todo esto!

Hoy no nos veremos. Ayer, cuando nos estábamos despidiendo, las nubes comenzaron a cubrir el cielo y empezó a levantarse la niebla. Le dije que al día siguiente haría mal tiempo. No me respondió, no quería contrariarse; para ella ese día era claro y luminoso y ninguna nube cubriría su felicidad.

—¡Si llueve no nos veremos! —dijo ella—. No vendré.

Pensé que no se daría cuenta de la lluvia de hoy, pero a pesar de ello no apareció.

Ayer fue nuestro tercer encuentro, nuestra tercera noche blanca...

¡Y hay que ver cómo la alegría y la felicidad hacen que el hombre sea algo maravilloso! ¡Cómo bulle de amor el corazón! Parece que quieres fundir tu corazón con el otro, deseando que todo transcurra de la forma más alegre y que todo sonría. ¡Y qué contagiosa es esa alegría! Ayer en sus palabras había tanta complacencia, tanta bondad suya hacia mi corazón... ¡Cómo me cortejaba, qué tierna se mostraba y cómo alentaba y mimaba mi corazón! ¡Oh, cuánta coquetería encierra la felicidad! Y yo... Yo me lo tomaba todo como un juego limpio; pensaba que ella...

Pero Dios mío, ¿cómo podía pensar yo eso? ¿Cómo podía estar tan ciego cuando todo estaba ya en manos de otro, y nada me pertenecía; cuando, finalmente, incluso la misma ternura, su solicitud, su amor, sí, amor hacia mí, no eran más que la felicidad por la próxima cita con el otro, el deseo de trasladarme también a su felicidad...? Cuando él no apareció y esperábamos en vano, ella frunció el entrecejo y se quedó cohibida y acobardada. Todos sus gestos y palabras ya no eran tan suaves, juguetones y alegres. Y, cosa extraña, se mostró más atenta conmigo, como si instintivamente quisiera verter sobre mí aquello que deseaba y lo que temía si la cosa no se cumpliera. Mi Nástenka se quedó tan apocada y asustada que finalmente parecía creer que yo la amaba y se apiadó de mi pobre amor. Ello sucede cuando somos infelices y sentimos con más fuerza la desgracia de los demás; el sentimiento no se rompe, sino que se concentra...

Acudí al encuentro con el corazón rebosante, haciéndoseme interminable la espera. No presentía lo que iba a experimentar; ni que todo aquello tuviera el desenlace que tuvo. Estaba radiante de felicidad, esperaba una respuesta. Y la respuesta fue ella misma. Él debía venir, llegar corriendo a su llamamiento. Ella llegó una hora antes que yo. Al principio se reía de todo, y sonreía a cada palabra mía. Yo empecé a hablar y me quedé callado.

—¿Sabe por qué estoy tan contenta? —dijo ella—. ¿Por qué estoy tan contenta de verle? ¿Y por qué le quiero tanto hoy?

—¿Y bien? —dije yo con el corazón encogido.

—Le quiero porque no se ha enamorado usted de mí. Porque cualquier otro en su lugar estaría molestándome, dándome la lata, quejándose, haciéndose el enfermo, ¡mientras que usted es tan adorable!

En ese momento apretó tanto mi mano que me faltó poco para lanzar un grito. Se echó a reír.

—¡Dios mío, qué buen amigo es usted! —dijo pasado un minuto, en tono serio—. ¡Si el mismo Dios le ha enviado a mí! Pero ¿qué sería de mí si no estuviera usted ahora conmigo? ¡Qué desinteresado! ¡Cuánto me quiere! Cuando me case mantendremos una gran amistad, más que si fuéramos hermanos. Yo le querré casi tanto como a él…

En aquel instante sentí mucha tristeza y, sin embargo, algo similar a la risa se removió en mi alma.

—Usted tiene un ataque de nervios —dije yo—. Cree que él no vendrá.

—¡Vaya por Dios! —respondió ella—. Si no fuera tan feliz creo que me echaría a llorar por su desconfianza y sus reproches. Por lo demás, usted me dio la idea y me hizo pensar mucho; pero lo pensaré más tarde, y ahora le confieso que tiene usted razón. ¡Sí! No parezco la misma. Estoy completamente a la expectativa y todo me llega con demasiada susceptibilidad. Pero ¡ya es suficiente, dejemos a un lado los sentimientos…!

En ese momento se oyeron unos pasos y en la oscuridad apareció un transeúnte que se dirigía justo hacia nosotros. Los dos nos echamos a temblar, a ella le faltó poco para lanzar un grito. Yo bajé su mano e hice un gesto como si fuera a apartarme. Pero estábamos equivocados: no era él.

—¿De qué tiene miedo? ¿Por qué ha retirado mi mano? —dijo ella, dándomela de nuevo—. ¿Y bien? Lo encontraremos juntos. Yo quiero que vea cuánto nos queremos el uno al otro.

—¡Cómo nos queremos el uno al otro! —exclamé.

«¡Oh, Nástenka, Nástenka!», pensé yo, «¡cuánto has dicho con esas palabras! ¡Un amor como este, Nástenka, en determinados momentos enfría el corazón y vuelve pesarosa el alma! Tu mano está fría y la mía arde como el fuego. ¡Qué ciega estás, Nástenka…! ¡Oh! ¡Qué insufrible resulta una persona feliz en momentos como este! Pero no puedo enfadarme contigo...».

Finalmente sentí que mi corazón estallaba.

—¡Escuche, Nástenka! —exclamé—. ¿Sabe cómo me he sentido durante todo el día?

—¿Qué? ¿Qué es lo que le ha sucedido? ¡Cuéntemelo deprisa! ¿Por qué ha estado todo este rato callado?

—En primer lugar, Nástenka, hice todos sus recados, entregué la carta, estuve en casa de sus conocidos; después... me fui a casa y me eché a dormir.

—¿Solo eso? —interrumpió ella echándose a reír.

—Sí, casi nada más —respondí con esfuerzo, porque unas absurdas lagrimillas empezaron a aflorar en mis ojos—. Me desperté una hora antes de la cita, con la impresión de no haber dormido. No sé qué me sucedió. Venía para contarle todo esto, como si el tiempo se hubiera detenido para mí, como si solo una sensación, un sentimiento, desde este momento debiera quedarse para siempre dentro de mí, como si un minuto debiera continuar toda la eternidad y toda mi vida se hubiera detenido... Cuando desperté, creí que una dulce melodía que había oído en algún lugar volvía a aflorar en mi memoria. Tenía la impresión de que durante toda la vida había estado queriendo salir de mi alma y solo ahora...

—¡Ay, Dios mío, Dios mío! —interrumpió Nástenka—. ¿Cómo es que ha sucedido esto? No entiendo nada.

—¡Ay, Nástenka! Me gustaría, de algún modo, transmitirle esa extraña sensación... —dije yo con voz lastimera, en la que aún remotamente latía la esperanza.

—¡Basta, basta, no siga! —dijo ella. ¡Y al instante se dio cuenta, la muy tunanta!

De pronto se puso muy habladora, alegre y traviesa.

Me cogía del brazo, sonreía, invitándome también a reír, y cada tímida palabra mía se reflejaba en ella en forma de una sonora y prolongada risa... Empecé a enojarme y ella de pronto se puso a coquetear.

—Escuche —dijo ella—, me sienta mal que no se haya enamorado usted de mí. Después de esto, ¿quién entiende a los hombres? Pero a pesar de todo, caballero inflexible, no podrá usted dejar de alabarme por lo sencilla que soy. Yo le cuento absolutamente todo, hasta las tonterías que se me pasan por la cabeza.

—¡Escuche! ¡Parece que han dado las once! —dije yo, cuando se oyeron las campanadas de una lejana torre de la ciudad. De pronto Nástenka se detuvo, dejó de sonreír y se puso a contar.

—Sí, son las once —dijo finalmente con voz tímida e indecisa.

Al instante me quedé compungido por haberla asustado haciéndole contar las horas y me maldije por mi ataque de rabia. Me producía lástima y no sabía cómo redimir mi pecado. Me puse a tranquilizarla y a buscar razones que justificaran su ausencia, a esgrimir argumentos y pruebas. Nadie era más fácil de engañar entonces que ella, y además en momentos así todos escuchamos con alegría una palabra de consuelo, y nos sentimos felices con solo una sombra de justificación.

—Pero ¡si esto es ridículo! —dije yo, acalorándome cada vez más y satisfecho por la claridad de mis pruebas—. Si no podía venir. También a mí me ha engañado y engatusado usted, Nástenka, haciéndome incluso perder la noción del tiempo… Dese cuenta de que apenas le dio tiempo a recibir la carta; supongamos que no pudiera venir, supongamos que piensa contestar, en cuyo caso la carta no llegaría hasta mañana. Mañana en cuanto amanezca iré a recogerla y le haré saber lo que sea. Suponga, finalmente, miles de posibilidades: como, por ejemplo, que no estuviera en casa cuando llegara la carta, y puede que no la haya leído hasta ahora. Todo es posible.

—¡Sí, sí! —respondió Nástenka—, ni siquiera lo pensé: claro que todo es posible —dijo con voz complaciente en la que en forma de disonancia dolorosa se percibía otra idea lejana—. Ya sé lo que tiene que hacer usted mañana —dijo—. Vaya lo más temprano posible y si hay algo me lo dice enseguida. Porque usted sabe dónde vivo —y de nuevo empezó a repetirme la dirección de su casa.

Después, de pronto se puso muy tierna y tímida conmigo… Parecía escuchar atentamente lo que le decía; pero cuando me dirigí a ella con una pregunta, se quedó confusa y en silencio giró la cabeza. La miré a los ojos, y efectivamente: estaba llorando.

—Pero ¿es posible? Pero ¡qué niña es! ¡Qué infantil…! ¡Vamos, basta!

Intentó sonreír y tranquilizarse, pero le temblaba la barbilla y le palpitaba el pecho.

—Estoy pensando en usted —dijo tras un minuto de silencio—. Es usted tan bondadoso, que tendría que ser de piedra para no sentirlo. ¿Sabe lo que me ha venido ahora a la cabeza? Los he comparado a los dos. ¿Por qué él, y no usted? ¿Por qué él no es como usted? Él no es tan bueno como usted, aunque yo le quiera más.

No respondí nada. Parecía que Nástenka estaba esperando que yo dijera algo.

—Claro que puede que no lo comprenda bien todavía, no lo conozco bien. ¿Sabe una cosa? Siempre he tenido la sensación de tenerle respeto. Siempre se ha mostrado tan serio, tan orgulloso. Cierto que esa es la impresión que da, y que su corazón es más tierno que el mío... Recuerdo cómo me miraba cuando me dirigí a él con mi hatillo; pero a pesar de todo le respeto demasiado, como si no estuviéramos en pie de igualdad.

—¡No, Nástenka! ¡No! —respondí yo—, ¡eso quiere decir que le ama usted más que a nada en el mundo, incluso más que a sí misma!

—Sí, supongamos que así sea —respondió ingenuamente ella—, pero ¿sabe lo que se me ha pasado ahora por la cabeza? Solo que no voy a hablar de él, sino en general. Ya lo pensé hace tiempo. Escuche, ¿por qué no nos tratamos fraternalmente los unos a los otros? ¿Por qué hasta el hombre más bondadoso parece siempre disimular y callar en presencia de otro? ¿Por qué no se puede expresar en el momento lo que tienes en el corazón, sabiendo que tus palabras no se las llevará el viento? Porque todo el mundo se cree más severo de lo que realmente es, como si temiera ofender con sus sentimientos si los muestra demasiado deprisa...

—¡Ay, Nástenka!, es cierto lo que dice. Pero sucede a menudo —interrumpí yo, conteniendo en aquellos momentos mis sentimientos más que nunca.

—¡No, no! —respondió ella con gran pesar—. Usted, por ejemplo, no es como los demás. Yo, a decir verdad, no sabría expresar lo que siento. Me parece que, por ejemplo, usted... aunque solo fuera ahora... creo que se sacrifica por mí —añadió ella tímidamente y mirándome de soslayo—. Usted... y disculpe si le hablo de este modo: soy una muchacha sencilla. He visto poco en esta vida y la verdad es que a veces no sé ni hablar —dijo con una voz temblorosa que parecía ocultar algún sentimiento y procuraba a su vez sonreír—, pero me gustaría expresarle que le estoy agradecida y que también siento todo esto... ¡Oh! ¡Que Dios se lo pague haciéndole feliz! Porque lo que usted me describió con su soñador no es en absoluto cierto, o sea, quiero decir, quc cn absoluto le corresponde a usted. Usted se está reponiendo, realmente no es la misma persona que describió. Si algún día se enamora, ¡que Dios le haga feliz junto a ella! A ella no le deseo nada, porque ya será feliz con usted. Lo sé, yo soy una mujer, y debe creer lo que digo...

Se quedó callada y me apretó fuertemente la mano. De la agitación que tenía no podía hablar. Pasaron varios minutos.

—Sí, por lo que se ve, hoy no vendrá —dijo finalmente levantando la cabeza—. ¡Es muy tarde…!

—Vendrá mañana —dije yo en un tono convincente y severo.

—Sí —añadió ella, alegrándose—. Yo misma veo ahora que vendrá mañana. ¡Entonces hasta mañana, pues! ¡Hasta mañana! Si llueve, posiblemente no vendré. Pero pasado mañana vendré, lo haré sin falta, ocurra lo que ocurra. Esté aquí, pase lo que pase. Deseo verle y contarle todo.

Y después, cuando nos estábamos despidiendo, me dio su mano y me dijo en tono claro y mirándome a los ojos:

—Porque desde ahora siempre estaremos juntos, ¿no es así?

¡Oh, Nástenka, Nástenka! ¡Si supieras qué solo me siento ahora!

Cuando dieron las nueve de la noche, no pude permanecer más tiempo en la habitación, me vestí y salí sin reparar en el desapacible tiempo que hacía. Estuve sentado allí, en nuestro banco. Ya me había dirigido a su callejuela, pero me sentí incómodo y me di la vuelta sin mirar sus ventanas y a dos pasos de su casa. Regresé a casa tan triste como no lo estaba desde hacía tiempo. ¡Qué tiempo más malo, húmedo y aburrido! Si hiciera bueno, me estaría paseando toda la noche…

Pero ¡hasta mañana! Mañana ella me lo contará todo.

Sin embargo, hoy no ha habido carta. Por lo demás, así es como debía ser. Ya estarán juntos…

Noche cuarta

¡Dios mío, cómo ha terminado todo esto! ¡Qué fin ha tenido!

Llegué a las nueve de la noche. Ella ya estaba allí. La vi desde lejos. Estaba de pie como la primera vez, apoyada en la barandilla del muelle y sin darse cuenta de que me acercaba.

—¡Nástenka! —le dije, sobreponiéndome y superando la agitación.

Ella se dio rápidamente la vuelta.

—¡Venga! —dijo ella—. ¡Venga, más rápido!

Yo la miraba asombrado.

—Pero ¿dónde está la carta? ¿Trajo usted la carta? —repitió ella, agarrándose con la mano a la barandilla.

—No, yo no tengo la carta —dije finalmente—. Pero ¿es que él no ha venido?

Ella palideció terriblemente, y permaneció un largo rato mirándome inmóvil. Yo había destruido su última esperanza.

—¡Allá él! —dijo finalmente con voz entrecortada—. ¡Allá él si ha decidido dejarme así!

Bajó los ojos; después hizo un gesto para mirarme, pero no pudo. Todavía durante unos minutos estuvo haciendo el esfuerzo de sobreponerse a su agitación, pero de pronto se dio la vuelta, se apoyó en la balaustrada del muelle y se echó a llorar.

—¡Basta, basta! —empecé a decirle yo, sin que me quedaran fuerzas para continuar; además ¿qué podía decirle?

—No me tranquilice —me decía ella llorando—. No me hable de él, ni me diga que va a venir, ni que no me ha abandonado de un modo tan cruel e inhumano. ¿Por qué, por qué? ¿Acaso había algo en mi carta, en mi infeliz carta?

En ese momento sus sollozos interrumpieron su voz. Me dolía el corazón de verla.

—¡Oh, qué inhumano y cruel es esto! —dijo de nuevo—. ¡Y ni una sola línea! ¡Ni una línea! Podía haber respondido que no le hacía falta alguna, que me rechaza, pero no escribir ni una sola línea a lo largo de tres días enteros… ¡Qué fácil le resulta insultar y ofender a una pobre e indefensa muchacha culpable únicamente de amarle! ¡Oh, cuánto he llegado a soportar durante estos tres días! ¡Dios mío! Cuando recuerdo que fui yo quien acudió a verle la primera vez, que me humillé ante él, lloré y supliqué una gota de amor… ¡Y después de eso…! Escuche —dijo dirigiéndose a mí, y sus negros ojos brillaron—. ¡Si no es así! ¡No puede ser así! ¡No es natural! O usted o yo estamos equivocados. ¿Es posible que no haya recibido la carta? ¿Puede que hasta hoy no sepa nada? ¿Cómo es posible? Júzguelo usted mismo, dígame, por el amor de Dios, explíqueme, porque no consigo entenderlo, ¿cómo es posible actuar de un modo tan bárbaro como ha hecho él conmigo? ¡Ni una sola palabra! ¡Si hasta con las peores personas se porta la gente con más compasión! ¿Es posible que él haya oído algo? ¿Que alguien le haya dicho algo sobre mí? —exclamó ella dirigiéndose a mí—. ¿Qué piensa usted?

—Escuche, Nástenka, mañana iré a verle de su parte.

—¿Y bien?

—Le preguntaré todo, y le contaré todo.

—¿Y qué más?, ¿qué más?

—Usted escriba una carta. ¡No diga que no, Nástenka! ¡No diga que no! Yo haré que vea digno su proceder, él lo sabrá todo, y si…

—¡No, amigo mío! ¡No! —interrumpió ella—. ¡Ya está bien! ¡No recibirá de mí ni una palabra, ni una línea! ¡Es suficiente! ¡No le conozco, ya no le quiero y le ol—vi—da—ré…!

No terminó la frase.

—¡Tranquilícese, tranquilícese! Siéntese aquí, Nástenka —dije yo indicándole el banco.

—Estoy tranquila. ¡Está bien! ¡No es nada! ¡Solo son unas lágrimas! ¡Ya se me secarán! ¿Cree usted que me voy a suicidar? ¿Que me voy a tirar al agua…?

Mi corazón estallaba de emoción. Quise empezar a hablar, pero no pude.

—¡Escuche! —continuó ella, cogiéndome la mano—. Dígame: usted no actuaría así, ¿verdad? ¿Abandonaría a una muchacha que vino donde usted por su propio pie? No se burlaría cruelmente de ella por tener un corazón tan débil y absurdo. ¿Usted la protegería? ¡Usted sabría que estaba sola, que no podía mirar por sí misma, que no supo actuar de otro modo respecto al amor que sentía por usted! ¡Sabría que no era culpable, que finalmente no tenía la culpa… que no había hecho nada…! ¡Oh, Dios mío, Dios mío…!

—¡Nástenka! —exclamé yo finalmente, sin poder sobreponerme a la agitación—. ¡Me está usted martirizando! ¡Me está destrozando el corazón, me está matando! ¡No puedo callar! ¡Tengo que hablar y expresar lo que bulle aquí, en mi corazón…!

Al decirlo, me levanté del banco. Ella me cogió de la mano y me miró asombrada.

—¿Qué le ocurre? —dijo finalmente.

—¡Escuche! —dije yo en tono decidido—. Escúcheme, Nástenka. ¡Lo que voy a decirle ahora es absurdo, son ilusiones vanas y una estupidez! Sé que eso nunca se podrá realizar, pero no puedo callar más. ¡Le pido anticipadamente disculpas por lo que está sufriendo ahora…!

—¿De qué se trata?, ¿qué es? —dijo ella dejando de llorar y mirándome fijamente con una extraña curiosidad brillando en sus sorprendidos ojos—. ¿Qué le ocurre?

—Es una quimera, pero yo la amo, Nástenka. ¡Eso es! Bueno, ya lo sabe usted todo —dije gesticulando con la mano—. Ahora usted misma juzgará si puede hablar conmigo como hasta este momento, y si finalmente escuchará lo que le vaya a decir…

—Bueno, ¿y qué? —interrumpió Nástenka—. ¿Qué hay de nuevo en eso? Ya sabía desde hacía tiempo que usted me amaba, solo que creía que me quería así, sencillamente… ¡Ay, Dios mío! ¡Dios mío!

—Al principio todo era muy sencillo, Nástenka, mientras que ahora, ahora… me siento igual que usted cuando se dirigió donde él con su hatillo de ropa. Peor de lo que se sentía usted, porque entonces él no quería a nadie, mientras que ahora usted quiere a otro…

—Pero ¿qué me está diciendo? Ahora no le comprendo en absoluto. Pero escuche, ¿por qué todo esto?; o mejor dicho, ¿por qué me dice esto, y así de repente...? ¡Dios mío! ¡Estoy diciendo tonterías! Pero usted...

Y Nástenka se quedó completamente turbada. Sus mejillas se encendieron y bajó la mirada.

—¿Qué puedo hacer, Nástenka? ¿Qué puedo hacer? Soy culpable, y he abusado... Pero no, yo no tengo la culpa, Nástenka, soy consciente de esto y lo siento, pues mi corazón me dice que tengo razón, y que en absoluto puedo ofenderla ni agraviarla. Fui su amigo; bueno, y también lo soy ahora, no he cambiado en nada. Mire cómo me corren las lágrimas, Nástenka. Allá ellas, que corran... no molestan a nadie. Ya se secarán...

—Pero ¡siéntese, siéntese! —dijo ella, haciéndome sentar en el banco—. ¡Ay, Dios mío!

—¡No, Nástenka! No me voy a sentar. Ya no puedo estar aquí más tiempo, usted no me verá ya más. Lo diré todo y me marcharé. Solo quiero decirle que usted jamás se habría enterado de que yo la amaba. Yo habría guardado mi secreto. Y no la estaría martirizando en estos momentos con mi egoísmo. ¡No! Pero no he podido soportarlo ya. Usted misma empezó a hablar de ello, usted tiene la culpa... tiene toda la culpa, y no yo. No puede alejarme de su lado...

—Pero ¡no! ¡Yo no le echo de mi lado! —dijo Nástenka, ocultando la pobre como podía su turbación.

—¿No me aleja de su lado? ¿No? Yo mismo quería irme. Y me marcharé, solo que antes le contaré todo, porque cuando me hablaba yo no podía permanecer indiferente al verla llorar y martirizarse porque, bueno, porque... (lo diré, Nástenka), porque la rechazaban, rechazaban su amor, y yo sentía que en mi corazón ¡hay tanto amor para usted, Nástenka! ¡Tanto...! Y he estado tan triste por no poderla ayudar en ese amor... que el corazón se me rompía, y no podía callar porque tenía que hablar, Nástenka. ¡He tenido que hablar...!

—¡Sí, sí, dígamelo!... hábleme así —dijo Nástenka con un gesto delicado—. A lo mejor le extraña que le hable así, pero... hable. ¡Ya le diré más tarde! ¡Le contaré todo!

—Usted siente lástima de mí, Nástenka. Sencillamente siente lástima de mí, amiga mía. Lo que se ha perdido, perdido está, y lo que se ha dicho ya no vuelve atrás. ¿No es así? Bueno, ahora ya lo sabe usted todo. Esto es un punto de apoyo. ¡Todo está bien ahora! Pero escuche. Cuando usted estaba ahí sentada y llorando, yo pensaba para mis adentros (¡oh, déjeme decir lo que pensaba!), pensaba que usted... bueno, que de alguna manera absolutamente indirecta ya no le quería. Entonces, yo ya pensaba esto, Nástenka, ayer y anteayer… entonces yo haría todo lo posible para que usted me quisiera: si usted misma dijo que ya casi me quería. Y ahora ¿qué más? Bueno, esto es casi todo lo que quería decir; solo queda preguntar: ¿qué es lo que ocurriría si se enamorara usted de mí? Solo quería decir eso, nada más. Escúcheme, amiga mía, porque a pesar de todo sigue siendo mi amiga, y yo, claro está, soy un hombre sencillo, pobre e insignificante, solo que no se trata de eso (parece que no estoy hablando de lo que debo, pero es por lo confuso que estoy, Nástenka)… Yo la amaría tanto, que si usted le siguiera queriendo a él y continuara amando al que yo no conozco, a pesar de todo no se percataría del peso de mi amor. Usted únicamente oiría y sentiría que junto a usted late un corazón noble y apasionado, que para usted… ¡Oh, Nástenka! ¿Qué ha hecho usted conmigo?

—¡No llore! ¡No quiero que llore usted! —dijo Nástenka, levantándose rápidamente del banco—. ¡Vamos, levántese, levántese! ¡Venga conmigo, no llore, no llore! —dijo, limpiándome las lágrimas con su pañuelo—. Bueno, ahora vámonos. Puede que le diga algo… Si él ahora me ha abandonado porque ya me olvidó, y aunque todavía le ame (pues no quiero engañarle…), pero escúcheme y responda. Por ejemplo, en el caso de que yo le tomara cariño a usted, es decir, solo si… ¡Oh, amigo mío! ¡Ahora me doy cuenta de cómo le ofendí entonces, cuando me reí de su amor! ¡Cuando le elogiaba por no haberse enamorado de mí…! ¡Oh, Dios mío! Pero ¡cómo pude yo no darme cuenta! ¿Cómo pudo pasárseme? ¡Qué estúpida fui! Pero… bueno, he tomado la decisión de decirlo todo…

—Escúcheme, Nástenka, ¿sabe una cosa? Yo me alejaré de usted. ¡Eso es! Porque de este modo solo la estoy martirizando. Porque ahora le remuerde la conciencia por haberse reído de mí, pero yo no quiero, no quiero, que junto a la pena que siente… ¡Claro que yo tengo la culpa, Nástenka! Pero ¡adiós!

—Espere, escúcheme: ¿puede esperar?

—¿Esperar qué? ¿Cómo?

—Yo le quiero a él, pero eso pasará, debe pasar, no puede no pasar. Ya se está pasando, lo siento… Tal vez termine hoy mismo, porque le odio, porque se rio de mí, cuando usted lloraba a mi lado, porque usted no me habría rechazado como él, porque me quiere, mientras que él no, y porque en suma yo misma le quiero a usted. ¡Sí, le quiero! Le quiero como usted me quiere a mí. Si yo misma le dije eso antes, usted mismo lo escuchó… le quiero porque es usted mejor que él, porque es más noble que él, porque, porque, él…

La emoción de la pobre era tal, que no pudo terminar la frase; apoyó su cabeza en mi hombro, después en mi pecho, y rompió a llorar amargamente. Yo la tranquilizaba, la calmaba, pero ella no cesaba de llorar. No hacía más que apretarme la mano y decir entre sollozos: «¡Espere, espere! ¡Ya se me pasa! ¡Quiero hablarle... no piense que estas lágrimas... son debilidad, espere a que se me pase...!». Por fin cesó de llorar, se secó los ojos y de nuevo nos pusimos a andar. Yo quería hablar, pero ella estuvo un largo rato rogándome que me esperara. Nos quedamos en silencio... Finalmente se recompuso y se puso a hablar...

—Mire —dijo Nástenka con voz débil y temblorosa, en la que de pronto sonó una nota que me llegó directamente al corazón gimiendo dulcemente—: no piense que soy tan inestable y voluble. No crea que puedo olvidarme y cambiar tan rápidamente y tan a la ligera... Le he amado a él durante todo el año, y por Dios juro que jamás, jamás, le fui infiel siquiera en el pensamiento. Él ha despreciado esto. Se ha reído de mí... allá él. Pero me ha herido y ha ofendido mi corazón. Yo, yo no le quiero, porque solo puedo amar al que es generoso, al que me entiende y es noble, pues yo misma soy así y él no se merece a alguien como yo. Bueno, ¡allá él! Es mejor que haya actuado así, que yo me desengañara de él esperanzada, y que me enterara después de cómo es realmente... ¡Bueno, ya se acabó! Pero ¿quién sabe, amigo mío? —continuó ella, apretándome la mano—, ¿quién sabe? Es posible que todo mi amor fuera un engaño de los sentimientos, una imaginación. Es posible que haya comenzado como una travesura, absurdamente, por encontrarme bajo la vigilancia de la abuela. Quizás debiera amar a otro y no a él, a otra persona que se apiadara de mí, y, y... Pero dejemos, dejemos eso —se interrumpió Nástenka ahogándose de agitación—. Yo solo quería decirle... quería decirle que si a pesar de que le quiero a él (no, mejor dicho, de que le quería), si a pesar de ello, dice usted todavía... si siente que su amor es tan grande que puede reemplazar finalmente en mi corazón al otro... si desea apiadarse de mí, si no quiere dejarme a solas con mi destino, desconsolada y desesperanzada, si quiere amarme siempre, tal y como lo está haciendo ahora, entonces le juro que el agradecimiento... que mi amor será finalmente digno del suyo. ¿Me cogerá usted ahora de la mano?

—¡Nástenka! —exclamé yo, ahogándome en sollozos—. ¡Nástenka...! ¡Oh, Nástenka!

—Bueno, ¡basta, basta! ¡De veras! —dijo sin poder apenas sobreponerse—. Ahora ya está dicho todo. ¿No es verdad? ¿No es así? Usted es feliz y yo también. Ni una palabra más de ello. ¡Espere, compadézcase de mí...! ¡Hable de otra cosa, por el amor de Dios...!

—¡Sí, Nástenka, sí! Bueno, dejémoslo, ahora soy feliz; yo… Hablemos de otra cosa. Cambiemos de tema, vamos. ¡Sí! Estoy dispuesto…

Y, sin saber de qué hablar, nos pusimos a reír, a llorar, a decir mil palabras sin sentido y que no venían a cuento. Tan pronto caminábamos por la acera como retrocedíamos y cruzábamos la calle. Después nos parábamos y de nuevo cruzábamos el muelle. Parecíamos unos críos…

—Ahora, Nástenka, estoy viviendo solo —dije yo—. Y mañana… Nástenka, usted sabrá que soy pobre, y que todo mi capital asciende a mil doscientos rublos, pero no importa…

—Por supuesto que no; pero la abuela tiene una pensión y no será una carga. Tendríamos que llevarnos a la abuela.

—Claro que nos llevaremos a la abuela… solo que también está Matriona… ¡Ay, si usted también tiene a Fiokla! Matriona es bondadosa, solo que tiene un defecto: carece absolutamente de imaginación, Nástenka. Pero ¡eso no importa…!

—Da lo mismo. Ellas pueden estar juntas. Entonces, múdese a nuestra casa.

—¿Cómo es eso? ¿Donde usted? Está bien, estoy dispuesto…

—Sí, como inquilino. Arriba tenemos una buhardilla; está vacía. Teníamos una inquilina, una anciana de familia noble, pero se mudó, y sé que la abuela quiere alquilárselo a algún joven. Y yo le pregunto: «¿Y por qué a un joven?». Y ella me responde: «Pues porque yo ya estoy vieja; pero no te pienses, Nástenka, que quiero casarte con él». Y me percaté de que precisamente de eso se trataba…

—¡Ay, Nástenka…!

Y los dos nos echamos a reír.

—¡Ya basta! ¿Y dónde vive usted? Se me ha olvidado.

—Allí, cerca del puente, en la casa de Barannikov.

—¿Esa casa que es tan grande?

—Sí, esa casa tan grande.

—¡Ay, la conozco, es una buena casa! Es solo que… ¿sabe una cosa? Déjela y múdese a vivir con nosotras cuanto antes…

—Mañana mismo, Nástenka, mañana mismo. Debo algo por el alquiler, pero no importa… Pronto cobraré…

—¿Sabe? A lo mejor me pongo a dar clases. Me prepararé y me pondré a dar clases…

—¡Estupendo…! Y a mí me ascenderán pronto, Nástenka…

—De modo que mañana será usted mi inquilino…

—Sí, e iremos a ver El barbero de Sevilla, porque pronto lo volverán a representar otra vez.

—Sí, iremos —dijo sonriendo Nástenka—. No, mejor sería que fuéramos a oír otra cosa y no El barbero…

—Bueno, está bien, otra cosa. Claro, mejor será, no me había dado cuenta…

Mientras hablábamos, los dos caminábamos como si estuviéramos embriagados, como si no supiéramos lo que nos sucedía. Tan pronto nos deteníamos y nos quedábamos un largo rato hablando en el mismo lugar, como de pronto nuevamente arrancábamos a andar para llegar Dios sabe dónde, para otra vez más echarnos a reír y a llorar… De repente, Nástenka expresaba su deseo de regresar a casa sin que yo me atreviera a retenerla. Arrancábamos a andar y al cabo de un cuarto de hora de nuevo nos encontrábamos en nuestro banco en el muelle. Allí Nástenka suspiró, y le brotaron nuevamente lágrimas en los ojos. Me quedé acobardado y sobrecogido de frío… Pero al instante ella me apretó la mano, tirando nuevamente de mí para volver a andar, charlar y conversar…

—¡Ya es hora, debo regresar a casa! Creo que ya es muy tarde —dijo finalmente Nástenka—, ¡dejémonos de tantas chiquilladas!

—Sí, Nástenka, solo que ahora ya no podré conciliar el sueño. No voy a ir a casa.

—Creo que yo tampoco podré dormirme. Pero acompáñeme usted…

—Por supuesto.

—Ahora es preciso que lleguemos hasta mi casa.

—Por supuesto, por supuesto…

—¿Palabra de honor?… ¡Porque alguna vez habrá que volver a casa!

—Palabra de honor —respondí yo sonriendo.

—¡Vamos pues!

—Vamos. ¡Mire el cielo, Nástenka, mírelo! Mañana hará una mañana estupenda. ¡Qué cielo tan azul y qué luna! Mire cómo esa nube amarilla va a cubrirla ahora. ¡Mire, mire…! No. Ha pasado de largo. ¡Mírelo, mírelo…!

Pero Nástenka no miraba la nube y permanecía callada como si se hubiera quedado petrificada. Al cabo de un minuto empezó a apretarse contra mí con cierta timidez. Su mano temblaba en la mía. La miré… Ella se apretó contra mí con más fuerza todavía.

En ese instante junto a nosotros pasó un caballero joven. De pronto se detuvo, se quedó mirándonos fijamente y después avanzó unos pasos hacia nosotros. Mi corazón se estremeció…

—Nástenka —dije yo a media voz—. ¿Quién es, Nástenka?

—¡Es él! —respondió ella susurrando, apretándose contra mí, aún más estremecida... Yo apenas podía sostenerme en pie.

—¡Nástenka! ¡Nástenka! ¡Eres tú! —se oyó una voz detrás de nosotros, y en aquel instante el joven caballero avanzó unos pasos más hacia nosotros.

¡Dios mío, qué grito dio ella, cómo se estremeció! ¡Cómo se arrancó de mis brazos y se lanzó a su encuentro...! Me quedé mirándoles con el corazón hecho pedazos. Pero, apenas le hubo extendido tímidamente la mano y se hubo echado en sus brazos, de pronto se dio la vuelta y como una ráfaga de aire o un relámpago se lanzó hacia mí, y sin que me diera tiempo de reponerme me rodeó el cuello con los brazos y me dio un fuerte y ardiente beso. Después, sin decir palabra, de nuevo se lanzó hacia él, le cogió de las manos y le arrastró tras ella.

Permanecí un largo rato mirándoles... Finalmente los dos desaparecieron de mi vista.

La mañana

Mis noches terminaron por la mañana. Hacía un día desapacible. Llovía, y la lluvia golpeaba tristemente en mis cristales. La habitación estaba oscura y el patio sombrío. Me dolía la cabeza y estaba mareado. La fiebre recorría todos los miembros de mi cuerpo.

—Señor, el cartero le ha traído una carta —dijo Matriona inclinándose sobre mí.

—¡Una carta! ¿De quién? —exclamé yo, saltando de la silla.

—No veo, señor, mírelo, puede que aquí ponga quién lo envía.

Rompí el sello. ¡Era de Nástenka!

¡Oh, perdone, disculpe! De rodillas le ruego que me perdone... Le he engañado a usted y a mí misma. Ha sido un sueño, una ilusión... Hoy estoy sufriendo por usted hasta más no poder. ¡Perdóneme, perdóneme...!

No me culpe, porque en absoluto he cambiado respecto a usted. Dije que le iba a querer, y le quiero ahora, y aún más que eso. ¡Oh, Dios mío! ¡Si pudiera amarles a los dos a la vez! ¡Oh, si usted fuera él!

«¡Oh, si él fuera usted!», se me pasó por la cabeza. ¡Recordé tus propias palabras, Nástenka!

¡Dios sería testigo de lo que sería capaz de hacer ahora por usted! Yo sé que se siente mal y está triste. Yo le ofendí, pero ya sabe que, cuando se ama, la ofensa no puede sostenerse mucho tiempo. ¡Y usted me ama!

¡Se lo agradezco! ¡Sí, le agradezco ese amor! Porque ha impregnado mi memoria como un dulce sueño que al despertar se recuerda largo tiempo. Porque recordaré eternamente aquel momento en que me abrió usted su corazón tan fraternalmente acogiendo generosamente el mío, que estaba destrozado, para protegerlo, cuidarlo con ternura y curarlo... Si usted me perdona, su recuerdo se enaltecerá en mí con un eterno sentimiento de gratitud que jamás se borrará de mi alma... Guardaré ese recuerdo y le seré fiel, no lo cambiaré ni traicionaré mi corazón: es demasiado constante. Ayer mismo se volvió rápidamente hacia aquel a quien ha pertenecido siempre.

Nos encontraremos, usted vendrá a vernos, no nos dejará, y será eternamente un amigo mío, un hermano... Y cuando me vea, ¿me tenderá usted su mano? ¿Verdad que sí? Usted me la tenderá, me perdonará, ¿no es cierto? ¿Me ama como antes?

¡Oh, quiérame, no me abandone, porque le quiero tanto en estos momentos!, porque soy digna de su amor... porque lo mereceré... mi querido amigo. La semana que viene me caso con él. Regresó enamorado y jamás se olvidó de mí... No se moleste porque le escriba sobre él. Pero me gustaría ir con él a su casa. Le cogerá simpatía, ¿verdad?

¡Perdóneme y recuerde y quiera a su Nástenka!

Estuve un largo rato releyendo la carta. Los ojos se me llenaron de lágrimas. Finalmente la carta resbaló de mis manos y me cubrí la cara.

—¡Caramba! ¡Caramba! —dijo Matriona.

—¿Qué sucede, mujer?

—Pues que he quitado todas las telarañas del techo. Ahora incluso puede casarse e invitar a la gente, antes de que se ensucie de nuevo...

Miré a Matriona... Todavía era una mujer vital y joven, y no sé por qué se me presentó de pronto con la mirada apagada, arrugas en la cara, encorvada y senil... No sé la razón por la que me figuré mi habitación tan envejecida como ella. Las paredes y los suelos parecían descoloridos y todo estaba ensombrecido. No sé por qué al mirar por la ventana me dio la impresión de que la casa de enfrente también se tornaba decrépita y sombría, a la vez que la pintura de sus columnas se ahuecaba y caía; que las cornisas se habían ennegrecido y agrietado y en las paredes de color ocre chillón aparecían manchas...

Tal vez un rayo de sol que asomaba detrás de una nube se ocultara detrás de otra, preñada de lluvia, oscureciendo nuevamente todo ante mis ojos. Probablemente me figuraría pasar fugaz y tristemente toda la perspectiva de mi futuro, viéndome en aquel momento quince años después, como un hombre envejecido en aquella misma habitación, igual de solitario y junto a la misma Matriona que no había ganado en luces durante esos años.

Pero ¡recordar yo mi ofensa, Nástenka! ¿Ensombrecer con una oscura nube tu felicidad clara y serena? ¿Envenenar tu corazón con secretos remordimientos, obligándolo a latir con tristeza en los momentos de tu felicidad? ¿Ajar un solo pétalo de esas delicadas flores que entrelaces en tus negros rizos cuando junto a él te dirijas al altar...? ¡Eso jamás, jamás! ¡Que resplandezca tu cielo, que tu tierna sonrisa sea clara y serena, que Dios te bendiga por un minuto de felicidad que des a otro corazón solitario y agradecido!

¡Dios mío! ¡Un minuto entero de felicidad! ¿Acaso es poco para toda una vida humana...?

EL PEQUEÑO HÉROE

Por aquel entonces no tendría yo más de once años. En julio me enviaron a pasar una temporada a un pueblo de los alrededores de Moscú, donde un pariente llamado T...ov, en cuya casa se habían reunido unas cincuenta personas o más... no recuerdo bien, pues no los conté. Había mucho alboroto y mucha alegría. Todo parecía indicar que se trataba de una fiesta que había comenzado para no finalizar jamás. Daba la impresión de que el dueño se había propuesto derrochar lo antes posible toda su fortuna y estaba a punto de conseguir su fin gastando hasta el último cópec de su patrimonio.

A cada instante llegaban nuevos invitados. Moscú estaba muy cerca, de modo que los que se marchaban dejaban su lugar a los que llegaban mientras la fiesta proseguía su curso. Las diversiones cambiaban unas por otras, sin que se previera el final de los pasatiempos. Tan pronto se organizaban excursiones en grandes grupos a caballo por los alrededores, como paseos por el bosque o el río. Se hacían meriendas, almuerzos en el campo y cenas en el hermoso porche de la casa, rodeado de tres filas de exóticas flores que impregnaban de fresco aroma el aire de la noche bajo la radiante iluminación de la mesa, que hacía que nuestras bellas damas lo parecieran aún más, animadas a causa de las impresiones del día, con sus brillantes miradas, sus vivas conversaciones cruzadas y sus vibrantes y sonoras risas semejantes a campanillas. Había bailes, música y canciones. Cuando el tiempo empeoraba se hacían cuadros vivos, charadas y otros juegos. Se montaba un teatro casero. Venían prosadores, cuentistas y gente que contaba anécdotas.

Algunos semblantes resaltaban claramente, sobreponiéndose en un primer plano. Como era lógico, los chismes y cotilleos seguían su propio curso, pues no es posible vivir sin ellos y muchos se morirían de aburrimiento como moscas. Pero yo, como por aquel entonces solo tenía once años, no me percataba de esos seres, abstraído como estaba en otros detalles, y, de haberme dado cuenta, no habría sido plenamente. Una vez transcurrido aquello, pude recordar algo. Solo una brillante parte del cuadro penetró en mis infantiles ojos y toda esa animación general, el brillo, el bullicio y lo que jamás había visto ni oído hasta entonces, me causó tanta impresión que estuve completamente aturdido durante los primeros días y mi pequeña cabeza me daba vueltas.

Repito que en aquellos momentos yo solo tenía once años y lógicamente no era más que un crío. Muchas de esas maravillosas mujeres que me acariciaban no se percataban de mi corta edad. Pero ¡cosa extraña! Una sensación que no entendía se apoderó de mí. Algo que me rozaba el corazón y que este desconocía e ignoraba le hacía encenderse y latir a su vez como si estuviera asustado, lo que provocaba que mi rostro se sonrojara inesperadamente. A veces sentía vergüenza e incluso me ofendía por ciertos privilegios infantiles míos. Otras veces parecía que el asombro se apoderaba de mí, obligándome a esconderme donde nadie me viera como si necesitara tomar aliento para recordar lo que en aquel momento quería recordar pero que de pronto se me olvidara; algo que, sin embargo, no me dejaba ni vivir ni estar en paz.

Finalmente, me daba la impresión de que les ocultaba a todos cosas que no les desvelaría por nada del mundo, pues, como crío que era, sentía una terrible vergüenza. De pronto, en medio del torbellino que me rodeaba, sentía soledad. Allí había otros niños, pero todos eran bastante más pequeños o mayores que yo. Además, me resultaban indiferentes. Claro está que nada hubiera sucedido de no haberme encontrado yo en una situación extraordinaria. A ojos de aquellas maravillosas damas yo aún era un ser pequeño y sin formar, al que les gustaba acariciar de vez en cuando y con quien les divertía jugar como si fuera un muñeco. Especialmente a una encantadora rubia, de cabellos tan hermosos y espesos como jamás había visto y que parecía haberse propuesto no dejarme en paz.

A mí me intimidaba y a ella le divertían las risas que estallaban alrededor de nosotros, y que ella provocaba constantemente con bruscos y extravagantes gestos dirigidos a mí y que al parecer le satisfacían enormemente. Se comportaba como una colegiala entre amigas del pensionado. Era extraordinariamente atractiva, y había algo en su belleza que saltaba a primera vista. Claro está que no se parecía a aquellas pequeñas y tímidas rubitas tan blancas como la pelusilla y tan tiernas como los ratoncillos, o a las hijas de un pastor. Era bajita y rellenita, con unas finas y suaves facciones de cara. Había en su rostro algo que se asemejaba a un relámpago, siendo como era toda ella tan viva como el fuego, enérgica y vehemente. Sus grandes y abiertos ojos parecían lanzar destellos. Brillaban como diamantes, y jamás cambiaría yo esos azules y chispeantes ojos por otros negros, aunque fueran los más oscuros de los ojos andaluces; además, mi rubia se parecía a aquella morena a la que canta un extraordinario y famoso poeta que en sus más excelentes poesías juró ante toda Castilla estar dispuesto a romperle los huesos al que se atreviera a rozar con la punta de sus dedos la mantilla de su beldad. A ello habría de añadirse que mi bella dama era la más alegre de todas las bellezas del mundo, la más alborotada charlatana, tan vivaracha como un niño, sin reparar en que ya llevaba cinco años casada. La risa no se iba de sus labios, frescos como una rosa mañanera que con el primer rayo de sol abre su aromático brote de color escarlata y sobre la que aún reposan las frescas y grandes gotas del rocío.

Recuerdo que al segundo día tras mi llegada se estaba preparando un teatro casero. La sala estaba abarrotada de gente. No había ni un hueco, y como por algún motivo que ignoro llegué tarde, me vi obligado a disfrutar del espectáculo de pie. Pero la animada representación me llevaba a desplazarme cada vez más hacia delante, y sin darme cuenta me fui abriendo paso hasta las primeras filas, donde finalmente me quedé apoyado en el respaldo de un asiento en el que estaba sentada una dama. Se trataba de mi rubia; pero todavía no nos conocíamos. Y he aquí que sin darme cuenta me fijé en sus maravillosos y seductores hombros torneados, esculpidos y blancos como la espuma, aunque, a decir verdad, me habría dado igual fijarme en unos maravillosos hombros femeninos que en un sombrero con cintas encarnadas que cubrían las canas de una respetable dama de la primera fila. Junto a la rubia estaba sentada una solterona, una de las que, tal y como comprobé después, están eternamente revoloteando alrededor de las damas jóvenes y bellas, escogiendo a las que no gustan de espantar de su lado a la juventud. Pero eso no tiene importancia, sino que aquella solterona se fijó en mi contemplativa mirada y acercó la cabeza a la de su vecina de asiento mientras le susurraba entre risas algo al oído. De pronto la rubia se dio la vuelta y recuerdo que sus ojos de fuego brillaron de tal modo en la penumbra que me estremecí como si me quemaran, pues no estaba preparado para el encuentro. La bella dama sonrió.

—¿Te gusta lo que están representando? —me preguntó, mirándome a los ojos burlona y maliciosamente.

—Sí —respondí yo, sin quitarle ojo de encima y asombrado, cosa que a ella al parecer le gustó.

—Y ¿por qué estás de pie? Te vas a cansar. ¿No tienes sitio para sentarte?

—Así es, no hay sitio —respondí, más ocupado en esta ocasión en encontrar un asiento que en los ojos chispeantes de la beldad y alegrándome muy seriamente por haber encontrado finalmente un corazón bondadoso en quien poder confiar—. Ya he buscado, pero todas las sillas están ocupadas —añadí, quejándome de no encontrar sitio.

—Ven aquí —dijo ella vivamente, resuelta a tomar cualquier decisión, de igual modo que lo haría para tomar cualquier extravagante idea que pudiera pasársele por su alborotada cabeza—. Ven aquí, conmigo, y siéntate sobre mis rodillas.

—¿En las rodillas?... —pregunté yo desconcertado.

Como ya comenté antes, mis privilegios de niño empezaban a ofenderme y avergonzarme seriamente. Y además yo, que siempre había sido un muchacho tímido y vergonzoso, me sentía ahora especialmente intimidado frente a las señoras, lo que me hacía quedar terriblemente confuso.

—Pues sí, ¡en mis rodillas! ¿Por qué no quieres sentarte en mis rodillas? —insistió ella, riéndose cada vez más, hasta que finalmente estalló en Dios sabe qué risas, puede que a causa de su propia ocurrencia o divirtiéndose por mi confusión.

Sonrojado y turbado miré alrededor, como si buscara un hueco donde esconderme. Pero a ella ya le había dado tiempo a agarrarme de la mano para impedirme marchar, y de pronto, para mi gran asombro, estrujó mi mano con tanta fuerza entre sus traviesos y cálidos dedos, que me hizo retorcer de dolor para no gritar, obligándome a poner caras raras. Al margen de lo que me sucedía, estaba asombrado, desorientado e incluso horrorizado al ver que existían damas tan simpáticas y malvadas, capaces de hablar con chiquillos de semejantes bobadas, a la vez que los pellizcaban dolorosamente, Dios sabe por qué motivo, en presencia de todos. Probablemente mi infeliz rostro reflejaba mi desconcierto, porque la traviesa señora reía como una insensata mirándome a los ojos y, mientras tanto, estrujaba cada vez más mis pobres dedos. Estaba fuera de sí por el asombro de lograr finalmente hacer una travesura y poner en trance de confusión a un pobre muchacho hasta hacerle polvo. Mi situación era desesperante. En primer lugar, estaba rojo de vergüenza porque casi todos cuantos estaban alrededor de nosotros se dieron la vuelta para mirarnos, algunos asombrados y otros riéndose, captando al instante la travesura de la bella dama. Además, yo tenía ganas de gritar, porque ella me destrozaba con saña los dedos, precisamente porque no gritaba; y yo, como un espartano, había decidido aguantar el dolor, temiendo armar escándalo con mis gritos, después de los cuales no sé lo que hubiera podido suceder. En un ataque de completa desesperación, comencé a luchar con todas mis fuerzas: hice lo posible para liberar mi mano, pero mi tirana era más fuerte que yo. Por fin no soporté más y lancé un grito, cosa que ella esperaba. Al momento me soltó la mano y se dio la vuelta, como si nada sucediera y no fuera ella quien hiciera la travesura sino cualquier otro, comportándose como una colegiala a la que al primer despiste del profesor ya le había dado tiempo a hacer la trastada, como pellizcar a algún compañero más pequeño y débil, darle un capirotazo, un puntapié o codazo. Una vez cometida la fechoría, la colegiala se daba la vuelta disimulando como si nada sucediera, enfrascándose en el libro para proseguir con la lección y dejando de ese modo con un par de narices al enfurecido profesor que se lanza como un gavilán al oír el alboroto.

Pero, para mi suerte, en aquel momento toda la atención se centró en la actuación magistral de nuestro anfitrión, que representaba el papel principal en la comedia. Todos empezaron a aplaudir y yo, aprovechando el ruido, me escabullí entre las filas y salí corriendo hasta el fondo de la sala, hacia el rincón opuesto, desde donde, ocultándome tras una columna, miré horrorizado a donde estaba sentada la bella y astuta dama. Ella seguía riéndose con el pañuelo a la boca. Durante un buen rato estuvo dándose la vuelta para buscarme por todos los rincones; probablemente sintiera que nuestra estrafalaria lucha hubiera terminado tan pronto mientras seguía tramando otra fechoría.

Así fue como nos conocimos, y desde aquella tarde ya no me dejó en paz un momento. Me perseguía sin miramiento ni conciencia, y se convirtió en mi perseguidora y tirana. Lo cómico de su artificio consistía en que parecía haberse enamorado locamente de mí, dejándome en una situación de lo más embarazoso frente a todos. Claro que a mí, un muchacho salvaje, todo eso me resultaba muy duro de sobrellevar, conduciéndome en varias ocasiones a una situación tan crítica que estaba dispuesto a enzarzarme en una pelea con mi astuta admiradora. Mi ingenua turbación y mi desesperada tristeza parecían animarle a perseguirme hasta el final. Desconocía la compasión, y yo ignoraba cómo podía esconderme de ella. La risa, que resonaba alrededor y que ella suscitaba de maravilla, la invitaba a hacer nuevas travesuras. Pero sus bromas ya empezaban a convertirse en pesadas. Y además, según recuerdo, se permitía demasiadas libertades con un niño como yo.

Pero su carácter era así: todo su temperamento era travieso. Después me enteré de que quien más la mimaba era su propio marido, hombre regordete, bajito y de piel encarnada; persona de mucho dinero y muy ocupado, al menos a primera vista: nunca estaba quieto y, puesto que siempre estaba haciendo gestiones, no sabía permanecer en el mismo sitio un par de horas. Todos los días salía de la finca en que nos encontrábamos para viajar a Moscú, en ocasiones hasta un par de veces; y confesaba que hacía todo por asuntos de negocios. Era difícil encontrar algo más alegre y bondadoso que su cómica y además honesta fisonomía.

Por si fuera poco, amaba a su mujer hasta más no poder, hasta provocar lástima: sencillamente, la adoraba como a una diosa.

No le negaba nada. Ella tenía multitud de amigas y amigos. En primer lugar, había poca gente que no la quisiera y, en segundo, tampoco era muy exigente en la elección de sus amigos, aunque en el fondo de su carácter había aspectos bastante más serios de lo que se podría suponer si se juzga por lo que acabo de contar. Pero, de todas sus amigas, la que más quería y a la que más atención prestaba era una joven dama, una lejana pariente suya, que también ahora se encontraba invitada en la finca. Había entre ellas una especie de tierna y delicada unión, una de esas relaciones que a veces se producen al encontrarse dos caracteres a menudo completamente contrarios, de los cuales uno es más severo, profundo y transparente, mientras que el otro, por ser muy resignado y de nobles sentimientos, se somete humildemente a él, reconociendo su superioridad y guardando en su corazón su amistad como una verdadera dicha. Es cuando surge esa tierna y noble sutileza en la relación de tales caracteres: por una parte, el amor y toda la condescendencia del mundo y, por otra, el afecto y el respeto; un respeto rayano en temor de uno mismo ante los ojos de aquel que tienes en tan alta estima y que llega hasta el ansioso deseo de acercarse en la vida paso a paso cada vez más a su corazón.

Las dos amigas eran de la misma edad, pero entre ellas había una inconmensurable diferencia en todo, comenzando por la belleza. Madame M* también era muy agraciada, pero su belleza tenía un halo especial que la distinguía drásticamente del resto de otras bellas mujeres. En su rostro había algo que atraía irresistiblemente toda su simpatía o, mejor aún, que suscitaba la noble y elevada simpatía del que se cruzara con ella. Hay caras así. Junto a ella todos se sentían mejor, más libres y afables; y, sin embargo, sus grandes y tristes ojos, llenos de pasión y fuerza, miraban tímida e inquietamente, como si estuvieran constantemente atemorizados por algo hostil, y esa extraña timidez melancólica cubría al instante sus tranquilos y dulces rasgos, que evocaba el rostro iluminado de las madonnas italianas, de modo que al mirarla uno se sentía tan triste como si tuviera su propio pesar.

Esa cara pálida y delgada en la que, a través de la irreprochable belleza de unos rasgos correctos y limpios y la triste y severa melancolía oculta, a menudo se traslucía el original semblante infantil, el semblante de los años mozos, probablemente de una ingenua felicidad; y esa sonrisa silenciosa, tímida y vacilante a la vez, lo predisponían inconscientemente a uno a la simpatía hacia esa mujer, que hacía nacer en su corazón una dulce y ardiente inquietud que se percibía a distancia, y que le hacía sentirse aún más cercano a ella. Pero la bella dama parecía callada, misteriosa, aunque nada había más atento y amable que ella cuando alguien necesitaba compasión. Hay mujeres que parecen auténticas hermanas de la caridad. Ante ellas uno puede sentirse libre para no ocultar nada, al menos nada que no sea dolor o herida para el alma. El que sufre puede dirigirse a ellas sin temor, porque pocos sabemos hasta qué punto pueden ser interminables y pacientes el amor, la compasión y el perdón que alberga el corazón de una mujer. Esos corazones puros albergan auténticos tesoros de simpatía, consuelo y esperanzas; corazones que también a su vez fueron ofendidos, pues el corazón que ama sufre, pero su herida se cierra parcamente frente a una mirada curiosa, ya que los pesares profundos suelen ocultarse y llevarse en silencio. No les arredra ni la profundidad de la herida, ni la purulencia ni la pestilencia de esta: el que se acerca a ellas es ya digno de ellas; además, parecen haber nacido para ayudar… Madame M* era alta, airosa y esbelta, pero algo delgada. Todos sus movimientos eran algo desproporcionados, a veces resultaban lentos, suaves e incluso impetuosos; otras, parecían infantiles y rápidos, trasluciéndose a su vez en sus gestos una apocada resignación, algo trémula e indefensa que jamás imploraba ayuda.

Como ya dije, me intimidaban las censurables pretensiones de la astuta rubia, que provocaban en mí dolor y rabia extremos. Pero había además una cuestión oculta, extraña y absurda, que yo mantenía en secreto y ante la que temblaba como un avaro ante su tesoro con solo reparar en ella; cabizbajo y a solas con mi pensamiento me ocultaba en algún rincón secreto y oscuro, a salvo de la burlona e inquisidora mirada azul de alguna curiosa; me ahogaba de pudor, vergüenza y temor ante la sola idea del objeto en cuestión; en una palabra, estaba enamorado, aunque supongamos que es absurdo lo que acabo de decir: pues no podía ser. Pero ¿por qué de entre todos los rostros que me rodeaban solo había uno que atraía mi atención? ¿Por qué solo me gustaba seguirla con la mirada a ella, aunque yo no tuviera la edad apropiada para fijarme en las damas y presentarme a ellas? Esto sucedía con más frecuencia por las tardes, cuando el mal tiempo nos obligaba a todos a entrar en casa; cuando me ocultaba solitario en algún rincón del salón y miraba alrededor sin finalidad ni distracción alguna, pues en escasas ocasiones hablaba alguien conmigo, a excepción de mis perseguidoras. Como aquellas tardes yo estaba terriblemente aburrido, me fijaba en los rostros que me rodeaban, ponía atención en sus conversaciones, de las que a menudo no entendía una palabra; y he aquí que en uno de esos momentos la mirada silenciosa, la dulce sonrisa y el bello rostro de madame M* (porque así era ella), ¡Dios sabe por qué!, fueron presa de mi fascinada atención sin que pudiera abandonarme aquella extraña, indefinida pero incomprensiblemente dulce impresión mía. A menudo creía no poder apartar de ella mi mirada durante horas; conocía todos sus gestos, sus movimientos, aguzaba el oído a cada vibración de su voz profunda, plateada y algo apagada; pero (¡cosa rara!) de todas aquellas observaciones mías, de aquellas tímidas y dulces impresiones, nació en mí una increíble curiosidad. Parecía que no me quedaba otra opción que la de descubrir algún secreto…

Lo que más me atormentaba eran las burlas en presencia de madame M*. Esas burlas y persecuciones cómicas, tal y como yo las interpretaba, me hacían sentirme humillado. Y cuando alguna risa generalizada estallaba a mi costa y en cuya chanza participaba a veces involuntariamente madame M*, entonces, desesperado, ofendido y fuera de mí, salía corriendo de mis tiranos y subía arriba para dedicarme a hacer el salvaje durante el resto del día y sin atreverme a asomar al salón. Además, ni yo mismo entendía entonces ni mi vergüenza ni mi inquietud; todo el proceso lo vivía yo de un modo inconsciente. A madame M* apenas le había dirigido un par de palabras, y tampoco me hubiera atrevido a hacerlo. Pero he aquí que una tarde, tras un día abundante en contrariedades para mí, me quedé rezagado del resto de la gente durante el paseo. Estaba muy cansado y regresaba a casa atravesando el jardín. Sobre un banco, en una solitaria alameda, divisé a madame M*. Estaba completamente sola, como si hubiera elegido aquel solitario lugar a propósito. Tenía la cabeza inclinada y daba vueltas al pañuelo entre las manos. Estaba tan sumida en sus pensamientos que no se dio cuenta cuando me aproximé a ella.

Al verme, se levantó rápidamente del banco, se dio la vuelta y yo me percaté de que se enjugaba las lágrimas. Estaba llorando. A continuación me sonrió y juntos nos dirigimos a casa. No recuerdo de qué hablamos ella y yo, pero no hacía más que apartarme de su lado poniendo todo tipo de pretextos: tan pronto pedía que le arrancara una flor como que mirara quién era el que iba a caballo por la alameda contigua. Cuando me apartaba de ella, al instante se llevaba el pañuelo a los ojos y se enjugaba las rebeldes lágrimas, que no cesaban de fluir, y que se le acumulaban en el corazón sin parar de aflorar a sus pobres ojos. Comprendí que mi presencia le molestaba (pues no hacía más que apartarme de su lado), que se había dado cuenta de que yo me percaté de todo y que no conseguía dominarse, y eso hacía que me entristeciera aún más. Me enfadaba desesperadamente conmigo mismo, me maldecía por mi torpeza y, sin encontrar la manera más sutil de apartarme de ella y sin expresarle que me había percatado de su pena, seguía caminando junto a ella sumido en la tristeza e incluso el temor, completamente confuso y sin encontrar la palabra adecuada para mantener nuestra absurda conversación.

Aquel encuentro me causó tanta impresión que me pasé la tarde entera mirando a hurtadillas a madame M*, sin poder apartar mis ojos de ella. Pero en un par de ocasiones me sorprendió observándola, y la segunda vez, al darse cuenta, sonrió. Aquella fue la única sonrisa que me dirigió en toda la tarde. La tristeza no se iba de su semblante, que en aquel momento estaba muy pálido. Durante todo el tiempo estuvo hablando en voz baja con una dama entrada en años, una vieja malhumorada que respondía a regañadientes y con quien nadie simpatizaba por sus continuos chismorreos, pero a la que a su vez todos temían, y por ello se veían obligados a agradarla, aun en contra de su voluntad…

Aproximadamente a las diez de la noche llegó el marido de madame M*. Hasta aquel momento yo la seguía observando sin apartar los ojos de su entristecida cara. Pero entonces, ante la inesperada llegada de su marido, vi cómo se estremecía toda y su semblante se ponía aún más pálido. Fue tan notorio que también otros se percataron de ello: capté una conversación entrecortada de la que, como pude, deduje que la pobre madame M* no era muy feliz. Decían que su marido era más celoso que un árabe, pero no por amor a ella, sino por amor propio. Por encima de todo se trataba de un hombre europeo, actual, con las ideas modeladas a lo moderno y muy orgulloso de ellas. Por lo que a su físico se refiere, era moreno, alto y bastante robusto, con unas patillas a la europea, con la cara sonrosada y satisfecho de sí mismo; tenía unos dientes tan blancos como el azúcar y el porte de un caballero impecable. Se le consideraba un hombre inteligente. Así es como en algunos círculos llaman a un tipo concreto de hombres cebados a costa de otros, que no hacen ni quieren hacer absolutamente nada y que, de la continua pereza y del no tener nada que hacer, en el lugar del corazón tienen un trozo de tocino. A cada instante se les oye lamentarse alegando que si no hacen nada es a causa de algunas circunstancias enrevesadas y hostiles que terminan por «agotar su genio», y esta es la razón que hace que «resulte tan triste verles de ese modo».

Esta expresión se convierte para ellos en una frase habitual y pomposa, su mot d'ordre, su consigna y lema, la expresión que mis satisfechos gordinflones sueltan constantemente a diestro y siniestro y que, al tratarse de palabras rematadamente huecas, resulta cansina. Por lo demás, algunos de esos chistosos que no acaban de encontrar el quehacer (algo que por otra parte jamás han buscado) pretenden que todos piensen que en el lugar del corazón no tienen un trozo de tocino, sino, contrariamente a ello y hablando en términos generales, algo muy profundo, pero sobre lo cual ni el mejor cirujano, lógicamente por cortesía, se atrevería a decir palabra. Estos caballeros se abren paso en la vida agudizando todos sus instintos hacia la burda broma, la crítica más simplona y el desmedido orgullo. Como no tienen otra cosa que hacer que advertir y aprenderse de memoria los errores y debilidades ajenos, y dado que sus buenos sentimientos son comparables a los de una ostra, no les resulta difícil en tales circunstancias convivir con las personas cautelosamente. De ello se jactan sobremanera. Por ejemplo, están casi convencidos de que el mundo entero debe rendirles pleitesía; de que este para ellos es como una ostra que cogen por si acaso; de que todos son idiotas, excepto ellos; de que cualquier persona se asemeja a una mandarina o una esponja, que ellos pueden exprimir mientras haya jugo; de que son dueños de todo y de que todo ese digno orden de elogios se debe a que son muy inteligentes y poseen una gran personalidad. Su desmedido orgullo no les permite adscribirse defecto alguno. Se parecen a aquella raza de bribones cotidianos, antecesores de Tartufo y Falstaff, que llegaron a tal grado de bribonería que finalmente se convencieron de que las cosas habían de ser así: es decir, que vivir para ellos era sinónimo de ser bribón.

Hasta tal punto se empeñan en persuadir a todo el mundo de que son gente honesta, que finalmente se convencen de ello como si realmente lo fueran y de que las bribonadas son una cuestión honorable. Jamás anhelan la autocrítica y la justa valoración de sí mismos. Son demasiado torpes para eso. Siempre, y en todas las cosas, sobresale su particularidad, su Moloch y Baal, su magnífico ego. La naturaleza y el mundo entero no son para ellos más que un precioso espejo creado para que ese diosecillo pueda admirarse en él continuamente, sin ver detrás de sí nada ni a nadie. Después de ello, nada de extraño hay en que todo en esta vida lo vean ellos de un modo tan deforme. Para cada circunstancia tienen la frase apropiada y, sin embargo, el súmmum de su habilidad se circunscribe a la frase más moderna. Incluso contribuyen a la moda difundiendo gratuitamente por todos los rincones aquella idea que intuyen que tendrá éxito. Para ser más precisos, poseen el olfato para hacer suya la frase más moderna antes de que otros se la apropien, de modo que parezca propia. Especialmente se proveen de frases que expresan la profunda simpatía que sienten hacia la humanidad y definen del modo más correcto posible la filantropía justificada racionalmente, para finalmente arremeter sin piedad contra el romanticismo, es decir, contra lo que a menudo es todo lo bello y elevado, y donde un simple átomo es más valioso que toda la naturaleza de molusco que ellos poseen. Sus toscos espíritus no reconocen la verdad que se presenta en una forma todavía inmadura y transitoria, y rechazan todo aquello que aún no ha robustecido o cristalizado completamente. Un hombre cebado ha llevado una vida alegre, acostumbrado a cosas que él mismo no sabe hacer y de las que ignora la dificultad que implica conseguirlas, y por ello es una desgracia rozar sus cebados sentimientos con alguna rudeza: eso es algo que jamás perdonarán esos hombres, que lo recordarán y se vengarán gustosos. Resumiendo, este héroe mío no es ni más ni menos que un gran saco inflado de sentencias, frases modernas y etiquetas de toda naturaleza y todo género.

Pero, por lo demás, monsieur M* poseía una particularidad: era un hombre curioso, ocurrente, buen conversador y narrador; en los salones, alrededor de él siempre se reunía un grupo de gente. Aquella noche estuvo especialmente ocurrente. Se hizo dueño de la conversación. Estaba ingenioso, alegre, satisfecho de sí mismo, consiguiendo acaparar la atención por encima de todo. Sin embargo, madame M* tuvo durante toda la velada aspecto de indispuesta. Tenía una expresión tan triste que parecía que de un momento a otro las lágrimas aflorarían de nuevo a sus largas pestañas. Todo ello, como ya comenté antes, me había impresionado y sorprendido sobremanera. Me marché con el sentimiento de una extraña curiosidad, y durante toda la noche estuve soñando con monsieur M*, a pesar de que hasta entonces había tenido pesadillas en escasas ocasiones.

Al día siguiente, por la mañana temprano, me llamaron para ensayar los cuadros vivos en los que también yo tenía asignado un papel. Los cuadros vivos, el teatro y después el baile, que se representarían en la misma noche, estaban programados para tener lugar dentro de cinco días, con motivo de una fiesta familiar: el nacimiento de la hija pequeña de nuestro anfitrión. A aquella casi improvisada fiesta se había invitado a unas cien personas, gente de Moscú y de las casas de campo de los alrededores, de manera que había mucho alboroto, quehaceres domésticos y barullo. El ensayo, o mejor dicho el examen de los trajes, se hizo a destiempo, por la mañana, porque nuestro director de escena, el prestigioso pintor R* (compañero y huésped del dueño de la hacienda, que por amistad con el anfitrión se encargó de la composición y la puesta en escena, así como de nuestros papeles), tenía prisa por ir a la ciudad para comprar cosas para la fiesta, de modo que disponíamos de poco tiempo para el ensayo. Yo participaba en uno de los cuadros junto a madame M*. El cuadro representaba la vida medieval y se titulaba La señora del castillo y su paje.

Me sentí terriblemente turbado al verme junto a madame M* durante los ensayos. Me dio la impresión de que, con solo mirarme a los ojos, podía adivinar al instante mis pensamientos, las dudas y sospechas engendradas en mi cabeza desde el día anterior. A ello se unía que me sentía culpable por haberla sorprendido llorando ese día por la tarde, de manera que sin querer me miraría de reojo como si yo fuera un desagradable testigo y partícipe no invitado de su secreto. Pero, gracias a Dios, la cosa pasó sin grandes alborotos: sencillamente, no se había fijado en mí. Parecía que su ánimo no estaba para reparar en mí y tampoco para ensayar: estaba ausente, triste y sumida en pensamientos que le preocupaban. Era notable que tenía un problema considerable que la hacía sufrir. Al finalizar mi papel salí corriendo para cambiarme de ropa y pasados diez minutos me presenté en la terraza del jardín. Casi a la vez que yo, por la otra puerta, salió madame M*, y justo enfrente de nosotros hizo aparición su autosatisfecho marido, que regresaba del jardín tras acompañar a todo un grupo de damas para dejarlas en compañía de un ocioso cavalier servant. Al parecer, el encuentro entre el marido y la mujer fue inesperado. Madame M*, sin saber por qué, se ruborizó y un ligero disgusto se traslució en un involuntario gesto suyo. Su señor marido, que venía silbando relajadamente un aria y atusándose concienzudamente las patillas, frunció el entrecejo al cruzarse con su mujer, escudriñándola de arriba abajo (según lo recuerdo ahora) con una mirada inquisidora.

—¿Vas al jardín? —preguntó él, fijándose en el libro que su mujer llevaba en las manos.

—No, al bosque —respondió ella, sonrojándose ligeramente.

—¿Sola?

—Con él… —dijo madame M* señalándome a mí—. Por la mañana paseo sola —señaló con un tono de voz irregular e indefinido, igual que cuando se miente por primera vez en la vida.

—Hum… Y yo acabo de acompañar allí a toda una pandilla. Se van a reunir en el cenador para despedir a N*. Se marcha; supongo que sabrás… que al parecer le ha ocurrido una desgracia en Odesa… Su prima —se refería a la rubia— tan pronto ríe como llora, cuando no hace las dos cosas a la vez, sin que nadie pueda sacarle nada en claro. Me dijo que por alguna razón estabas enfadada con N* y por eso no fuiste a su despedida. Me imagino que es algo absurdo.

—Es su forma de burlarse —respondió madame M* mientras bajaba las escalerillas de la terraza.

—¿De modo que este es tu cavalier servant de todos los días? —añadió monsieur M* haciendo una mueca con la boca y apuntando hacia mí con su monóculo.

—¡Un paje! —exclamé yo, enojándome por el monóculo y la burla, y riéndome directamente en su cara salté de golpe tres escalones de la terraza…

—¡Que lo pasen bien! —murmuró monsieur M*, y continuó su camino.

Enseguida me acerqué a madame M*, en cuanto señaló hacia mí su marido; la miraba como si me hubiera invitado hacía una hora y como si la acompañara en sus paseos matutinos desde hacía un mes. Pero no conseguía entender: ¿por qué se había azorado y turbado tanto y qué fue lo que se le pasó por la cabeza cuando decidió recurrir a su pequeña mentira? ¿Por qué no había dicho sencillamente que iba sola? Ahora ya no sabía cómo mirarla. Sorprendido por su actitud, le miraba ingenuamente la cara a hurtadillas; pero igual que sucedió durante el ensayo, una hora atrás, ella no se daba cuenta ni de mis miradas ni de mis mudas preguntas. Seguía igual de inquieta y preocupada, lo que se reflejaba con más evidencia que antes tanto en su rostro como en su forma de andar. Tenía prisa por llegar a alguna parte, aceleraba cada vez más el paso y miraba nerviosa en dirección a los paseos de la alameda, y en cada claro del bosque volvía el cuerpo hacia un lado del jardín. También yo estaba a la expectativa de algo. De repente detrás de nosotros se oyeron pisadas de caballo. Era toda una cabalgata de jinetes y amazonas que estaban despidiendo a aquel N* que de un modo tan inesperado abandonaba nuestra compañía.

Entre las damas también se encontraba mi rubia, a la que se había referido monsieur M*, cuando habló de sus lágrimas. Pero, como era habitual en ella, se reía igual que un niño y cabalgaba velozmente sobre un caballo bayo. Al alcanzarnos, N* se quitó el sombrero, pero no se detuvo y no dijo palabra a madame M*. Pronto todo el tropel desapareció de nuestra vista. Miré a madame M* y me faltó poco para lanzar un grito de asombro: estaba completamente pálida y unas enormes lágrimas empañaban sus ojos. Nuestras miradas se cruzaron sin querer. Madame M* se sonrojó de pronto, se dio la vuelta por un instante, y la inquietud y el pesar refulgieron claramente en su rostro. Yo estorbaba aún más que ayer, y ello era evidente, pero ¿dónde podía meterme?

De pronto madame M* abrió el libro que tenía en las manos, y sonrojándose, probablemente evitando mirarme, dijo como si cayera en la cuenta:

—¡Ah! ¡Pero si es el segundo tomo! ¡Me he equivocado! Haz el favor de traerme el primero.

¿Cómo no había de entenderla? Mi papel había finalizado y no se me podía echar de una manera más clara.

Salí corriendo con su libro y no regresé. El primer tomo reposó tranquilamente sobre la mesa hasta el amanecer…

Pero yo no era el mismo. El corazón me palpitaba deprisa, como si estuviera continuamente asustado. Hacía todo lo posible por no encontrarme con madame M*. En cambio, observaba de un modo casi salvaje la personalidad autosatisfecha de monsieur M*, como si su persona albergara ahora algo especial. Decididamente no comprendo en qué consistía aquella cómica curiosidad mía. Solo recuerdo que me encontraba curiosamente sorprendido por lo que había visto aquella mañana. Y, sin embargo, era solo el principio de un nuevo día repleto de sucesos.

Aquel día almorzamos muy temprano. Por la tarde se había programado una excursión a la aldea vecina donde se celebraba una fiesta rústica, y se necesitaba tiempo para prepararse. Yo llevaba un par de días soñando con aquella excursión, que era un motivo de gran alegría para mí. Nos reunimos casi todos a tomar café en la terraza. Los seguí prudentemente y me oculté detrás de la tercera fila de asientos. La curiosidad me devoraba, pero no quería que madame M* me viera por nada del mundo. Sin embargo, el destino quiso situarme cerca de mi rubia perseguidora. En aquella ocasión le había sucedido algo maravilloso y casi inverosímil: estaba más hermosa que nunca. No sé la razón, pero las mujeres suelen sufrir a menudo ese tipo de transformaciones. En aquel instante se encontraba entre nosotros un nuevo huésped. Era un hombre joven, alto, de semblante pálido y apasionado seguidor de nuestra rubia, que, como si fuera a propósito, acababa de llegar de Moscú para sustituir a monsieur N*, que se marchaba, y sobre el que corrían rumores de que estaba locamente enamorado de nuestra beldad.

En lo que se refiere al recién llegado, este tenía desde hacía tiempo con ella la misma relación que Benedicto con Beatriz en la obra de Shakespeare Mucho ruido y pocas nueces. Resumiendo, nuestra beldad gozó durante ese día de un gran éxito. Sus bromas y comentarios resultaron tan simpáticos y tan ingenuamente inocentes como perdonablemente indiscretos. Estaba convencida con tan graciosa presunción del entusiasmo general que suscitaba que realmente acaparó admiración. En torno a ella se había ceñido un estrecho círculo de admiradores y oyentes sorprendidos, y jamás estuvo tan seductora como en aquel momento. Cualquier palabra suya se tomaba como un prodigio y una originalidad; se captaba rápidamente y pasaba de unos a otros, sin que ninguna broma ni ningún gesto suyo pasaran desapercibidos. Al parecer, nadie esperaba de ella tanto derroche de buen gusto, brillo e ingenio. Sus mejores cualidades cotidianas eran sepultadas en la más voluntariosa extravagancia, en la terquedad más colegial, que rayaba casi en la bufonada. Pocos se percataban de ello; y si lo hacían no lo tenían en cuenta, de manera que ahora su extraordinario éxito era acogido por un generalizado susurro de apasionado asombro.

Por lo demás, una situación especial y bastante delicada contribuía a ese éxito; al menos a juzgar por el papel que a su vez desempeñaba el marido de madame M*. La traviesa había decidido (y debería añadirse que con el beneplácito de la mayoría, o al menos de toda la juventud) atacarle encarnizadamente por diversos motivos, que desde su punto de vista probablemente fueran de considerable importancia. Le lanzaba una descarga de ocurrencias, burlas, irrebatibles y atrevidos sarcasmos que resultaban de lo más astuto, compactos y rotundos; aquellos que dan directamente en la diana, pero a los que resulta imposible engancharse para responder y que solo consiguen agotar a la víctima en infructuosos esfuerzos, para llevarla hasta la locura y la desesperación más cómica.

A decir verdad, no lo sé con exactitud, pero parecía que todo su comportamiento no era casual ni improvisado. Ese desesperado duelo comenzó ya durante el almuerzo. Y digo «desesperado» porque monsieur M* tardó en bajar la guardia. Necesitaba, apelando a su presencia de ánimo, toda su agudeza y su escaso ingenio para no resultar completamente derrotado y cubrirse definitivamente de deshonor. La cosa transcurría en medio de una incontrolable risa de testigos y participantes del duelo. Verdaderamente el hoy no tenía para él comparación con el ayer. Resultó notorio que en varias ocasiones madame M* estuvo a punto de cortarle la palabra a su imprudente amiga, que a su vez deseaba disfrazar infaliblemente a su celoso marido con el traje más bufón y ridículo posible, y es de suponer que con el de Barba Azul, a juzgar por las evidencias y cuanto quedó grabado en mi memoria, así como el papel que finalmente me tocó representar en aquella farsa.

Ocurrió de pronto, de la forma más inesperada y graciosa que se pueda imaginar. Como si fuera a propósito, en aquel momento yo me encontraba a la vista de todos, sin sospechar malicias y olvidándome incluso de mis recientes cautelas. De repente fui sacado a primer plano como si fuera un enemigo mortal y realmente un adversario de monsieur M*; alguien desesperadamente enamorado de su mujer, cosa que juró mi tirana, dando su palabra de honor y alegando tener pruebas, poniendo para más exactitud el ejemplo de haber visto hoy mismo en el bosque…

No le había dado tiempo a terminar la frase cuando la interrumpí, en el momento más decisivo para mí. Ese minuto estaba tan deshonestamente calculado, tan deslealmente preparado para un desenlace cómico, y dispuesto de un modo tan ridículo que un incontrolable estallido de risa generalizada respondió a esa última extravagancia. Y aunque ya entonces me había percatado de que no era a mí a quien correspondía representar el papel más grotesco, a pesar de ello estaba tan avergonzado, irritado y asustado que, con lágrimas en los ojos, triste, desesperado y ahogándome de vergüenza, me metí entre dos filas de asientos hasta situarme delante y, dirigiéndome a mi tirana, exclamé con voz entrecortada por las lágrimas y la indignación:

—Y ¿no le da vergüenza… decir en voz alta… y en presencia de todas las damas… una mentira de ese calibre?… Se comporta como una chiquilla… delante de todos los caballeros… ¿Qué dirán ellos?… ¡Usted es una persona adulta… y está casada!…

No había acabado la frase cuando se oyó un ensordecedor aplauso. Mi postura suscitó un verdadero furore. Mi gesto inocente, mis lágrimas y, lo que es aún más importante, la impresión de haber salido yo en defensa de monsieur M*, todo ello provocó una carcajada tan infernal que incluso recordándolo hoy me entra una incontrolable risa. Me quedé estupefacto, petrificado, y, al estallar de sonrojo como la pólvora, me cubrí la cara con las manos. Me lancé hacia fuera, en la puerta tiré la bandeja que llevaba un criado y subí corriendo a mi habitación. Arranqué la llave que asomaba de la cerradura y me encerré por dentro. Había actuado correctamente, porque me perseguía toda una procesión. No había transcurrido un minuto cuando mi puerta fue rodeada por toda una cuadrilla de nuestras más bellas damas. Oía sus sonoras risas, cómo charlaban en tono alto y también sus penetrantes voces. Gorjeaban como golondrinas, todas al unísono. Todas, desde la primera hasta la última, me rogaban y suplicaban que les abriera la puerta aunque solo fuera por un minuto, que no me harían daño, sino que todas me llenarían de besos. Pero… ¿qué podía resultarme más horrible que aquella nueva amenaza? Me consumía de sonrojo y vergüenza escondiéndome tras la puerta y ocultando el rostro en la almohada. No abrí y ni siquiera respondí. Estuvieron un largo rato dando golpes en la puerta y suplicándome, pero yo estaba insensible y sordo como corresponde a un muchacho de once años.

¿Qué iba a hacer? Todo cuanto había ocultado con celo se había descubierto y sacado a la luz… ¡Me veía cubierto de eterna vergüenza y deshonra!... Aunque, a decir verdad, ni yo mismo habría sabido decir lo que tanto me asustaba y lo que deseaba ocultar. Y, sin embargo, temía algo, y el descubrimiento de ese algo me hacía temblar como si fuera una hojita de árbol. Lo que hasta entonces no sabía es de qué se trataba: si de algo bueno o vergonzoso, digno de alabanza o no. Entonces, sumido en el sufrimiento y la tristeza, supe que aquello resultaba ridículo y bochornoso. Instintivamente sentí en aquel momento que aquel veredicto era falso, inhumano y tosco; pero estaba derrotado, y aniquilado. El proceso de razonar pareció detenerse y enredarse dentro de mí. Ni siquiera me sentía con fuerzas para oponerme a ello ni juzgarlo debidamente: estaba aturdido. Solo percibía que mi corazón estaba inhumana y vergonzosamente ofendido, y que no cesaba de llorar. Estaba irritado. Dentro de mí hervían la impotencia y el odio, que hasta entonces no había conocido jamás, porque por primera vez en la vida había experimentado una seria desgracia, ofensa y dolor. Y realmente, sin exagerar, todo ello resultaba así. En el niño que había en mí, había sido toscamente ofendido ese primer sentimiento todavía desconocido e inexperto.

El primer y fragante pudor virginal había sido tan tempranamente descubierto y profanado que se había puesto en ridículo a su vez la primera, y puede que muy seria, sensación estética. Claro está que los que se burlaban de mí ignoraban muchas cosas y no se imaginaban mi sufrimiento. Una parte la formaba una situación recóndita que hasta entonces ni yo mismo había tenido el valor de analizar y que me daba miedo. Sumido en la tristeza y la desesperación, continué tumbado en la cama, con la cara hundida en la almohada; el calor y los escalofríos corrían por mi cuerpo alternativamente. Dos cuestiones me atormentaban: ¿qué era exactamente lo que había visto aquella rubia entrometida de lo que había sucedido ese día en el bosque entre madame M* y yo? Y ¿con qué ojos y cómo podía yo mirarle ahora a la cara a madame M* sin perecer en el instante de vergüenza y desesperación?

Un extraordinario ruido que provenía del patio me sacó finalmente de mi semiinconsciencia. Me levanté y me acerqué a la ventana. El patio estaba lleno de carruajes, carros de caballos y sirvientes que iban y venían. Parecía que todos se marchaban. Varios jinetes ya estaban sentados sobre los caballos. Otros invitados se acomodaban en los coches... En aquel momento me acordé de la excursión proyectada, y empecé a inquietarme poco a poco. Me puse a buscar con la vista a mi corcel. Pero no estaba; se habían olvidado de mí. No pude soportarlo y bajé volando las escaleras, sin pensar ni en los encuentros desagradables ni en la vergüenza que acababa de pasar...

Me esperaba una terrible noticia. En esta ocasión no disponía ni de caballo, ni de un asiento en un coche: todo estaba cogido y ocupado, y yo me vi obligado a ceder mi puesto a otros.

Abatido por el nuevo pesar, me detuve en el porche y miré con tristeza la larga hilera de los coches, los cabriolés y carretelas entre los que no había ni un hueco para mí. Miraba también a las elegantes amazonas cuyos caballos estaban ya impacientes.

Uno de los jinetes se retrasó por alguna razón. Solo faltaba él para partir. Su corcel estaba junto a la entrada, mordiendo su bocado, dando coces en la tierra, estremeciéndose constantemente, erizándose y asustado. Dos mozos de escuadra le sujetaban cuidadosamente las riendas y todos se mantenían alejados de él, a una distancia prudente.

En realidad, razones de contratiempo impedían que yo fuera de excursión. Aparte de que hubieran llegado nuevos invitados y se hubieran distribuido todas las plazas y los caballos, dos de ellos se pusieron enfermos, por lo que uno de ellos era el mío. Pero no solo a mí me estaba predestinado sufrir por esa circunstancia. Nuestro nuevo invitado, aquel joven de tez pálida que ya mencioné, tampoco disponía de caballo. Para suavizar el desagradable incidente, nuestro anfitrión se vio en la obligación de recurrir al extremo de ofrecerle su potro salvaje, aún sin domar, alegando, para librarse así de responsabilidad, que no había forma humana de montarlo y que, dado su carácter indómito, llevaba tiempo queriéndolo vender si le saliera un comprador. El joven, que fue advertido, declaró que sabía montar perfectamente, y que con tal de ir de excursión estaba dispuesto a montar cualquier corcel.

Entonces el anfitrión se quedó callado, pero en ese momento me pareció que una sonrisa ambigua afloraba en sus labios. A la espera del jinete que había hecho alarde de su arte, estaba aguardando para subir a su caballo frotándose inquieto las manos y mirando a cada minuto hacia la puerta. Pensamientos similares debieron pasar por la cabeza de los dos mozos de cuadra que sujetaban al potro y que se mostraban muy orgullosos ante todo el público frente a un caballo que en cualquier momento podría soltarle una coz mortal a uno. Una sonrisa similar a la de su dueño se percibía también en los ojos de los mozos, que apuntaban expectantes hacia la puerta por la que debía aparecer el atrevido caballero. Hasta el propio caballo se portaba como si hubiera llegado a un acuerdo con el dueño y los mozos de cuadra. Se mantenía soberbio y arrogante como si supiera que le observaban varias decenas de curiosos ojos, y se mostraba orgulloso de su mala reputación igual que unos incorregibles juerguistas se jactan de sus fechorías. Parecía provocar al atrevido jinete que pretendía privarle de su libertad.

Finalmente apareció el temerario jinete. Se disculpó por haber hecho esperar a la concurrencia mientras se ponía apresuradamente los guantes y se dirigía hacia delante sin mirar, descendió las escalerillas del porche y levantó la mirada solo cuando hubo extendido la mano para coger la crin del caballo. De pronto se desconcertó por un inesperado brinco que dio el potro, seguido de los gritos del alarmado público. El joven retrocedió un paso y miró asombrado al indómito potro, que temblaba como una hoja y resoplaba rabioso moviendo salvajemente sus ojos inyectados en sangre, a la vez que se alzaba a cada minuto sobre sus patas traseras decidido a lanzarse contra viento y marea hasta llevarse por delante a los dos mozos de cuadra. Durante un minuto el caballero permaneció completamente desorientado. Después, ligeramente sonrojado por el pequeño incidente, elevó los ojos, miró alrededor y observó a las asustadas damas.

—¡Un buen caballo! —dijo como si hablara solo—; y, si se tiene en cuenta todo, debe ser un placer cabalgar sobre él, pero ¿saben? No iré —concluyó, dirigiéndose a nuestro anfitrión con una amplia y sencilla sonrisa que le iba tan bien a su bondadoso e inteligente rostro.

—A pesar de todo, le considero un extraordinario jinete, se lo prometo —respondió satisfecho el dueño del indomable potro, apretando con fuerza y probablemente agradecido la mano de su invitado—, pues desde el primer momento se percató usted del tipo de animal con que se las veía —añadió con dignidad—. ¿Querrá creerme que, después de veintitrés años de servicio en los húsares, he tenido el gusto de caer rodando a tierra hasta tres veces, las mismas que he subido a este... parásito? Tankred, amigo mío, somos poca cosa para ti. Debe de ser que tu jinete es algún Ilia Muromets que por ahora está quietecito en la aldea de Karacharovo esperando a que se te caigan los dientes. ¡Vamos, muchachos, lleváoslo de aquí! ¡Ya está bien de espantar a la gente! Lo han sacado en vano —concluyó, frotándose satisfecho las manos.

Hay que señalar que Tankred no le aportaba el más mínimo beneficio, y se limitaba a comer pienso de balde. Al margen de eso, el viejo húsar echó a perder su fama de remontista al pagar un fabuloso precio por un inservible parásito que solo lucía por su belleza... Pero a pesar de todo el dueño estaba asombrado de que su Tankred no descuidara su dignidad, obligando a apearse a su jinete y ganándose con ello nuevos e inútiles laureles.

—¿Cómo? ¿No viene usted? —exclamó la rubia, que al parecer necesitaba irremediablemente que su cavalier servant estuviera junto a ella en aquella ocasión—. ¿Acaso no se atreve?

—¡Como lo está viendo! —le respondió el joven caballero.

—¿Y lo dice usted en serio?

—Escuche: ¿acaso desea que me rompa el cuello?

—Bueno. Pues monte usted mi caballo. No tema, es pacífico. No nos entretendremos. Enseguida les cambiarán las sillas. Yo intentaré montar el suyo. Es imposible que Tankred sea siempre tan descortés.

¡Dicho y hecho! La traviesa dama saltó de la silla y se plantó ante nosotros al terminar la frase.

—Conoce usted poco a Tankred si piensa que consentirá dejarse montar con su inservible silla. Y además no permitiré que se rompa usted el cuello. Porque ciertamente sería una lástima —dijo nuestro anfitrión con su afectada galantería, que ya no precisaba de aquella brusca y artificial forma de hablar que, según él pensaba, distinguía a un bonachón y viejo soldado, y que imaginaba que gustaba sobremanera a las damas. Esa era una de sus fantasías, su manía más característica.

—¡Vamos! Y tú, llorica, ¿no querías probarlo? Tenías tantas ganas de hacer la excursión —dijo la audaz amazona al darse cuenta de mi presencia mientras me hacía burla e indicaba hacia Tankred con la única finalidad de no marcharse sin obtener nada, tras bajarse en vano del caballo, y sin haber soltado una pulla contra mí, ya que yo mismo había metido la pata por estar cerca de ella.

—Seguramente ¿no serás como…? Bueno, no vamos a mentar nombres de famosos héroes para que te avergüences de acobardarte; especialmente cuando te están observando todos, ¡maravilloso paje! —añadió ella a la vez que echaba una fugaz mirada a madame M*, cuyo coche estaba más cerca del porche que otros.

El odio y el sentimiento de venganza invadieron mi corazón cuando la maravillosa amazona se acercó a nosotros con intención de montar a Tankred… Pero no sería capaz de explicar lo que sentí ante aquella inesperada invitación de colegiala. De repente una idea pasó por mi cabeza… Fue en un instante o incluso menos, como si explotara la pólvora o rebasara una medida; de pronto me sentí tan indignado como si en aquel momento quisiera apabullar a todos mis enemigos para vengarme de ellos por todo y demostrar por fin qué clase de hombre era yo. O quizás fuera también que alguien me había enseñado entonces algo de la historia medieval, de la que yo hasta aquel momento nada sabía, y en mi cabeza, que daba vueltas, centellearon torneos, paladines, héroes, maravillosas damas, el honor y los ganadores; se oyeron las trompetas de los pregoneros, el sonido de las espadas, los gritos y aplausos de la muchedumbre, y entre todos esos gritos se oía uno, tímido, el de un corazón asustado que acariciaba el alma orgullosa y que era más dulce que la victoria y la gloria… Ignoro si toda aquella situación absurda se me pasó en aquel momento por la cabeza, o si como creo era el presentimiento de lo que se me avecinaba a causa del inevitable absurdo; yo solo pensaba que había llegado mi hora. Mi corazón se exaltó, se estremeció, y ni yo mismo recuerdo cómo salté del porche y me planté junto a Tankred.

—Y ¿piensa usted que me da miedo? —exclamé yo de un modo descarado y orgulloso, inconsciente de lo que hacía y tan sofocado de excitación y sonrojo que las lágrimas me quemaban las mejillas—. Pues ¡ahora verá! —y, mientras me agarraba a las crines de Tankred, coloqué mi pie en el estribo antes de que a nadie le diera tiempo a hacer el más mínimo movimiento para sujetarme; en ese momento Tankred dio un respingo, elevó la cabeza y de un brusco salto se liberó de las manos de los mozos de cuadra que lo sujetaban; raudo como el viento echó a correr ante las exclamaciones y ayes de los presentes.

Solo Dios sabe cómo pude levantar la otra pierna en plena carrera; tampoco logro entender cómo conseguí no perder las riendas. Tankred salió corriendo conmigo, atravesó los portones de rejas, giró bruscamente a la derecha y se dirigió sin detenerse a lo largo del enrejado sin saber adónde iba. Solo en aquel momento pude oír detrás de mí las voces de unas cincuenta personas gritando, y esas exclamaciones resonaron en mi estremecido corazón con un sentimiento de satisfacción y orgullo que jamás olvidaré de aquel loco instante de mi infancia. Toda la sangre se me subió a la cabeza, me ensordeció y se esparció ahogando mi temor. No me reconocía ni yo mismo. Y realmente, según lo recuerdo ahora, había en todo ello algo de caballeresco.

Por otra parte, todas mis andanzas caballerescas comenzaron y finalizaron en menos de un instante, pues de lo contrario este caballero lo habría pasado mal. Ignoro cómo pude salir sano y salvo de aquel trance. Sabía montar a caballo: me lo habían enseñado. Pero mi caballo se parecía más a una oveja que a un caballo propiamente dicho. Claro que podía haber salido disparado y caerme de Tankred, aunque solo si le hubiera dado tiempo; al dar unos cincuenta pasos, de pronto se asustó de una piedra de considerable tamaño que había en medio del camino y dio un respingo, echándose atrás. Giró según galopaba, aunque lo hizo tan bruscamente que hasta el día de hoy me sigo preguntando cómo es posible que no saliera despedido de la silla como una pelota lanzada a tres sázhenas de distancia, que no me matara y que Tankred no se partiera las patas al girar tan bruscamente. Se volvió atrás, hacia los portones, y mientras movía bruscamente la cabeza se puso, enloquecido, a dar brincos de un lado a otro, poniéndose de manos e intentando con cada salto desprenderme de su lomo, como si un tigre se hubiera lanzado sobre él clavándole sus uñas y dientes en la carne. Un momento más… y me caería; ya me estaba cayendo; pero unos jinetes venían a toda prisa a socorrerme. Dos de ellos le cerraron el paso al caballo y otros dos se acercaron tanto que les faltó poco para aplastarme las piernas. Rodearon a Tankred por ambos lados con sus caballos, y los dos sujetaron sus riendas. Al cabo de unos segundos ya estábamos cerca del porche.

Me bajaron del caballo, pálido y sin que apenas pudiera respirar. Temblaba como un tallo de hierba azotado por el viento, igual que Tankred, que empujaba hacia atrás con todo su cuerpo, inmóvil con los cascos clavados en tierra y echando el sofocado aliento de sus humeantes ijares; temblaba nervioso, verdaderamente petrificado de humillación y rabia por la insolencia de un crío sin castigar. Alrededor se oían exclamaciones de turbación, asombro y miedo.

En aquel momento mi mirada perdida se cruzó con la de madame M*, que estaba alarmada y pálida; no puedo olvidar aquel instante. En un momento todo mi rostro se cubrió de rubor y se prendió como el fuego. No sé lo que me sucedió, pero, turbado y asustado de mi propia sensación, bajé tímidamente la mirada. Pero esta fue advertida, captada y arrebatada. Todos se fijaron en madame M*, quien, presa de la atención general, se sonrojó como una niña por algún sentimiento involuntario e inocente y, aunque torpe en su esfuerzo, intentó sofocar su sonrojo con una sonrisa…

Todo ello, lógicamente, resulta muy gracioso si se observa desde fuera; aunque en aquel momento una inesperada e ingenua situación me salvó de la risa generalizada y le dio un colorido especial a lo sucedido. La culpable de todo aquel alboroto, la que hasta aquel momento era mi irreconciliable enemiga, mi maravillosa tirana, se lanzó de pronto a abrazarme y a darme besos. Miraba sin dar crédito a sus ojos cuando me atreví a desafiarla y levantar el guante que ella me había arrojado mirando a madame M*. Casi se muere de susto y remordimiento cuando me vio volando a lomos de Tankred. Y en aquel momento, cuando todo había terminado y ella había captado, igual que otros, mi mirada a madame M* así como mi turbación y mi inesperado sonrojo; cuando finalmente se le ocurrió otorgar a aquel instante, gracias a la predisposición de su romántica y superficial cabecita, una idea nueva, secreta e inexpresada… en aquel momento, después de lo sucedido, se entusiasmó tanto con mi «caballerosidad» que se lanzó hacia mí y, toda conmovida, feliz y orgullosa de mí, me apretó contra su pecho. Al instante, con semblante completamente ingenuo y serio, sobre el que brillaban dos cristalinas lágrimas, se volvió hacia los que nos rodeaban y en un tono grave que jamás había oído en ella, dijo, señalándome:

—Mais c'est très sérieux, messieurs, ne riez pas! —sin percatarse de que cuantos estaban frente a ella parecían hechizados contemplando su claro entusiasmo. Todos aquellos movimientos suyos rápidos e inesperados, su seria expresión de cara, su cándida ingenuidad, aquellas hasta entonces insospechadas lágrimas que se concentraban en sus eternamente sonrientes ojillos, resultaban tan milagrosamente inesperados en ella que todos se quedaron clavados frente a ella electrizados por su fugaz mirada, su palabra ardiente y su gesto. Parecía que nadie podía desviar de ella la mirada por miedo a perderse aquel espontáneo minuto que expresaba su inspirado rostro. Incluso el anfitrión se puso más colorado que un tulipán, y, según afirman, más tarde se le oyó confesar que «para su sonrojo» había estado durante casi un minuto enamorado de su arrebatadora invitada. Pero, después de cuanto había sucedido, el caballero, el héroe, lógicamente, era yo.

Alrededor se oyeron exclamaciones y aplausos.

—¡Viva la nueva generación! —añadió el anfitrión.

—¡Tiene que hacer la excursión con nosotros! ¡Tiene que hacerla sin falta! —exclamó la beldad—. Tenemos que hacerle un hueco para que venga con nosotros. Puede ir conmigo sentado en mis rodillas... ¡o no, no! ¡Me he confundido...! —corrigió ella, para después echarse a reír sin poder aguantar la risa al recordar el día en que nos conocimos. Pero mientras se reía me acariciaba suavemente la mano, intentando con todas sus fuerzas mimarme para que yo no me ofendiera.

—¡Por supuesto, por supuesto! —exclamaron varias voces—. Tiene que hacer la excursión, se merece un hueco —y, en un instante, todo quedó resuelto. Aquella solterona que me presentó a la rubia fue asediada al instante con ruegos de todos los jóvenes para que me cediera su lugar y se quedara ella en casa, solicitud que muy a su pesar se vio en la obligación de aceptar, sonriendo por fuera pero contrariada y gruñona por dentro. Su protectora, que antes había sido enemiga mía y ahora era amiga, le gritó al galope, desde su veloz caballo y riendo como una cría, que la envidiaba y que le hubiera encantado quedarse con ella, ya que de un momento a otro iba a ponerse a llover y todos nos mojaríamos.

Su profecía pareció cumplirse realmente. Al cabo de una hora nos sorprendió una fuerte lluvia y nuestro paseo tuvo que interrumpirse. Tuvimos que aguardar varias horas en casas de gente labriega para regresar hacia las diez, con el ambiente húmedo tras la lluvia. Yo empecé a tiritar. En aquel instante, cuando ya nos disponíamos a montar nuestros caballos y partir, se me acercó madame M* y, sorprendida, me preguntó por qué iba tan desabrigado. Le respondí que no me había dado tiempo de coger la gabardina. Ella sacó un imperdible y me prendió los cuellos hacia arriba; se quitó de su cuello un pañuelo de seda y lo ató al mío para que no cogiera frío en la garganta. Lo hizo tan deprisa que no me dio tiempo ni de darle las gracias.

Cuando regresamos a casa la busqué en el pequeño salón, junto a la rubia y el joven de cara pálida que aquel día dejó en mal lugar su fama de buen jinete, por no atreverse a montar a Tankred. Yo me acerqué para darle las gracias y devolverle el pañuelo. Pero en ese momento, después de todas mis peripecias, y sin saber el motivo, me sentía incómodo. Tenía ganas de subir lo antes posible a mi habitación y, una vez allí, pensar y reflexionar un rato. Tenía multitud de nuevas impresiones. Al devolverle el pañuelo, como era de esperar, me sonrojé hasta las orejas.

—Apuesto a que le gustaría quedarse el pañuelo —comentó el joven sonriendo—; sus ojos dicen que le da lástima desprenderse de él.

—¡Eso, eso es! —añadió la rubia—. ¡Hay que ver cómo es! ¡Ay!... —dijo, al parecer enojada y moviendo la cabeza; se detuvo al instante frente a la seria mirada de madame M*, que no tenía ganas de bromear.

Me aparté lo más deprisa que pude.

—¡Hay que ver cómo eres! —dijo la colegiala, alcanzándome en la habitación contigua y cogiéndome de las manos—. Si tenías tantas ganas podías haberte quedado con el pañuelo. Podías haber dicho que lo dejaste en algún lugar que no recuerdas y ya está. ¡Hay que ver cómo eres! ¡No te has atrevido a hacerlo! ¡Qué gracioso!

Y en ese momento me dio suavemente con su dedo en la barbilla y se echó a reír porque me había sonrojado como una amapola:

—Pero ahora yo soy tu amiga, ¿no es así? ¿Verdad que ha terminado nuestra hostilidad? ¿Sí o no?

Me eché a reír y sin decirle nada estreché sus dedos.

—¡Pero bueno...! ¿Por qué estás tan pálido y temblando? ¿Tienes escalofríos?

—Sí. No me encuentro bien.

—¡Ay, pobrecillo! ¡Eso te pasa por las impresiones tan fuertes que has tenido! ¿Sabes una cosa? Será mejor que te vayas a dormir, sin esperar la cena; se te pasará durante la noche. Vamos.

Me acompañó arriba y me pareció que se excedía en atenciones conmigo. Tras esperar a que me desvistiera, se fue abajo para subirme después personalmente una taza de té cuando ya me había metido en la cama. También me trajo una manta caliente. Las atenciones y los cuidados que me prodigaba me sorprendieron hasta conmoverme, o tal vez yo estuviera predispuesto a ello por la excursión y la fiebre. Al despedirme de ella le di un fuerte y caluroso abrazo, como si yo fuera un amigo querido y cercano, y en ese momento todas las impresiones afluyeron de golpe a mi enternecido corazón. Me faltó poco para echarme a llorar al apretarme contra su pecho. Ella se dio cuenta de mi impresión, y creo que mi revoltosa amiga también estaba algo emocionada...

—Eres un chico excepcionalmente bueno —dijo, mirándome con sus suaves ojillos—; por favor, no te enfades conmigo, ¿de acuerdo?, ¿lo harás?

En una palabra, nos hicimos buenos y fieles amigos.

Cuando me desperté era muy temprano, pero el sol ya inundaba toda la habitación con su clara luz. Me incorporé de la cama completamente sano y alegre, como si no hubiera tenido fiebre la noche anterior o si en ese momento se hubiera desplazado por una inexplicable alegría que sentía en mi interior. Recordé lo sucedido el día anterior, y sentí que habría podido entregar toda mi felicidad por haber podido en aquel momento abrazar, igual que el día anterior, a mi nueva amiga, nuestra beldad de manos blancas. Pero era muy temprano y todos estaban durmiendo. Tras vestirme a toda prisa salí al jardín y desde allí al bosque. Intentaba llegar al lugar donde había más vegetación, donde la resina de los árboles olía más intensamente y el rayo de sol se introducía más radiante y feliz de penetrar por los recovecos del tupido follaje. Hacía una mañana espléndida.

Sin darme cuenta y adentrándome cada vez más, salí finalmente al otro lado del bosque, donde se encontraba el río Moskova. Fluía a unos doscientos pasos de mí y estaba al pie de la colina. En la otra orilla estaban segando el heno. Me quedé contemplando cómo una hilera de afiladas guadañas, a cada golpe de los segadores, relucía amigablemente para nuevamente desaparecer escondiéndose como culebrillas de fuego. Miraba cómo la hierba, cortada de raíz, caía en espesos y gruesos montones, y se colocaba en rectos y largos surcos. Ya no recuerdo cuánto tiempo estuve contemplándolo, cuando de pronto, en el bosque, a unos veinte pasos de mí, en el cortafuego que se extendía desde el camino ancho que llevaba hasta la casa del dueño, oí el resoplido y los impacientes pasos de un caballo que piafaba. Ignoro si oí al caballo en el momento en que se acercaba y se detenía el jinete o si, por el contrario, el ruido llevaba ya largo rato acariciándome inútilmente el oído, incapaz de arrancarme de mi contemplación. Con curiosidad me adentré en el bosque y, tras dar unos pasos, escuché unas voces que hablaban deprisa pero bajito. Me acerqué un poco más, apartando cuidadosamente las últimas ramas de los arbustos que orlaban el cortafuego, y al instante retrocedí asombrado: ante mis ojos relució un vestido blanco que me resultó familiar y una voz femenina suave como una melodía resonó en mi corazón. Era madame M*. Estaba de pie junto a un jinete que le hablaba deprisa desde su caballo. Para mi asombro pude reconocer a monsieur N*, el joven que el día anterior por la mañana se había marchado de la hacienda y que había ocasionado tantos desvelos a monsieur M*. Habían dicho que se marchaba muy lejos, al sur de Rusia, y me extrañó sobremanera volverle a ver de nuevo en nuestro bosque, tan temprano y junto a madame M*.

Ella parecía tan animada y alterada como jamás la había visto. Unas lágrimas brillaban en sus mejillas. El joven sostenía su mano, que besaba inclinado desde su montura. Los sorprendí en el momento de la despedida. Parecían tener prisa. Finalmente él sacó de su bolsillo un sobre cerrado, se lo entregó a madame M*, la abrazó igual que antes sin bajarse de su caballo y le dio un fuerte y prolongado beso. Un instante después, golpeó con la fusta a su caballo y como un relámpago pasó cerca de mí. Madame M* le siguió con la mirada durante unos segundos; después, pensativa y triste, se dirigió camino de casa. Pero, tras dar un par de pasos por el cortafuego, de pronto pareció despabilarse, apartó enérgicamente las ramas de los arbustos y se puso a andar atravesando el bosque.

Yo la seguía, asombrado y perturbado de lo que había visto. Mi corazón latía fuertemente, como cuando uno se da un gran susto. Estaba aturdido y ofuscado. Mis pensamientos se esparcían y desparramaban; aunque recuerdo que por alguna causa me sentía terriblemente triste. De cuando en cuando veía refulgir su vestido blanco por entre el follaje del bosque. Yo la seguía mecánicamente, sin perderla de vista, pero tembloroso de miedo por si se percataba de mi presencia. Finalmente salió al camino que conducía al jardín. Dejé pasar medio minuto, y salí también yo al camino. Pero cuál no sería mi sorpresa cuando de pronto me di cuenta de que sobre la gravilla rojiza del sendero había un sobre cerrado que reconocí nada más verlo: el mismo que hacía diez minutos le había entregado el jinete a madame M*.

Lo recogí del suelo. Era blanco y no llevaba firma alguna. Al primer golpe de vista no era grande pero parecía grueso y pesado, como si en su interior llevara unos tres pliegos de carta o más.

¿Qué llevaría dentro? ¡Indudablemente desvelaría todo el secreto! Probablemente en su interior se hallara aquello que el señor N* habría querido terminar de decir y que no pudo por la precipitación y la brevedad del encuentro. Ni siquiera bajó del caballo… Tal vez tuviera prisa o quizás temiera contradecirse en el momento de la despedida, ¡sabe Dios…!

Me detuve sin salir al sendero, tiré el sobre en el lugar más visible del camino sin apartar los ojos de él, suponiendo que madame M* se daría cuenta de que lo había perdido y que regresaría y se pondría a buscarlo. Pero tras esperar unos minutos no aguanté más, recogí nuevamente el sobre del suelo, lo metí en un bolsillo y eché a correr tras madame M*. La alcancé ya en el jardín, en la gran alameda. Se dirigía a la casa con pasos rápidos y apresurados, aunque pensativa y con los ojos clavados en tierra. No sabía qué hacer, si acercarme y entregárselo. Hacerlo sería como decir que lo sabía todo y lo había visto todo. Al empezar a hablar me pondría nervioso. ¿Cómo podría mirarla? Y ¿cómo me miraría ella...? Yo esperaba que se diera cuenta de que lo había perdido y se volviera atrás, en cuyo caso yo podría dejar disimuladamente el sobre en el suelo para que ella lo viese. ¡Pero no fue así! Ya nos estábamos acercando a la casa; y los que estaban allí ya la podían ver...

Aquella mañana casi todo el mundo se había levantado muy temprano porque ya desde el día anterior, y a consecuencia de la malograda excursión, habían planeado hacer otra, cosa que yo ignoraba. Todos se estaban preparando para partir y desayunaban en la terraza. Esperé unos diez minutos para que no me vieran junto a madame M*, y, bordeando el jardín, me acerqué por otro lado a la casa, bastante más tarde que ella. Ella iba y venía por la terraza, estaba pálida y excitada, con las manos cruzadas sobre el pecho, y por todo su comportamiento era visible que quería mantenerse firme, intentando sofocar en su interior la dolorosa y desesperada tristeza que no hacía más que asomar a sus ojos, en su forma de andar y en todos y cada uno de sus movimientos. En algunos momentos descendió la escalinata y dio unos pasos alrededor de los parterres en dirección al jardín. Sus ojos inquietos, ansiosos e incluso indiscretos, buscaban algo sobre la arena de los senderos y el suelo de la terraza. No cabía duda: se había dado cuenta de la pérdida y debía estar pensando en algún lugar cerca de casa en que perdió el sobre. ¡Sí, eso era! Y estaba convencida de ello.

Alguien se percató de su palidez y excitación, detalle que después confirmaron otros invitados. Empezó el aluvión de preguntas sobre su estado de salud y las enojosas lamentaciones. Ella se veía en la necesidad de bromear, sonreír y aparentar estar contenta. De vez en cuando miraba a su marido, que estaba de pie al fondo de la terraza hablando con dos damas, e igual que sucediera la tarde en que este llegó, el temblor y la confusión se apoderaron de ella. Con la mano metida en el bolsillo y agarrando fuertemente el sobre, yo me mantenía alejado de todos, rogando para que madame M* se percatara de mi presencia. Deseaba tranquilizarla y animarla aunque solo fuera con la mirada, decirle algo furtivamente y a escondidas. Pero, cuando casualmente me miró, me estremecí y bajé los ojos.

Yo veía cómo sufría y no me equivocaba. Hasta el día de hoy ignoro el secreto, y no sé nada, excepto lo que vi y que ahora estoy contando. Pero aquella relación podría no ser lo que me pareció al primer golpe de vista. Puede que aquel beso fuera el de despedida, o la última y débil recompensa por el sacrificio en aras de su tranquilidad y honor. El señor N* se marchaba; probablemente, la dejaba para siempre. Finalmente, incluso esta carta que yo apretaba entre mis manos; ¿quién sabe lo que contendría? ¿Cómo habría de juzgarse, y quién debía hacerlo? Mientras tanto, es indudable que una repentina revelación del secreto se convertiría en un horror y en un fuerte golpe para su vida. Todavía recuerdo su rostro durante aquel minuto: sufría lo indecible. Sentir, saber y estar segura y a la espera de la sentencia que al cabo de un cuarto de hora o un minuto lo sacaría todo a la luz. Alguien podía encontrar el sobre y recogerlo del suelo. Como no llevaba destinatario podían abrirlo y… ¿qué sucedería en tal caso? ¿Qué otra sentencia peor que esta la esperaba? Iba y venía por la terraza rodeada de sus futuros jueces. Pasados unos minutos sus sonrientes y aduladores semblantes se tornarían severos e implacables. Ella vería la burla, la maldad y el frío desprecio en aquellos rostros y después una noche interminable y oscura cubriría su vida… Sí, por aquel entonces yo no entendía lo que sucedía como ahora. Únicamente podía sospechar, presentir y compadecerme de todo corazón del peligro que la acechaba, del cual no era completamente consciente. Fuera cual fuere su secreto… el caso es que con aquellos dolorosos instantes de los que fui testigo, y que jamás olvidaré, ya había expiado ella mucho, si es que tenía algo que expiar.

De repente sonó la alegre llamada para partir de excursión; todos se mostraron ajetreados y alegres; por todas partes se oían vivas conversaciones y risas. Pasados un par de minutos la terraza quedó desierta. Madame M* no quiso hacer la excursión, alegando finalmente estar indispuesta. Pero, gracias a Dios, todos partieron apresuradamente y no había tiempo para importunarla con lamentaciones, preguntas y consejos. Unos pocos se quedaron en casa. El marido de madame M* intercambió con ella un par de palabras; ella le respondió que hoy mismo se repondría, que no se preocupara, que no necesitaba retirarse a su habitación para descansar y que prefería dar conmigo a solas una vuelta por el jardín… En aquel momento me miró. ¡Yo no podía sentirme más feliz! Me sonrojé de alegría. Al cabo de un minuto emprendimos el paseo.

Seguía los mismos senderos, paseos y caminitos por los que hacía poco regresó del bosque, recordando instintivamente el itinerario que había seguido y mirando inmóvil delante de ella, sin apartar los ojos de la tierra y buscando algo sin hablar conmigo, olvidándose probablemente de que caminaba junto a ella.

Pero, cuando casi habíamos llegado al lugar donde yo recogí el sobre y donde finalizaba el sendero, madame M* de pronto se detuvo y con voz débil y angustiada me dijo que se encontraba peor y que pensaba regresar a casa. Al llegar a la reja del jardín, se paró otra vez, y se quedó pensativa un rato; la sonrisa de desesperación afloró a sus labios y completamente vencida, agotada, decidida y resignada a todo, se dirigió en silencio al primer camino, olvidándose, en esta ocasión, incluso de avisarme…

Yo estaba triste a más no poder y sin saber qué hacer.

Nos dirigimos, o mejor dicho, la conduje hasta el lugar en que hacía una hora había oído yo el ruido de los pasos de un caballo y la conversación entre ellos. Allí, junto al espesor del olmo, había un banco esculpido en una enorme piedra y sobre el que se enredaba la hiedra y crecía jazmín salvaje y escaramujo. (Todo ese bosque estaba repleto de puentecillos, cenadores, grutas y sorpresas por el estilo). Madame M* se sentó en el banco, mirando inconscientemente el encantador paisaje que se extendía frente a ella. Al cabo de un minuto abrió un libro e inmóvil se quedó mirándolo sin pasar página ni leer; apenas sabía lo que hacía. Ya eran las nueve y media de la mañana. El sol estaba muy alto, y se desplazaba esponjosamente sobre nuestras cabezas por el azul y profundo cielo, consumiéndose en su propio fuego. Los segadores ya estaban lejos: apenas se les veía desde nuestra orilla. Tras ellos, seguían uno tras otro infinitos surcos de hierba segada y de cuando en cuando el apenas perceptible aire nos traía su fresca fragancia. Alrededor de nosotros se oía el ininterrumpido concierto de gorjeos de los que «ni siembran ni siegan», sino que son libres como el aire que surcan con sus ágiles alas. Parecía que en aquel momento cada flor y el insignificante tallo de hierba, con el humeante aroma de la abnegación, le susurraban a su creador: «¡Dios mío, qué feliz soy!».

Miré a la pobre mujer, que solo ella parecía un ser inanimado en medio de aquella vida alegre: sobre sus pestañas había dos grandes y fijas lágrimas, que con gran dolor afloraron de su corazón. En mi mano tenía la posibilidad de hacer revivir y sentirse feliz a aquel pobre y entristecido corazón, solo que ignoraba cómo abordar la situación y dar el primer paso. Estaba sufriendo. Varias veces estuve tentado de tomar la decisión de acercarme a ella y cada vez algún sentimiento nuevo me dejaba clavado en el sitio haciéndome sonrojar como si me prendieran fuego.

De pronto una idea me aclaró la situación. Había encontrado el medio; y yo estaba salvado.

—¿Quiere que vaya a recoger flores y le haga un ramo? —dije, con una voz tan alegre que madame M* alzó de pronto la cabeza y se quedó mirándome fijamente.

—¡Ve! —dijo por fin ella con voz débil y sonriendo suavemente, a la vez que bajaba instantáneamente la cabeza para clavar sus ojos en el libro.

—¡Porque también aquí pueden segar la hierba y hacer desaparecer las flores! —exclamé yo, mientras me disponía alegre para la tarea.

Rápidamente recogí un ramo de flores; un ramo sencillo y modesto. A uno le daría bochorno ponerlo en un jarrón. Pero con cuánta alegría latía mi corazón mientras lo recogía y ataba. El escaramujo y el jazmín campestre los recogí en el mismo sitio. Sabía que cerca había un campo con los trigales en flor. Corrí hacia allí para recoger los acianos. Los mezclé con las largas espigas de trigo, de las que había escogido las más doradas y colmadas. En el mismo lugar, muy cerca de allí, encontré toda una familia de nomeolvides y mi ramo ya empezó a rellenarse. Más lejos, en el campo, encontré campanillas azules y claveles salvajes, y bajé hasta la misma orilla del río para recoger los nenúfares amarillos. Finalmente, ya de regreso, me introduje por un instante en el bosque para cortar unas hojas de arce de vivo color verde con que rodear el ramillete, y casualmente me topé con toda una familia de pensamientos silvestres junto a los cuales, para mi felicidad, el aromático olor a violetas que provenía de la jugosa y espesa hierba ocultaba una flor, todavía cubierta de brillantes gotas de rocío. El ramo ya estaba listo. Lo até con una larga y fina hierba, que trencé como una sirga, introduje cuidadosamente el sobre en su interior, y lo oculté entre las flores. Lo había hecho de tal modo que podía verse con solo mirar el ramo.

Se lo llevé a madame M*.

Por el camino me pareció que el sobre asomaba demasiado y lo cubrí un poco más. Cuando me estaba acercando, lo empujé más adentro entre las flores, y finalmente, ya casi en el lugar donde se encontraba ella, de pronto lo introduje tan dentro del ramo que desde fuera apenas se veía. Mis mejillas ardían como el fuego. Quería taparme la cara con las manos y echarme a correr al instante, pero ella miró mi ramo como si hubiera olvidado completamente que había ido a recogerlo. Mecánicamente, y sin apenas mirarme, extendió la mano y cogió mi regalo, para depositarlo al instante sobre el banco como si esa fuera la finalidad, y de nuevo, completamente ensimismada, bajó la mirada al libro. Me entraron ganas de llorar por mi fracaso. «¡Lo único que quiero es que no aparte el ramo de su lado!», pensé, «¡que no se olvide de él!». Me tumbé sobre la hierba, no lejos del banco, coloqué la mano debajo de la cabeza y cerré los ojos, como si tuviera sueño. Pero no apartaba los ojos de ella y permanecía a la espera...

Pasaron unos diez minutos; me daba la impresión de que ella estaba cada vez más pálida... De pronto, una casualidad salió en mi ayuda.

Se trataba de una grande y dorada abeja que para mi suerte había traído el aire consigo. Al principio revoloteó zumbando sobre mi cabeza y después se acercó a madame M*. Un par de veces ella la apartó con la mano, pero la abeja, como si fuera a propósito, se ponía cada vez más pesada. Por fin, madame M*, cogió mi ramo y lo sacudió delante de ella. En ese instante, el sobre salió de entre las flores y cayó justo en el libro, que estaba abierto. Me estremecí. Durante un rato madame M*, estupefacta de asombro, miraba tan pronto el sobre como el ramo que sostenía entre sus manos y parecía no dar crédito a sus ojos... De repente se sonrojó y, sofocada, me miró. Pero a mí ya me había dado tiempo a captar su mirada y cerrar fuertemente los ojos haciéndome el dormido. En aquel momento, por nada del mundo la habría mirado directamente a la cara. El corazón me palpitaba ansioso como un pajarillo que ha caído preso en las manos de un chaval travieso de cabellos alborotados. No recuerdo cuánto tiempo estuve echado de ese modo, con los ojos cerrados. Unos dos o tres minutos. Por fin me atreví a abrirlos. Madame M* leía ansiosa la carta y, por las mejillas encendidas, por la mirada iluminada y humedecida, así como por la claridad de su rostro, en el que cada rasgo palpitaba de alegre sensación, me percaté de que aquella carta era portadora de la felicidad y de que toda su tristeza se había desvanecido como humo. Un sentimiento dulce y doloroso se adhirió a mi corazón, y me costaba trabajo fingir...

¡Jamás olvidaré aquel momento!

De improviso, todavía lejos de nosotros, se oyeron unas voces:

—¡Madame M*! ¡Natalie! ¡Natalie!

Madame M* no respondió, se levantó rápidamente del banco, se acercó a mí y se agachó. Sentí cómo me miraba directamente a la cara. Mis pestañas temblaron, pero me contuve y no abrí los ojos. Procuraba respirar uniforme y tranquilamente, pero el corazón me ahogaba con sus bruscas palpitaciones. Su cálido aliento me abrasaba las mejillas; ella se agachó muy cerca de mi cara como si me estuviera poniendo a prueba. Finalmente, un beso y unas lágrimas cayeron sobre mi mano, la que tenía puesta sobre mi pecho. Me besó dos veces.

—¡Natalie! ¡Natalie! ¿Dónde estás? —se oyó de nuevo, esta vez ya muy cerca de nosotros.

—¡Ya voy! —dijo madame M* con su voz plateada y suave, pero tan apagada y temblorosa por las lágrimas que solo yo pude oírla—. ¡Ya voy!

En ese instante fue cuando mi corazón me traicionó, y me dio la impresión de que toda la sangre afluía a mis mejillas. En aquel momento, un rápido y ardiente beso abrasó mis labios. Lancé un suave grito, abrí los ojos, pero al instante un pañuelo de seda me cayó sobre ellos, como si con él quisiera ella resguardarme del sol. Al cabo de un rato había desaparecido. Solo pude oír el rumor apresurado de sus pasos que se alejaban. Estaba solo.

Me quité el pañuelo de la cara y me puse a besarlo entusiasmado; permanecí varios minutos como si estuviera trastornado. Sin apenas coger aliento y con los codos apoyados en la hierba, inmóvil e inconscientemente contemplé el paisaje que dibujaban las colinas abigarradas de trigales, el río que se deslizaba serpenteándolas, y a lo lejos, tan lejos hasta donde alcanzaba la vista, ondulándose entre nuevas colinas y aldeas, centelleando como puntos sobre la lontananza iluminada, los azules y apenas perceptibles bosques, que parecían humeantes al borde del incandescente cielo; y un dulce silencio, que parecía emanar de un solemne cuadro, poco a poco fue sosegando mi corazón. Me encontré aliviado y respiré con libertad… Pero toda mi alma empezó a sentir una dulce y apagada nostalgia, como si entreviera algo similar a un presentimiento. Mi corazón, asustado y tembloroso por la espera, parecía adivinar algo tímida y alegremente… De pronto mi pecho se agitó y sentí en él un dolor como si algo lo penetrara y unas dulces lágrimas brotaron de mis ojos. Me cubrí la cara con las manos y, temblando como un tallo de hierba, sin ningún obstáculo me entregué al primer conocimiento y la primera revelación de mi corazón, a la primera sensación de mi aún confusa naturaleza de hombre… En aquel instante finalizaba mi primera infancia.

Cuando, al cabo de dos horas, regresé a casa, ya no encontré a madame M*; se había marchado con su marido a Moscú, por algo que les había surgido repentinamente. Nunca más volví a verla.

ANTON CHÉJOV[2]

[2] Nacimiento: Taganrog, Rusia — 29 de enero de 1860. Muerte: Badenweiler, Alemania — 15 de julio de 1904. Obras más importantes: El jardín de los cerezos, La gaviota, Tío Vania, Tres hermanas y La dama del perrito.

LA DAMA DEL PERRITO

UNO

Un nuevo personaje había aparecido en la localidad: una señora con un perrito. Dmitri Dmitrich Gurov, que por entonces pasaba una temporada en Yalta, empezó a tomar algún interés en los acontecimientos que ocurrían. Sentado en el pabellón de Verney, vio pasearse junto al mar a una señora joven, de pelo rubio y mediana estatura, que llevaba una boina; un perrito blanco de Pomerania corría delante de ella.

Después la volvió a encontrar en los jardines públicos y en la plaza varias veces. Caminaba sola, llevando siempre la misma boina, y siempre con el mismo perrito; nadie sabía quién era y todos la llamaban sencillamente «la señora del perrito».

«Si está aquí sola, sin su marido o amigos, no estaría mal trabar amistad con ella», pensó Gurov.

Aún no había cumplido cuarenta años, pero tenía ya una hija de doce y dos hijos en la escuela. Se había casado joven, cuando era estudiante de segundo año, y por entonces su mujer parecía tener la mitad de edad que él. Era una mujer alta y tiesa, de cejas oscuras, grave y digna, y como ella misma decía, intelectual. Leía mucho, usaba un lenguaje rebuscado, llamaba a su marido no Dmitri, sino Dimitri, y él en secreto la consideraba falta de inteligencia, de ideas limitadas, cursi. Estaba avergonzado de ella y no le gustaba quedarse en su casa. Empezó por serle infiel hacía mucho tiempo —le fue infiel bastante a menudo—, y, probablemente por esta razón, casi siempre hablaba mal de las mujeres; y cuando se tocaba este asunto en su presencia, acostumbraba llamarlas «la raza inferior». Parecía estar tan escarmentado por la amarga experiencia, que le era lícito llamarlas como quisiera, y, sin embargo, no podía pasarse dos días seguidos sin «la raza inferior». En la sociedad de hombres estaba aburrido y no parecía el mismo; con ellos se mostraba frío y poco comunicativo; pero en compañía de mujeres se sentía libre, sabiendo de qué hablarles y cómo comportarse; se encontraba a sus anchas entre ellas aunque estuviese callado. En su aspecto exterior, su carácter y toda su naturaleza, había algo de atractivo que seducía a las mujeres predisponiéndolas en su favor; él sabía esto, y diríase también que alguna fuerza desconocida lo llevaba hacia ellas.

La experiencia, a menudo repetida, la cruda y amarga experiencia, le había enseñado hacía tiempo que con gente decente, especialmente gente de Moscú —siempre lentos e irresolutos para todo—, la intimidad, que al principio diversifica agradablemente la vida y parece una ligera y encantadora aventura, llega a ser inevitablemente un intrincado problema, y con el tiempo la situación se hace insoportable. Pero a cada nuevo encuentro con una mujer interesante, esta experiencia se le olvidaba, sentía ansias de vivir, y todo lo encontraba sencillo y divertido.

Una noche que estaba comiendo en los jardines, la señora de la boina llegó lentamente y se sentó a la mesa de al lado. La expresión de su rostro, su aire, el vestido y el peinado, le indicaron que era una señora, que estaba casada, que se encontraba en Yalta por primera vez y que estaba triste… Las historias inmorales, que se murmuran en sitios como Yalta, son la mayor parte mentira; Gurov las despreciaba, sabiendo que tales historias eran inventos, en su mayor parte, de personas que hubieran pecado tranquilamente, de haber tenido ocasión; pero cuando la señora del perro se sentó a la mesa de al lado, a tres pasos de él, recordó esas historias de conquistas fáciles, de excursiones a las montañas, y el tentador pensamiento de una dulce y ligera aventura amorosa, una novela con una mujer desconocida, cuyo nombre le fuese desconocido también, se apoderó súbitamente de su ánimo.

Llamó cariñosamente al pomeranio, y cuando el perro se acercó a él lo acarició con la mano. El pomeranio gruñó; Gurov volvió a pasarle la mano.

La señora miró hacia él bajando en seguida los ojos.

—No muerde —dijo, y se sonrojó.

—¿Le puedo dar un hueso? —preguntó Gurov; y como ella asintiera con la cabeza, volvió a decir cortésmente—. ¿Hace mucho tiempo que está usted en Yalta?

—Cinco días.

—Yo llevo ya quince aquí.

Un corto silencio siguió a estas palabras.

—El tiempo pasa de prisa, y sin embargo, ¡es tan triste esto! —dijo ella sin mirarlo.

—Es que se ha puesto de moda decir que esto es triste. Cualquier provinciano viviría en Belyov o en Lhidra sin estar triste, y cuando llega aquí exclama en seguida: «¡Qué tristeza! ¡Qué polvo!» ¡Cualquiera diría que viene de Granada!

Ella se echó a reír. Luego, ambos siguieron comiendo en silencio, como extraños; pero después de comer pasearon juntos y pronto empezó entre ellos la conversación ligera y burlona de dos personas que se sienten libres y satisfechas, a quienes no importa ni lo que van a hablar ni hacia dónde han de dirigirse. Pasearon y hablaron de la luz tan rara que había sobre el mar; el agua era de un suave tono malva oscuro y la luna extendía sobre ella una estela dorada. Hablaron del bochorno que hacía después de un día de calor. Gurov le contó que había venido de Moscú, en donde tomó el grado en Artes, pero que era empleado de un banco; que había estado como cantante en una compañía de ópera, abandonándola luego; que poseía dos casas en Moscú…

De ella supo que había sido educada en San Petersburgo, pero vivía en S. desde su matrimonio, hacía dos años, y que todavía pasaría un mes en Yalta, donde se le reuniría tal vez su marido, que también necesitaba unos días de descanso. No estaba muy segura de si su marido tenía un puesto en el Departamento de la Corona o en el Consejo Provincial, y esta misma ignorancia parecía divertirla.

También supo Gurov que se llamaba Ana Sergeyevna.

Más tarde, una vez en su cuarto, pensó en ella; pensó que volvería a encontrársela al día siguiente; sí, necesariamente se encontrarían. Al acostarse recordó lo que ella le contara de sus sueños de colegio: había estado en él hasta hacía poco, estudiando lecciones como una niña. Y Gurov pensó en su propia hija. Recordaba también su desconfianza, la timidez de su sonrisa y sus modales, su manera de hablar a un extraño. Debía ser ésta la primera vez en su vida que se encontraba sola, examinada con curiosidad e interés; la primera vez también que al dirigirse a ella creyó adivinar en las palabras de los demás secretas intenciones… Recordó su cuello esbelto y delicado, sus encantadores ojos grises.

«Algo hay de triste en esta mujer», pensó, y se quedó dormido.

DOS

Una semana había pasado desde que hicieron amistad. Era un día de fiesta. Dentro de las casas hacía bochorno, mientras que en la calle el viento formaba remolinos de polvo y tiraba el sombrero a los transeúntes. Era un día de sed, y Gurov entró varias veces en el pabellón y ofreció a Ana Sergeyevna jarabe y agua o un helado. Nadie sabía qué hacer.

Por la tarde, cuando el viento se calmó un poco, salieron a ver venir el vapor. Había muchas personas paseando por el puerto; se habían reunido para recibir a alguien y llevaban ramos de flores. Se notaban allí dos peculiaridades de la gente elegante de Yalta: las señoras mayores iban como muchachas y había muchos generales vestidos de uniforme.

A causa de lo alborotado que estaba el mar, el vapor llegó muy tarde, después de la puesta del sol, y tardó mucho tiempo en atracar al muelle. Ana Sergeyevna miró a través de sus impertinentes al vapor y a los pasajeros como esperando encontrar algún conocido, y al volverse hacia Gurov sus ojos brillaban. Habló mucho y preguntaba cosas desacordes, olvidando al poco rato lo que había preguntado; al hacer un movimiento con la mano dejó caer los impertinentes al suelo.

La gente empezaba a dispersarse; estaba demasiado oscuro para ver las caras de los que pasaban. El viento se había calmado por completo, pero Gurov y Ana Sergeyevna permanecían allí quietos como si esperasen ver salir a alguien más del vapor.

Ella olía en silencio las flores sin mirar a Gurov.

—El tiempo está mejor esta tarde —dijo él—. ¿Dónde vamos ahora?

Ella no contestó.

Entonces Gurov la miró intensamente, rodeó su cuerpo con el brazo y la besó en los labios, mientras respiraba la frescura y fragancia de las flores; luego miró a su alrededor ansiosamente, temiendo que alguien lo hubiese visto.

—Vamos al hotel —dijo él dulcemente. Y ambos caminaron de prisa.

La habitación estaba cerrada y perfumada con la esencia que ella había comprado en el almacén japonés. Gurov miró hacia Ana Sergeyevna y pensó: ¡Cuán distintas personas encuentra uno en este mundo! Del pasado, conservaba recuerdos de mujeres ligeras, de buen fondo algunas, que lo amaban alegremente agradeciéndole la felicidad que él podía darles, por muy breve que fuese; de mujeres, como la suya, que amaban con frases superfluas, afectadas, histéricas, con una expresión que hacía sospechar que no era amor ni pasión, sino algo más significativo; y de dos o tres más, hermosas, frías, en cuyos rostros sorprendió más de una vez destellos de rapacidad, el deseo obstinado de sacar de la vida aún más de lo que ésta podía darles. Eran mujeres irreflexivas, dominantes, faltas de inteligencia y de edad ya madura; cuando Gurov empezaba a mostrarse frío con ellas, esta misma hermosura excitaba su odio, figurándosele que los encajes con que adornaban su ropa eran para él escalas.

Pero en el caso actual sólo había la timidez de la juventud inexperta, un sentimiento parecido al miedo; y todo esto daba a la escena un aspecto de consternación, como si alguien hubiera llamado de repente a la puerta. La actitud de Ana Sergeyevna —«la señora del perrito»— en todo lo sucedido tenía algo de peculiar, de muy grave, como si hubiera sido su caída; así parecía, y resultaba extraño, inapropiado. Su rostro languideció, y lentamente se le soltó el pelo; en esta actitud de abatimiento y meditación se asemejaba a un grabado antiguo: La mujer pecadora.

—Hice mal —dijo—. Ahora usted será el primero en despreciarme.

Sobre la mesa había una sandía. Gurov cortó una tajada y empezó a comérsela sin prisa. Durante cerca de media hora ambos guardaron silencio.

Ana Sergeyevna estaba conmovedora; había en ella la pureza de la mujer sencilla y buena que ha visto poco de la vida.

La luz de la bujía iluminando su rostro mostraba, sin embargo, que se sentía desgraciada.

—¿Cómo es posible que yo llegara a despreciarla? —preguntó Gurov—. No sabe usted lo que dice.

—Dios me perdone —dijo ella; y sus ojos se fueron llenando de lágrimas—. Es horrible —añadió.

—Parece que necesita usted ser perdonada.

—¿Perdonada? No. Soy una mala mujer; me desprecio a mí misma y no pretendo justificarme. No es a mi marido, es a mí a quien he engañado. Y esto no es de ahora, hace mucho tiempo que me estoy engañando. Mi marido podrá ser bueno y honrado, pero ¡es un lacayo! No sé qué es lo que hace allí ni en lo que trabaja; pero sé que es un lacayo. Yo tenía veinte años cuando me casé con él. He vivido atormentada por un sentimiento de curiosidad; necesitaba algo mejor. Debe de haber otra clase de vida, me decía a mí misma. Sentía ansias de vivir. ¡Vivir! ¡Vivir!... La curiosidad me abrasaba... Usted no me comprende, pero le juro a Dios que llegó un momento en que no pude contenerme; algo fuera de lo corriente debió ocurrirme; le dije a mi marido que estaba mala y me vine aquí... Y aquí he estado vagando de un lado para otro como una loca..., y ahora me veo convertida en una mujer vulgar, despreciable, a quien todos mirarán mal.

Gurov se sintió aburrido casi al escucharla.

Le irritaba el tono ingenuo con que hablaba y aquellos remordimientos tan inoportunos; a no ser por las lágrimas hubiera creído que estaba representado una comedia.

—No la entiendo a usted —dijo dulcemente—. ¿Qué es lo que quiere?

Ella ocultó su rostro en el pecho de él estrechándolo tiernamente.

—Créame, créame usted, se lo suplico. Amo la existencia pura y honrada, odio el pecado. Yo no sé lo que estoy haciendo. La gente suele decir: «El demonio me ha tentado». Yo también pudiera decir que el espíritu del mal me ha engañado.

—¡Chis! ¡Chis!... —murmuró Gurov.

Después la miró fijamente, la besó, hablándole con dulzura y cariño, y poco a poco se fue tranquilizando, volviendo a estar alegre, y acabaron por reírse los dos. Cuando salieron afuera no había un alma a orillas del mar. La ciudad, con sus cipreses, tenía un aspecto mortuorio, y las olas se deshacían ruidosamente al llegar a la orilla; cerca de ella se balanceaba una barca, dentro de la que parpadeaba soñolienta una linterna.

Encontraron un coche y lo tomaron; fueron en dirección de Oreanda.

—Al pasar por el vestíbulo he visto su apellido escrito en la lista: Von Diderits —dijo Gurov—. ¿Su marido de usted es alemán?

—No; creo que su abuelo sí lo era, pero él es ruso ortodoxo.

En Oreanda se sentaron silenciosos en un sitio no lejos de la iglesia y mirando hacia el mar. Yalta apenas era visible a través de la bruma matinal; blancas nubes permanecían quietas en lo alto de las montañas. No se movía una hoja; en los árboles cantaban las cigarras, y sólo llegaba a ellos desde abajo el cavernoso y monótono ruido de las olas hablando de paz, de ese sueño eterno que a todos nos espera. Del mismo modo debía oírse cuando ni Yalta ni Oreanda existían; así se oye ahora, y se oirá con la misma monotonía cuando ya no vivamos. Y en esta constancia, en esta completa indiferencia para la vida y la muerte de cada uno de nosotros, ahí se oculta tal vez la garantía de nuestra eterna salvación, del movimiento incesante de la vida sobre el mundo, del progreso hacia la perfección. Sentado al lado de una mujer joven que en la luz del amanecer parecía tan encantadora, acariciada e idealizada por los mágicos alrededores —el mar, las montañas, las nubes, el cielo azul—, Gurov pensó lo hermoso que es todo en el mundo cuando se refleja en nuestro espíritu: todo, menos lo que pensamos o hacemos cuando olvidamos nuestra dignidad y los altos designios de nuestra existencia.

Un hombre pasó cerca de ellos —un guarda, probablemente—, los miró, y siguió adelante.

Y este detalle les parecía misterioso y lleno de encanto también. Luego vieron un vapor que venía de Teodosia, cuyas luces brillaban confundidas con las del amanecer.

—Hay gotas de rocío sobre la hierba —dijo Ana Sergeyevna después de un silencio.

—Sí. Es hora de volver a casa. Y se volvieron a la ciudad.

Desde entonces volvieron a verse todos los días a las doce; comían juntos, se paseaban, contemplaban el mar. Ella se quejaba de dormir mal, sentía palpitaciones en el corazón; le hacía las mismas preguntas, interrumpidas a veces por celos, otras por el miedo de que Gurov no la respetara bastante. Y a menudo, en los jardines, a orillas del agua, cuando se encontraban solos, él la besaba apasionadamente. Aquella vida reposada, aquellos besos en pleno día mientras miraba alrededor por temor de ser visto, el calor, el olor del mar y el continuo ir y venir de gente desocupada, perfumada, bien vestida, hicieron de Gurov otro hombre. Encontraba a Ana Sergeyevna hermosa, fascinadora, y así se lo repetía a ella. Se volvió impaciente y apasionado hasta el punto de no querer separarse de su lado, y ella, mientras tanto, seguía pensativa y continuamente le decía que no la respetaba bastante, que no la amaba lo más mínimo, y que seguramente pensaría de ella como de una mujer cualquiera. Todos los días a la caída de la tarde se iban en coche fuera de Yalta, a Oreanda o a la cascada, y estos paseos eran siempre un triunfo para ellos; la escena les impresionaba invariablemente como algo magnífico y hermosísimo.

Esperaban al marido, que debía venir pronto; pero un día llegó una carta en la que anunciaba que se encontraba mal y suplicaba a su esposa que volviera cuanto antes. Ana Sergeyevna se preparó, pues, a marcharse.

—Es una buena cosa el que yo me vaya —le dijo a Gurov—. «¡Es el dedo del destino!»

El día de la marcha, Gurov la acompañó en el coche. Cuando llegaron al tren y sonó la segunda campanada, Ana Sergeyevna le dijo:

—¡Déjame mirarte una vez más… otra vez! Así, ya está.

No lloraba, pero en su rostro se reflejaba tal tristeza que parecía enferma, los labios le temblaban.

—Me acordaré de ti siempre…, pensaré siempre en ti —dijo—. Que Dios te proteja; sé feliz. No pienses nunca mal de mí. Nos separamos para no volvernos a ver más; así debe ser, porque nunca debimos habernos encontrado. Que Dios sea contigo, adiós.

El tren partió rápido, sus luces desaparecieron pronto de la vista, y un minuto más tarde no se oía ni el ruido, como si todo hubiera conspirado para hacer terminar lo antes posible aquel dulce delirio, aquella locura. Solo, en el andén, mirando hacia donde el tren desapareció, Gurov escuchó el chirrido de las cigarras, el zumbido de los hilos del telégrafo, y le pareció que acababa de despertarse. Y meditó sobre este episodio de su vida que también tocaba a su fin, y del que sólo el recuerdo quedaba… Se sintió conmovido, triste y con remordimientos. Aquella mujer, que nunca más volvería a encontrar, no fue feliz con él, porque aunque la trató con afecto y cariño, hubo siempre en sus maneras, en sus caricias, una ligera sombra de ironía, la grosera condescendencia de un hombre feliz que, además, le doblaba la edad. Ana Sergeyevna lo llamó siempre bueno, distinto de los demás, sublime a veces…; constantemente se había mostrado a ella como no era en realidad, sin intención la había engañado.

Un vago perfume de otoño se dejaba ya sentir en la atmósfera, hacía una tarde fría y triste.

—Es hora de que me marche al Norte —pensó Gurov al dejar el andén—. ¡Sí, ya es hora!

TRES

En su casa de Moscú lo encontró todo en plan de invierno; las estufas estaban encendidas, y por las mañanas aún era oscuro cuando sus hijos tomaban el desayuno para irse al colegio, tanto que la niñera tenía que encender la luz un rato. Habían empezado las heladas. Cuando cae la primera nieve y aparecen los primeros trineos es agradable ver la tierra blanca, los blancos tejados, exhalar el tibio aliento, y la estación trae a la memoria los años juveniles. Las viejas limas y abedules, cubiertos de escarcha, tienen una expresión simpática y están más cerca de nuestro corazón que los cipreses y las palmas. Junto a ellos se olvidan el mar y las montañas.

Gurov había nacido en Moscú; llegó a él en un bello día de nieve, y al ponerse su abrigo de pieles y sus guantes, al pasearse por Petrovka, al oír el domingo por la tarde el sonido de las campanas, olvidó el encanto de su reciente aventura y del sitio que dejara. Poco a poco se absorbió en la vida de Moscú; leía con avidez los periódicos ¡y declaraba que los leía sin fundamento! En seguida sintió un deseo irresistible de ir a los restaurantes, a los clubes, a las comidas, aniversarios y fiestas; se sintió orgulloso de hablar y discutir con célebres abogados, con artistas, de jugar a las cartas con algún profesor en el club de doctores. Ya podía hasta comer un plato de pescado salado o una col...

Al cabo de un mes, le pareció que la imagen de Ana Sergeyevna había de cubrirse de una bruma en su memoria y visitarlo en sueños de cuando en cuando, con una sonrisa, como hacían otras. Pero pasó más de un mes, llegó el verdadero invierno, y recordaba todo aquello tan claramente como si se hubiera separado de Ana Sergeyevna el día antes. Estos recuerdos, lejos de morir, se avivaron con el tiempo. En la tranquilidad de la tarde, al oír las palabras de los niños estudiando en alta voz, el sonido del piano en un restaurante, o el ruido de tormenta que llegaba por la chimenea, volvía de repente todo a su memoria: lo ocurrido en el muelle la mañana de niebla junto a las montañas, el vapor que volvía de Teodosia y los besos. Gurov se levantaba entonces y paseaba por su habitación recordando y sonriendo; luego, sus recuerdos se convertían en ilusiones, y en su fantasía el pasado se mezclaba con el porvenir. Ana Sergeyevna no lo visitaba ya en sueños, lo seguía por todas partes como una sombra, como un fantasma. Al cerrar los ojos la veía como si estuviese viva delante de él, y Gurov la encontraba más encantadora, más joven, más tierna de lo que en realidad era, imaginándosela aún más hermosa de lo que estaba en Yalta. Por la tarde, Ana Sergeyevna lo miraba desde el estante de los libros, desde el hogar de la chimenea; desde cualquier rincón oía su respiración y el roce acariciador de sus faldas. En la calle miraba a todas las mujeres buscando alguna que se pareciese a ella.

Un deseo intenso de comunicar a alguien sus ideas lo atormentaba. Pero en su casa era imposible hablar de su amor, y fuera de ella tampoco tenía a nadie; ni a sus compañeros de oficina ni a ninguno en el banco podía contárselo. ¿De qué iba a hablar entonces? Pero ¿es que había estado enamorado? ¿Hubo algo de poético, de edificante, simplemente de interés en sus relaciones con Ana Sergeyevna? Y todo se le volvía hablar vagamente de amor, de mujer, y nadie sospechaba nada; sólo su esposa fruncía el entrecejo y decía:

—No te va el papel de conquistador, Dimitri.

Una tarde, al volver del club de doctores con un oficial, con el que había estado jugando a las cartas, no se pudo contener y le dijo:

—¡Si supieras la mujer tan fascinadora que conocí en Yalta!

El oficial entró en su trineo, y se iba ya, pero se volvió de pronto exclamando:

—¡Dmitri Dmitrich!

—¿Qué?

—¡Tenías razón esta tarde: el esturión era demasiado fuerte!

Aquellas palabras tan corrientes llenaron a Gurov de indignación, encontrándolas degradantes y groseras. ¡Qué modo tan salvaje de hablar! ¡Qué noches más estúpidas, qué días más faltos de interés! El afán de las cartas, la glotonería, la bebida, el continuo charlar siempre sobre lo mismo. Todas estas cosas absorben la mayor parte del tiempo de muchas personas, la mejor parte de sus fuerzas, y al final de todo eso, ¿qué queda?: una vida servil, acortada, trivial e indigna, de la que no hay medio de salir, como si se estuviera encerrado en un manicomio o una prisión.

Gurov no durmió en toda la noche, tan lleno de indignación estaba. Al día siguiente se levantó con dolor de cabeza. Y a la otra noche volvió a dormir mal; se sentó en la cama, pensando; luego se levantó y empezó a pasearse por la habitación. Estaba harto de sus hijos, del banco, y sin ganas de ir a ningún sitio ni de ver a nadie.

En las vacaciones de diciembre se preparó para un viaje; le dijo a su mujer que iba a San Petersburgo a un asunto de un amigo y se marchó a S. ¿Para qué? Ni él mismo lo sabía. Sentía necesidad de ver a Ana Sergeyevna y de hablarle; a ser posible, arreglar una entrevista con ella.

Llegó a S. por la mañana y tomó el mejor cuarto del hotel; un cuarto con una alfombra gris en el suelo, y un tintero gris de polvo sobre la mesa, adornado con una figura a caballo que tenía el sombrero en la mano. El portero del hotel le informó necesariamente: Von Diderits vivía en una casa de su propiedad en la calle antigua de Gontcharny; no estaba lejos del hotel. Era rico y vivía a lo grande, tenía caballos propios; todo el mundo lo conocía en la ciudad. El portero pronunciaba «Dridirits».

Gurov se encaminó sin prisa a la calle de Gontcharny y encontró la casa. Enfrente de ella se extendía una larga valla gris adornada con clavos.

—Dan ganas de echar a correr al ver este demonio de valla —pensó Gurov, mirando desde allí a las ventanas de la casa y viceversa.

Luego recapacitó: era día de fiesta y probablemente el marido estaría en casa. De todos modos era una falta de tacto entrar en la casa y sorprenderla. Si le mandaba una carta, podía caer en manos del esposo y todo se echaría a perder. Lo mejor de todo era esperar una ocasión, y empezó a pasearse arriba y abajo por la calle esperando esa ocasión. Vio a un mendigo que se acercaba a la verja y a unos perros que salieron a ladrarle; una hora más tarde oyó débil e indistinto el sonido de un piano. Ana Sergeyevna debía tocar probablemente. De repente, se abrió la puerta, y una mujer vieja, acompañada del blanco y familiar pomeranio, salió de la casa. Gurov estuvo a punto de llamar al perro, pero empezó a latirle violentamente el corazón, y en su excitación no pudo recordar el nombre.

Siguió paseándose y midiendo la empalizada gris una y otra vez, y entonces le dio por pensar que Ana Sergeyevna lo había olvidado y se estaba a aquellas horas divirtiendo con otro, lo cual, al fin y al cabo, era natural en una mujer joven, que no tenía otra cosa que mirar desde por la mañana hasta la noche más que aquella condenada valla. Se volvió a su cuarto del hotel y estuvo largo rato sentado en el sofá sin saber qué hacer; luego comió y durmió bastante tiempo.

—¡Qué estúpido! —exclamó al momento de despertarse y mirar por la ventana—. Sin venir a qué, me he quedado dormido y ahora ya es de noche; ¿qué hago?

Se sentó en la cama, que estaba cubierta por una colcha gris como las de los hospitales, y empezó a burlarse de sí mismo; sentía un fastidio terrible.

—¡Al diablo la señora del perro y la dichosa aventura! En buen lío te has metido, Gurov…

Aquella mañana le había llamado la atención un cartel con letras muy grandes. La Geisha iba a ser representada por primera vez. Al recordar esto, se vistió y se marchó al teatro.

—Es posible que ella vaya a la primera representación —pensó.

El teatro estaba lleno. Como en todos los de provincia, había una atmósfera muy pesada, una especie de niebla que flotaba sobre las luces; por las galerías se oía el rumor de la gente; en la primera fila, los pollos elegantes de la localidad estaban de pie mirando a la gente, antes de levantarse el telón. En el palco del gobernador, su hija, adornada con una boa, ocupaba el primer sitio, mientras que él, oculto modestamente detrás de la cortina, sólo dejaba visible las manos. La orquesta empezó a afinar los instrumentos; el telón se levantó.

Seguía entrando gente que iba a ocupar sus sitios, y Gurov los miraba uno a uno con ansia.

Ana Sergeyevna llegó también. Se sentó en la tercera fila y Gurov sintió que su corazón se contraía al mirarla; comprendió entonces claramente que para él no había en todo el mundo ninguna criatura tan querida como aquélla; aquella mujercita sin atractivos de ninguna clase, perdida en la sociedad de provincia, con sus vulgares impertinentes, llenaba toda su vida; era su pena y su alegría, la única felicidad que ambicionaba, y al oír la música de la orquesta y el sonido de los pobres violines provincianos, pensó cuán encantadora era. Pensó, y soñó…

Un hombre joven, con patillas, alto y encorvado, llegó con Ana Sergeyevna y se sentó a su lado; inclinaba la cabeza a cada paso y parecía estar continuamente haciendo reverencias. Debía ser sin duda el esposo, que una vez en Yalta, en una exclamación de amargura llamó ella lacayo; sonreía almibaradamente y en el ojal de la chaqueta llevaba una insignia o distinción que recordaba el número de un criado.

En el primer descanso el marido se salió fuera a fumar y Ana Sergeyevna se quedó sola en su butaca. Gurov se acercó a ella y con voz temblorosa y una sonrisa forzada le dijo:

—Buenas noches.

Al volver la cabeza y encontrarse con él, Ana Sergeyevna se puso intensamente pálida, lo miró otra vez, horrorizada casi, y estrujó el abanico y los impertinentes entre las manos como luchando para no desmayarse. Los dos guardaban silencio. Ella seguía sentada, él de pie, asustado por la confusión que su presencia le produjo, y no atreviéndose a sentarse a su lado.

Los violines y la flauta empezaron a sonar, y de repente Gurov sintió como si de todos los palcos los estuvieran mirando. Ana Sergeyevna se levantó, marchando rápida hacia la puerta; siguió él, y ambos empezaron a andar sin saber adónde iban, a través de pasillos, bajando y subiendo escaleras, viendo desfilar ante sus ojos uniformes escolares, civiles, militares, todos con insignias. Al pasar, veían señoras, abrigos de piel colgados en las perchas, y el aire les traía olor a tabaco viejo. Y Gurov, cuyo corazón latía con violencia, pensó:

«¡Cielos! ¿Para qué habrá aquí esta gente y esa orquesta?»

Y recordó en aquel instante cuando, después de marcharse Ana Sergeyevna de Yalta, creyó él que todo había terminado y que no volverían a encontrarse más. Pero ¡cuán lejos estaban del final!

Al pie de una escalera estrecha y sombría, sobre la que se leía: «Paso al anfiteatro», se pararon.

—¡Cómo me has asustado! —exclamó ella sin respiración casi, todavía pálida y como agobiada—. ¡Oh, cómo me has asustado! Estoy medio muerta. ¿Por qué has venido? ¿Por qué?...

—Pero escúchame, Ana, escúchame... —repetía Gurov rápidamente y en voz baja—. Te suplico que me escuches...

Ella lo miraba con temor mezclado de amor y de súplica; lo miraba intensamente como si quisiera grabar sus facciones más profundamente en su memoria.

—¡Soy tan desgraciada! —siguió diciendo sin escucharle—. No he hecho más que pensar en ti todo el tiempo; no vivo más que para eso. Y, sin embargo, necesitaba olvidar, olvidar; pero ¿por qué?, ¡ah!, ¿por qué has venido?...

En el piso de arriba dos colegiales fumaban mirando hacia abajo, pero a Gurov no le importaba nada; atrayendo hacia sí a Ana Sergeyevna empezó a besarle la cara, las mejillas y las manos.

—¡Qué estás haciendo, qué estás haciendo! —gritaba ella con horror apartándolo de sí—. Estamos locos. Vete; vete ahora mismo... Te lo pido por lo que más quieras... Te lo suplico... ¡Que viene gente!

Alguien subía por las escaleras.

—Es preciso que te vayas —siguió diciendo Ana Sergeyevna, y su voz parecía un susurro—. ¿Oyes, Dmitri Dmitrich? Iré a verte a Moscú. Nunca he sido feliz; ahora lo soy menos todavía, ¡y nunca, nunca seré dichosa!... No me hagas sufrir más. Te juro que iré a Moscú. Pero ahora separémonos, mi amado Gurov, no hay más remedio.

Estrechó su mano y empezó a bajar las escaleras muy de prisa volviendo atrás la cabeza; y en sus ojos pudo ver él que realmente era desgraciada. Gurov esperó un poco más, escuchó hasta que dejó de oírse el rumor de sus pasos, y entonces fue a buscar su abrigo v se marchó del teatro.

CUATRO

Y Ana Sergeyevna empezó a ir a verlo a Moscú. Cada dos o tres meses abandonaba S. diciendo a su esposo que iba a consultar a un doctor acerca de un mal interno que sentía. Y el marido le creía y no le creía. En Moscú paraba en el hotel del Bazar Eslavo, y desde allí enviaba a Gurov un mensajero con una gorra encarnada. Gurov la visitaba y nadie en Moscú lo sabía.

Una mañana de invierno se dirigía hacia el hotel a verla (el mensajero llegó la noche anterior). Iba con él su hija, a quien acompañaba al colegio. La nieve caía en grandes copos blancos.

—Hay tres grados sobre cero y, sin embargo, nieva —dijo Gurov a su hija—. Sólo hay deshielo en la superficie de la tierra; a mucha más altura de la atmósfera la temperatura es distinta completamente.

—¿Y por qué no hay tormentas en invierno, papá?

Y le explicó esto también.

Hablaba pensando que iba a verla a «ella», que nadie lo sabía y probablemente no se enterarían nunca. Tenía dos vidas: una franca, abierta, vista y conocida de todo el que quisiera, llena de franqueza relativa y relativa falsedad, una vida igual a la que llevaban sus amigos y conocidos; y otra que se deslizaba en secreto. Y a través de circunstancias extrañas, quizá accidentales, resultaba que cuanto había en él de verdadero valor, de sinceridad, todo lo que formaba el fondo de su corazón estaba oculto a los ojos de los demás; en cambio, cuanto había en él de falso, el estuche en que solía esconderse para ocultar la verdad —como, por ejemplo, su trabajo en el banco, sus discusiones en el club, aquello de la «raza inferior», su asistencia acompañado de su mujer a aniversarios y fiestas—, todo eso lo hacía delante de todo el mundo. Desde entonces juzgó a los otros por sí mismo, no creyendo en lo que veía y pensando siempre que cada hombre vive su verdadera vida en secreto, bajo el manto de la noche. La personalidad queda siempre ignorada, oculta, y tal vez por esta razón el hombre civilizado tiene siempre interés en que sea respetada.

Después de dejar a su hija en el colegio, Gurov se dirigió al Bazar Eslavo. Se quitó abajo el abrigo de pieles, subió las escaleras y llamó a la puerta. Ana Sergeyevna, vestida con su traje gris favorito, exhausta por el viaje y la espera, lo aguardaba desde la noche anterior. Estaba pálida; lo miró sin sonreír, y apenas había entrado se arrojó en sus brazos. Fue su beso lento, prolongado, como si hiciera años que no se veían.

—Y bien, ¿qué tal lo vas pasando allí? —preguntó Gurov—. ¿Qué noticias traes?

—Espera; ahora te contaré..., no puedo hablar.

Y no podía; estaba llorando. Se volvió de espaldas a él llevándose el pañuelo a los ojos.

«La dejaremos llorar. Me sentaré y esperaré», pensó Dmitri; y se sentó en una butaca.

Mientras tanto, llamó al timbre y pidió que le trajeran té. Ana Sergeyevna seguía de espaldas a él mirando por la ventana. Lloraba de emoción, al darse cuenta de lo triste y dura que era la vida para ambos; sólo podían verse en secreto, ocultándose de todo el mundo, como ladrones. Sus vidas estaban destrozadas.

—¡Ven, cállate! —dijo Gurov.

Para él era evidente que aquel amor tardaría mucho en acabarse; que no podía encontrarle fin. Ana Sergeyevna cada vez lo quería más. Lo adoraba y no había que pensar en decirle que aquello se acabaría alguna vez; por otra parte, no lo hubiera creído.

Se levantó a consolarla con alguna palabra de cariño, apoyó las manos en sus hombros y en aquel momento se vio en el espejo.

Empezaba a blanquearle la cabeza. Y le pareció raro haber envejecido tan rápida y tontamente durante los últimos años. Aquellos hombros sobre los que reposaban sus manos eran jóvenes, llenos de vida y calor, temblaban.

Sintió compasión por aquella vida todavía tan joven, tan encantadora, pero probablemente no lejos de marchitarse como la suya. ¿Por qué lo amaba ella tanto? Siempre había parecido a las mujeres distinto de como era en realidad; amaban, no a él mismo, sino al hombre que se habían forjado en su imaginación, a aquel a quien con ansia buscaran toda la vida; y después, al notar su engaño, lo seguían amando lo mismo. Sin embargo, ninguna fue feliz con él. El tiempo pasó, hizo amistad con ellas, vivió con algunas, se separó luego, pero nunca había amado; sería lo que quisiera, pero no era amor.

Y he aquí que ahora, cuando su cabeza empezaba a blanquear, se había realmente enamorado por primera vez en su vida.

Ana Sergeyevna y él se amaban como algo muy próximo y querido, como marido y mujer, como tiernos amigos; habían nacido el uno para el otro y no comprendían por qué ella tenía un esposo y él una esposa. Eran como dos aves de paso obligadas a vivir en jaulas diferentes. Olvidaron el uno y el otro cuanto tenían por qué avergonzarse en el pasado, olvidaron el presente, y sintieron que aquel amor los había cambiado.

Otras veces, en momentos de depresión moral, Gurov se había reconfortado a sí mismo con razonamientos de alguna clase; pero ahora no le preocupaban estas cosas; sentía profunda compasión, necesidad de ser sincero y tierno…

—No llores, querida —le dijo—. Ya has llorado bastante, vamos… Ven y hablaremos un poco, arreglaremos algún plan.

Entonces discutieron sobre la necesidad de evitar tanto secreto, el tener que vivir en ciudades diferentes y verse tan de tarde en tarde. ¿Cómo librarse de aquel intolerable cautiverio?…

—¿Cómo? ¿Cómo? —se preguntaba Gurov con la cabeza entre las manos—. ¿Cómo?…

Y parecía como si dentro de pocos momentos todo fuera a solucionarse y una nueva y espléndida vida empezara para ellos; y ambos veían claramente que aún les quedaba un camino largo, largo que recorrer, y que la parte más complicada y difícil no había hecho más que empezar.

EL ZAPATERO Y EL DIABLO

Era la víspera de Navidad. María llevaba ya un buen rato roncando sobre la estufa y en la lamparilla había ardido ya todo el petróleo, pero Fiódor Nílov seguía trabajando. Lo habría dejado hacía tiempo y se habría marchado a la calle, pero un cliente del callejón Kolokolni, que le había encargado unos empeines para sus botas dos semanas antes, había ido a verle el día anterior, le había insultado y le había ordenado que acabara sin falta el trabajo antes del servicio matinal.

—¡Vaya una vida! —rezongaba Fiódor mientras trabajaba—. Algunas personas llevan ya un buen rato durmiendo, otras pasándoselo bien, y yo aquí trabajando como una mula, cosiendo para el primero que llega...

Para no quedarse dormido, cogía de vez en cuando una botella que había debajo de la mesa y bebía, sacudiendo la cabeza después de cada trago y diciendo en voz alta:

—Que alguien me explique por qué mis clientes se divierten mientras yo tengo que coser para ellos. ¿Acaso porque ellos tienen dinero y yo soy pobre?

Odiaba a todos sus clientes, especialmente al que vivía en el callejón Kolokolni. Era un hombre de aspecto sombrío, con el pelo largo, tez amarillenta, grandes lentes azules y voz ronca. Tenía un apellido alemán impronunciable. Nadie parecía saber cuál era su profesión ni en qué se ocupaba. Dos semanas antes, cuando Fiódor fue a su casa a tomarle las medidas, lo había encontrado sentado en el suelo, machacando alguna cosa en un mortero. Antes de que Fiódor tuviera tiempo de saludarlo, el contenido del mortero relampagueó y empezó a despedir una llama roja y brillante, se levantó un olor a azufre y a plumas quemadas y toda la habitación se llenó de un espeso humo de color rosa que hizo a Fiódor estornudar cinco veces. De camino a casa, pensaba: "Nadie que tenga temor de Dios podría ocuparse de esas tareas".

Cuando la botella se quedó vacía, Fiódor puso las botas sobre la mesa y se quedó pensativo. Apoyó la pesada cabeza en el puño y se hundió en consideraciones sobre su pobreza, sobre su vida triste y sombría. Luego pasó a ocuparse de los ricos, de sus grandes casas, de sus coches y de sus billetes de cien rublos... ¡Qué bien estaría si las casas de esos malditos ricos se vinieran abajo, sus caballos se murieran y sus abrigos y gorros de piel se desgastaran! ¡Qué bien estaría si los ricos poco a poco se volvieran pobres y no tuvieran nada para comer, y él, un pobre zapatero, se convirtiera en un hombre adinerado y se pavoneara ante un zapatero pobre la víspera de Navidad!

Fiódor ocupó algunos minutos en esas ensoñaciones, pero de pronto se acordó de su tarea y abrió los ojos.

"¡En qué estoy pensando! —pensó, contemplando las botas—. Hace tiempo que he terminado el trabajo y sin embargo sigo aquí sentado. ¡Tengo que llevárselas al cliente!".

Envolvió el calzado en un pañuelo rojo, se puso el abrigo y salió a la calle. Caía una nieve fina y pesada que punzaba su rostro como agujas. Hacía frío, reinaba la oscuridad y el suelo estaba resbaladizo. Las farolas de gas despedían una luz opaca; en toda la calle, por alguna razón, había tal olor a petróleo que Fiódor se vio obligado a toser y carraspear. En una y otra dirección pasaban hombres pudientes en sus carruajes, todos ellos con un jamón y una botella de vodka. Desde los coches y los trineos ricas señoritas miraban a Fiódor, le sacaban la lengua y le gritaban entre sonrisas:

—¡Un mendigo! ¡Un mendigo!

Detrás de él caminaban algunos estudiantes, oficiales, mercaderes y generales, y todos le insultaban:

—¡Borracho! ¡Borracho! ¡Zapatero sin Dios! ¡No crees más que en tus suelas! ¡Mendigo!

Todo eso era ofensivo, pero Fiódor guardó silencio y se limitó a escupir. Cuando se encontró con Kuzmá Lebedkin, un maestro zapatero natural de Varsovia, éste le dijo:

—Yo me he casado con una mujer rica y en mi taller trabajan aprendices. Pero tú eres pobre y no tienes nada que llevarte a la boca.

Fiódor no se contuvo y se lanzó tras él. Le estuvo persiguiendo hasta que llegó al callejón Kolokolni. Su cliente vivía en la cuarta casa contando desde la esquina, en un apartamento situado en la planta más alta. Para llegar hasta allí había que atravesar un patio largo y oscuro y luego subir por una escalera muy alta y resbaladiza que se tambaleaba. Cuando Fiódor entró en la vivienda, encontró a su cliente sentado en el suelo, triturando alguna sustancia en el mortero, igual que dos semanas antes.

—¡Le traigo sus botas, excelencia! —exclamó Fiódor con aire sombrío.

El cliente se levantó y empezó a ponerse las botas en silencio. Con intención de ayudarlo, Fiódor hincó una rodilla en tierra y le quitó una de las botas viejas, pero inmediatamente se puso en pie y, aterrado, retrocedió hasta la puerta. En lugar de pie aquel hombre tenía una pezuña de caballo.

"¡Vaya! —pensó Fiódor— ¡Menuda historia!".

Lo primero que debía haber hecho era persignarse, dejarlo todo y escapar escaleras abajo; pero enseguida consideró que aquél era su primer encuentro, y probablemente el último, con el diablo y que sería una tontería no aprovecharse de sus servicios. Se dominó y trató de probar fortuna. Tras ocultar las manos en la espalda para no hacer la señal de la cruz, tosió respetuosamente y exclamó:

—La gente dice que no hay nada peor ni más vil en el mundo que el diablo, pero en mi opinión, excelencia, el Señor de las Tinieblas es muy instruido. El diablo, dicho sea con perdón, tiene pezuñas y rabo, pero es más inteligente que cualquier estudiante.

—Le agradezco mucho esas palabras —exclamó el cliente, sintiéndose halagado—. ¡Muchas gracias, zapatero! ¿Qué es lo que quieres?

Y el zapatero, sin pérdida de tiempo, se puso a quejarse de su suerte. Empezó diciendo que había sentido envidia de los ricos desde niño. Siempre le había molestado que no todas las personas vivieran en grandes casas y tuvieran buenos caballos. ¿Por qué, se preguntaba, él era pobre? ¿En qué era peor que Kuzmá Lebedkin, natural de Varsovia, que tenía su propia casa y una mujer que llevaba sombrero? Su nariz, sus manos, sus piernas, su cabeza y su espalda en nada se diferenciaban de las de los ricos; entonces, ¿por qué se veía obligado a trabajar mientras los otros se divertían? ¿Por qué estaba casado con María y no con una dama que desprendiera olor a esencia? En casa de los clientes ricos había visto con frecuencia bellas señoritas, pero ellas no le prestaban ninguna atención, solo a veces se reían y murmuraban entre sí:

—¡Vaya nariz roja que tiene este zapatero!

En verdad, María era una mujer buena, amable y trabajadora, pero carecía de educación, tenía una mano de hierro y pegaba fuerte. Además, cuando se hablaba de política o de algún tema elevado en su presencia, enseguida se entrometía, pronunciando las más disparatadas insensateces.

—¿Qué es lo que quieres? —le interrumpió su cliente.

—Ya que es usted tan amable, señor diablo, me gustaría que me hiciera rico, excelencia.

—Muy bien. Pero debes entregarme tu alma a cambio. Antes de que canten los gallos, tienes que firmarme este papel asignándomela.

—¡Pero excelencia! —exclamó Fiódor respetuosamente—. Cuando me encargó usted esos empeines, yo no le pedí dinero por adelantado. Antes de exigir dinero hay que cumplir lo pactado.

—¡Bueno, de acuerdo! —convino el cliente.

De pronto en el mortero surgió una brillante llama, de la que se desprendió un humo rosado y denso, y a continuación empezó a oler a azufre y a plumas quemadas. Cuando el humo se disipó, Fiódor se frotó los ojos y advirtió que ya no era Fiódor el zapatero, sino otra persona distinta, ataviada con un chaleco, una leontina y unos pantalones nuevos, que se hallaba sentada en un sillón junto a una gran mesa. Dos lacayos le presentaban diversos platos, al tiempo que hacían profundas reverencias y exclamaban:

—¡Buen apetito, excelencia!

¡Qué riqueza! Los lacayos le sirvieron una gran porción de cordero asado y un plato con pepinillos. Luego trajeron en una sartén un ganso asado y algo después cerdo al horno con salsa de rábanos. ¡Y qué noble y distinguido era todo! Fiódor comió, bebiendo un gran vaso de excelente vodka antes de cada plato, igual que un general o un conde cualquiera. Después del cerdo le trajeron unas gachas de avena con grasa de ganso y a continuación una tortilla con grasa de cerdo e hígado frito, alimentos todos que degustó y apreció. ¿Y qué más? También le sirvieron un pastel de cebolla y nabos al vapor con levas.

"¡No sé cómo los señores no revientan con estas comidas!", pensó.

Como colofón le trajeron un gran tarro de miel. Después de la comida apareció el diablo con sus lentes azuladas y, haciéndole una profunda reverencia, le preguntó:

—¿Estás satisfecho de la comida, Fiódor Panteleich?

Pero Fiódor no pudo pronunciar palabra, tan lleno estaba. Después de ese exceso de comida se sentía incómodo y pesado. Tratando de distraerse, se puso a examinar la bota de su pie izquierdo.

—Por unas botas como estas yo no pediría menos de siete rublos y medio. ¿Qué zapatero las ha hecho? —preguntó.

—Kuzmá Lebedkin —contestó el lacayo.

—¡Traedme aquí a ese imbécil!

Al poco apareció Kuzmá Lebedkin, natural de Varsovia. Se detuvo en el quicio de la puerta, adoptando una actitud respetuosa, y preguntó:

—¿Qué ordena su excelencia?

—¡Cállate! —le gritó Fiódor, golpeando el suelo con el pie—. No te atrevas a contestarme. ¡Acuérdate de tu condición de zapatero y de la clase de hombre que eres! ¡Estúpido! ¡No sabes hacer unas botas! ¡Te voy a partir la cara! ¿A qué has venido?

—A por mi dinero, señor.

—¿Qué dinero? ¡Vete! ¡Vuelve el sábado! ¡Criado, dale un tortazo!

Pero en ese momento recordó cuánto le habían atormentado a él mismo sus clientes y sintió que se le encogía el corazón. Para distraerse, sacó del bolsillo una gruesa billetera y se puso a contar su dinero. Había muchísimo, pero Fiódor quería todavía más. El diablo de las lentes azuladas le trajo otro billetero aún más lleno, pero él ansiaba todavía más, y cuanto más contaba los billetes más insatisfecho se mostraba.

Al atardecer, el diablo le trajo una señorita alta y de generoso busto, ataviada con un vestido rojo, y le dijo que aquélla era su nueva esposa. Pasó toda la tarde besándola y comiendo dulces. Por la noche se tumbó en un blando colchón de plumas, pero estuvo cambiando de postura cada dos por tres, incapaz de conciliar el sueño. Se sentía inquieto.

—Tenemos mucho dinero —le dijo a su esposa—, y eso puede atraer a los ladrones. ¡Coge una vela y vete a echar un vistazo!

No pegó ojo en toda la noche y no paró de levantarse para comprobar si el cofre estaba intacto. Al amanecer tenía que ir a la iglesia para asistir al oficio de maitines. En la iglesia ricos y pobres recibían idénticos honores. Cuando Fiódor era pobre, rezaba en la iglesia con estas palabras: "¡Señor, perdona a este pecador!". Esos mismos vocablos pronunció ahora que era rico, de modo que ¿dónde estaba la diferencia? Además, después de la muerte al rico Fiódor no lo enterrarían entre oro y diamantes, sino en la tierra negra, como al más pobre pedigüeño. Fiódor ardería en el mismo fuego que los zapateros. Todo eso le pareció ofensivo. De nuevo volvió a sentir en el cuerpo la pesadez de la comida; en lugar de oraciones, le venían a la cabeza distintas consideraciones relativas al cofre, el dinero, los ladrones y su alma vendida y condenada.

Salió contrariado de la iglesia. Para alejar de sí esos inoportunos pensamientos se puso a entonar una canción con todas sus fuerzas, como siempre había hecho. Pero nada más comenzar, un guardia se acercó a él y le dijo, llevándose una mano a la visera:

—¡Excelencia, no es propio de señores cantar en la calle! ¡Ni que fuera usted un zapatero!

Fiódor se reclinó contra una valla y trató de buscar otro entretenimiento.

—¡Señor! —le gritó un portero— No se apoye demasiado en esa valla o se manchará el abrigo.

Fiódor entró en una tienda y se compró el mejor acordeón; a continuación salió a la calle y se puso a tocar. Todos los transeúntes le señalaban con el dedo y se reían.

—¡Vaya un señor! —se mofaban los cocheros—. ¡Se comporta como un zapatero!

—No podemos dejar que los señores perturben la paz —le dijo un guardia—. ¡Será mejor que se vaya a una taberna!

—¡Señor, por el amor de Dios! —le gritaban los pobres, rodeando a Fiódor por todos lados—. ¡Denos algo!

Antes, cuando era zapatero, los pobres no le prestaban la menor atención; ahora, en cambio, no se apartaban de él.

En casa se encontró con su nueva esposa, vestida con una blusa verde y una falda roja. Hizo intención de acariciarla, pero ya había levantado la mano con intención de propinarle un golpe en la espalda, cuando ella exclamó con enfado:

—¡Bruto! ¡Grosero! ¡No sabes cómo tratar a una dama! Si me amas, bésame la mano. Pero no voy a permitir que me pegues.

"¡Vaya una vida de perros! —pensó Fiódor—. ¡Y a esto le llaman vivir! No puede uno ni cantar, ni tocar el acordeón ni pasárselo bien con su mujer… ¡Uf!".

En cuanto se sentó con la señorita a tomar el té, apareció el diablo de las lentes azuladas y exclamó:

—Bueno, Fiódor Panteleich. Fie cumplido mi parte del acuerdo, así que firma ese papel y sígueme. Ahora sabes lo que significa ser rico, de modo que ya es suficiente.

Y sin más preámbulos arrastró a Fiódor al infierno, donde una multitud de diablos apareció volando por todas partes y se puso a gritar:

—¡Estúpido! ¡Imbécil! ¡Burro!

En el infierno había un olor a petróleo tan terrible que apenas se podía respirar.

De pronto todo desapareció. Fiódor abrió los ojos y vio su mesa, las botas y la lamparilla de hojalata. El cristal de la lamparilla estaba negro y de la pequeña llama de la mecha se elevaba un humo maloliente, semejante al de una chimenea. Junto a él estaba el cliente de las lentes azuladas, gritándole con enfado:

—¡Estúpido! ¡Imbécil! ¡Burro! ¡Voy a darte una lección, estafador! ¡Hace dos semanas que te hice este encargo y las botas aún no están listas! ¿Crees que tengo tiempo para venir aquí cinco veces al día a recogerlas? ¡Canalla, miserable!

Fiódor sacudió la cabeza y se ocupó de las botas. El cliente pasó un buen rato insultándolo y amenazándolo. Cuando al cabo de un rato se tranquilizó, Fiódor le preguntó con aire sombrío:

—¿En qué se ocupa usted, señor?

—Preparo bengalas y cohetes. Soy pirotécnico.

Carruajes y trineos con mantas de piel de oso se desplazaban en una y otra dirección. Por la acera paseaban comerciantes, señores y oficiales, junto con gente sencilla… Pero Fiódor ya no tenía envidia de nadie y no se quejaba de su suerte. Ahora pensaba que el destino de ricos y pobres era igualmente desdichado. Los unos podían ir en carro, los otros cantar con todas sus fuerzas y tocar el acordeón, pero a todos les esperaba la misma tumba. Nada había en la vida por lo que mereciera la pena entregar al diablo ni siquiera una pequeña parte del alma.

EL BESO

El veinte de mayo a las ocho de la tarde las seis baterías de la brigada de artillería de la reserva de N, que se dirigían al campamento, se detuvieron a pernoctar en la aldea de Mestechki. En el momento de mayor confusión, cuando unos oficiales se ocupaban de los cañones y otros, reunidos en la plaza junto a la verja de la iglesia, escuchaban a los aposentadores, por detrás del templo apareció un jinete en traje civil montando una extraña cabalgadura. El animal, un caballo bayo, pequeño, de hermoso cuello y cola corta, no caminaba de frente sino un poco al sesgo, ejecutando con las patas pequeños movimientos de danza, como si se las azotaran con el látigo. Llegado ante los oficiales, el jinete alzó levemente el sombrero y dijo:

—Su Excelencia el teniente general Von Rabbek, propietario del lugar, invita a los señores oficiales a que vengan sin dilación a tomar el té en su casa...

El caballo se inclinó, se puso a danzar y retrocedió de flanco; el jinete volvió a alzar levemente el sombrero, y un instante después desapareció con su extraña montura tras la iglesia.

—¡Maldita sea! —rezongaban algunos oficiales al dirigirse a sus alojamientos—. ¡Con las ganas que uno tiene de dormir y el Von Rabbek ese nos viene ahora con su té! ¡Ya sabemos lo que eso significa!

Los oficiales de las seis baterías recordaban muy vivamente un caso del año anterior, cuando durante unas maniobras, un conde terrateniente y militar retirado los invitó del mismo modo a tomar el té, y con ellos a los oficiales de un regimiento de cosacos. El conde, hospitalario y cordial, los colmó de atenciones, les hizo comer y beber, no les dejó regresar a los alojamientos que tenían en el pueblo y les acomodó en su propia casa. Todo eso estaba bien y nada mejor cabía desear, pero lo malo fue que el militar retirado se entusiasmó sobremanera al ver aquella juventud. Y hasta que rayó el alba les estuvo contando episodios de su hermoso pasado, los condujo por las estancias, les mostró cuadros de valor, viejos grabados y armas raras, les leyó cartas autógrafas de encumbrados personajes, mientras los oficiales, rendidos y fatigados, escuchaban y miraban deseosos de verse en sus camas, bostezaban con disimulo acercando la boca a sus mangas. Y cuando, por fin, el dueño de la casa los dejó libres era ya demasiado tarde para irse a dormir.

¿No sería también de ese estilo el tal Von Rabbek? Lo fuese o no, nada podían hacer. Los oficiales se cambiaron de ropa, se cepillaron y marcharon en grupo a buscar la casa del terrateniente. En la plaza, cerca de la iglesia, les dijeron que a la casa de los señores podía irse por abajo: detrás de la iglesia se descendía al río, se seguía luego por la orilla hasta el jardín, donde las avenidas conducían hasta el lugar; o bien se podía ir por arriba: siguiendo desde la iglesia directamente el camino que a media versta del poblado pasaba por los graneros del señor. Los oficiales decidieron ir por arriba.

—¿Quién será ese Von Rabbek? —comentaban por el camino—. ¿No será aquel que en Pleven mandaba la división N de caballería?

—No, aquel no era Von Rabbek, sino simplemente Rabbek, sin von.

—¡Ah, qué tiempo más estupendo!

Ante el primer granero del señor, el camino se bifurcaba: un brazo seguía en línea recta y desaparecía en la oscuridad de la noche; el otro, a la derecha, conducía a la mansión señorial. Los oficiales tomaron a la derecha y se pusieron a hablar en voz más baja... A ambos lados del camino se extendían los graneros con muros de albañilería y techumbre roja, macizos y severos, muy parecidos a los cuarteles de una capital de distrito. Más adelante brillaban las ventanas de la mansión.

—¡Señores, buena señal! —dijo uno de los oficiales—. Nuestro séter va delante de todos; ¡eso significa que olfatea una presa!

El teniente Lobitko, que iba en cabeza, alto y robusto, pero totalmente lampiño (tenía más de veinticinco años, pero en su cara redonda y bien cebada aún no aparecía el pelo, váyase a saber por qué), famoso en toda la brigada por su olfato y habilidad para adivinar a distancia la presencia femenina, se volvió y dijo:

—Sí, aquí debe de haber mujeres. Lo noto por instinto.

Junto al umbral de la casa recibió a los oficiales Von Rabbek en persona, un viejo de venerable aspecto que frisaría en los sesenta años, vestido en traje civil. Al estrechar la mano a los huéspedes, dijo que estaba muy contento y se sentía muy feliz, pero rogaba encarecidamente a los oficiales que, por el amor de Dios, le perdonaran si no les había invitado a pasar la noche en casa. Habían llegado de visita dos hermanas suyas con hijos, hermanos y vecinos, de suerte que no le quedaba ni una sola habitación libre.

El general les estrechaba la mano a todos, se excusaba y sonreía, pero se le notaba en la cara que no estaba ni mucho menos tan contento por la presencia de los huéspedes como el conde del año anterior y que sólo había invitado a los oficiales por entender que así lo exigían los buenos modales. Los propios oficiales, al subir por la escalinata alfombrada y escuchar sus palabras, se daban cuenta de que los habían invitado a la casa únicamente porque resultaba violento no hacerlo, y, al ver a los criados apresurarse a encender las luces abajo en la entrada, y arriba en el recibidor, empezó a parecerles que con su presencia habían provocado inquietud y alarma. ¿Podía ser grata la presencia de diecinueve oficiales desconocidos allí donde se habían reunido dos hermanas con sus hijos, hermanos y vecinos, sin duda con motivo de alguna fiesta o algún acontecimiento familiar?

Arriba, a la entrada de la sala, acogió a los huéspedes una vieja alta y erguida, de rostro ovalado y cejas negras, muy parecida a la emperatriz Eugenia. Con sonrisa amable y majestuosa, decía sentirse contenta y feliz de ver en su casa a aquellos huéspedes, y se excusaba de no poder invitar esta vez a los señores oficiales a pasar la noche en la casa. Por su bella y majestuosa sonrisa que se desvanecía al instante de su rostro cada vez que por alguna razón se volvía hacia otro lado, resultaba evidente que en su vida había visto muchos señores oficiales, que en aquel momento no estaba pendiente de ellos y que, si los había invitado y se disculpaba, era sólo porque así lo exigía su educación y su posición social.

En el gran comedor donde entraron los oficiales, una decena de varones y damas, unos entrados en años y jóvenes otros, estaban tomando el té en el extremo de una larga mesa. Detrás de sus sillas, envuelto en un leve humo de cigarros, se percibía un grupo de hombres. En medio del grupo había un joven delgado, de patillas pelirrojas, que, tartajeando, hablaba en inglés en voz alta. Más allá del grupo se veía, por una puerta, una estancia iluminada, con mobiliario azul.

—¡Señores, son ustedes tantos que no es posible hacer su presentación! —dijo en voz alta el general, esforzándose por parecer muy alegre—. ¡Traben conocimiento ustedes mismos, señores, sin ceremonias!

Los oficiales, unos con el rostro muy serio y hasta severo, otros con sonrisa forzada, y todos sintiéndose en una situación muy embarazosa, saludaron bien que mal, inclinándose, y se sentaron a tomar el té.

Quien más desazonado se sentía era el capitán ayudante Riabóvich, oficial de pequeña estatura y algo encorvado, con gafas y unas patillas como las de un lince. Mientras algunos de sus camaradas ponían cara seria y otros afectaban una sonrisa, su cara, sus patillas de lince y sus gafas parecían decir: «¡Yo soy el oficial más tímido, el más modesto y el más gris de toda la brigada!» En los primeros momentos, al entrar en la sala y luego sentado a la mesa ante su té, no lograba fijar la atención en ningún rostro ni objeto. Las caras, los vestidos, las garrafitas de coñac de cristal tallado, el vapor que salía de los vasos, las molduras del techo, todo se fundía en una sola impresión general, enorme, que alarmaba a Riabóvich y le inspiraba deseos de esconder la cabeza. De modo análogo al declamador que actúa por primera vez en público, veía todo cuanto tenía ante los ojos, pero no llegaba a comprenderlo (los fisiólogos llamaban «ceguera psíquica» a ese estado en que el sujeto ve sin comprender). Pero algo después, adaptado ya al ambiente, empezó a ver claro y se puso a observar. Siendo persona tímida y poco sociable, lo primero que le saltó a la vista fue algo que él nunca había poseído, a saber: la extraordinaria intrepidez de sus nuevos conocidos. Von Rabbek, su mujer, dos damas de edad madura, una señorita con un vestido color lila y el joven de patillas pelirrojas, que resultó ser el hijo menor de Von Rabbek, tomaron con gesto muy hábil, como si lo hubieran ensayado de antemano, asiento entre los oficiales, y entablaron una calurosa discusión en la que no podían dejar de participar los huéspedes. La señorita lila se puso a demostrar con ardor que los artilleros estaban mucho mejor que los de caballería y de infantería, mientras que Von Rabbek y las damas entradas en años sostenían lo contrario. Empezaron a cruzarse las réplicas. Riabóvich observaba a la señorita lila, que discutía con gran vehemencia cosas que le eran extrañas y no le interesaban en absoluto, y advertía que en su rostro aparecían y desaparecían sonrisas afectadas.

Von Rabbek y su familia hacían participar con gran arte a los oficiales en el debate, pero al mismo tiempo estaban pendientes de vasos y bocas, de si todos bebían, si todos tenían azúcar y por qué alguno de los presentes no comía bizcocho o no tomaba coñac. A Riabóvich, cuanto más miraba y escuchaba, tanto más agradable le resultaba aquella familia falta de sinceridad, pero magníficamente disciplinada.

Después del té, los oficiales pasaron a la sala. El instinto no había engañado al teniente Lobitko: en la sala había muchas señoritas y damas jóvenes. El séter—teniente se había plantado ya junto a una rubia muy jovencita vestida de negro e, inclinándose con arrogancia, como si se apoyara en un sable invisible, sonreía y movía los hombros con gracia. Probablemente contaba alguna tontería muy interesante, porque la rubia miraba con aire condescendiente el rostro bien cebado y le preguntaba con indiferencia: «¿De veras?» Y de aquel indolente «de veras», el séter, de haber sido inteligente, habría podido inferir que difícilmente le gritarían «¡Busca!»

Empezó a sonar un piano; un vals melancólico escapó volando de la sala por las ventanas abiertas de par en par, y todos recordaron, quién sabe por qué motivo, que más allá de las ventanas empezaba la primavera y que aquella era una noche de mayo. Todos notaron que el aire olía a hojas tiernas de álamo, a rosas y a lilas. Riabóvich, en quien, bajo el influjo de la música, empezó a dejarse sentir el coñac que había tomado, miró con el rabillo del ojo la ventana, sonrió y se puso a observar los movimientos de las mujeres, hasta que llegó a parecerle que el aroma de las rosas, de los álamos y de las lilas no procedían del jardín, sino de las caras y de los vestidos femeninos.

El hijo de Von Rabbek invitó a una cenceña jovencita y dio con ella dos vueltas a la sala. Lobitko, deslizándose por el parquet, voló hacia la señorita lila y se lanzó con ella a la pista. El baile había comenzado... Riabóvich estaba de pie cerca de la puerta, entre los que no bailaban, y observaba. En toda su vida no había bailado ni una sola vez y ni una sola vez había estrechado el talle de una mujer honesta. Le gustaba enormemente ver cómo un hombre, a la vista de todos, tomaba a una doncella desconocida por el talle y le ofrecía el hombro para que ella colocara su mano, pero de ningún modo podía imaginarse a sí mismo en la situación de tal hombre. Hubo un tiempo en que envidiaba la osadía y la maña de sus compañeros y sufría por ello; la conciencia de ser tímido, cargado de espaldas y soso, de tener un tronco largo y patillas de lince, lo hería profundamente, pero con los años se había acostumbrado. Ahora, al contemplar a quienes bailaban o hablaban en voz alta, ya no los envidiaba, experimentaba tan solo un enternecimiento melancólico.

Cuando empezó la contradanza, el joven Von Rabbek se acercó a los que no bailaban e invitó a dos oficiales a jugar al billar. Éstos aceptaron y salieron con él de la sala. Riabóvich, sin saber qué hacer y deseoso de tomar parte de algún modo en el movimiento general, los siguió. De la sala pasaron al recibidor y recorrieron un estrecho pasillo con vidrieras, que los llevó a una estancia donde ante su aparición se alzaron rápidamente de los divanes tres soñolientos lacayos. Por fin, después de cruzar una serie de estancias, el joven Von Rabbek y los oficiales entraron en una habitación pequeña donde había una mesa de billar. Empezó el juego.

Riabóvich, que nunca había jugado a nada que no fueran las cartas, contemplaba indiferente junto al billar a los jugadores, mientras que éstos, con las guerreras desabrochadas y los tacos en las manos, daban zancadas, soltaban retruécanos y gritaban palabras incomprensibles. Los jugadores no paraban mientes en él; sólo de vez en cuando alguno de ellos, al empujarlo con el codo o al tocarlo inadvertidamente con el taco, se volvía y le decía «Pardon!». Aún no había terminado la primera partida cuando le empezó a parecer que allí estaba de más, que estorbaba. De nuevo se sintió atraído por la sala y se fue.

Pero en el camino de retorno le sucedió una pequeña aventura. A la mitad del recorrido se dio cuenta de que no iba por donde debía. Se acordaba muy bien de que tenía que encontrarse con las tres figuras de lacayos soñolientos, pero había cruzado ya cinco o seis estancias, y era como si a aquellas figuras se las hubiera tragado la tierra. Percatándose de su error, retrocedió un poco, dobló a la derecha y se encontró en un gabinete sumido en la penumbra, que no había visto cuando se dirigía a la sala de billar. Se detuvo unos momentos, luego abrió resuelto la primera puerta en que puso la vista y entró en un cuarto completamente a oscuras. Enfrente se veía la rendija de una puerta por la que se filtraba una luz viva; del otro lado de la puerta, llegaban los apagados sones de una melancólica mazurca. También en el cuarto oscuro, como en la sala, las ventanas estaban abiertas de par en par, y se percibía el aroma de álamos, lilas y rosas…

Riabóvich se detuvo pensativo… En aquel momento, de modo inesperado, se oyeron unos pasos rápidos y el leve rumor de un vestido, una anhelante voz femenina balbuceó «¡Por fin!», y dos brazos mórbidos, perfumados, brazos de mujer sin duda, le envolvieron el cuello; una cálida mejilla se apretó contra la suya y al mismo tiempo resonó un beso. Pero acto seguido la que había dado el beso exhaló un breve grito y Riabóvich tuvo la impresión de que se apartaba bruscamente de él con repugnancia. Poco faltó para que también él profiriera un grito, y se precipitó hacia la rendija iluminada de la puerta…

Cuando volvió a la sala, el corazón le martilleaba y las manos le temblaban de manera tan notoria que se apresuró a esconderlas tras la espalda. En los primeros momentos le atormentaban la vergüenza y el temor de que la sala entera supiera que una mujer acababa de abrazarlo y besarlo, se retraía y miraba inquieto a su alrededor, pero, al convencerse de que allí seguían bailando y charlando tan tranquilamente como antes, se entregó por entero a una sensación nueva, que hasta entonces no había experimentado ni una sola vez en la vida. Le estaba sucediendo algo raro... El cuello, unos momentos antes envuelto por unos brazos mórbidos y perfumados, le parecía untado de aceite; en la mejilla, a la izquierda del bigote, donde lo había besado la desconocida, le palpitaba una leve y agradable sensación de frescor, como de unas gotas de menta, y lo notaba tanto más cuanto más frotaba ese punto. Todo él, de la cabeza a los pies, estaba colmado de un nuevo sentimiento extraño, que no hacía sino crecer y crecer... Sentía ganas de bailar, de hablar, de correr al jardín, de reír a carcajadas... Se olvidó por completo de que era encorvado y gris, de que tenía patillas de lince y «un aspecto indefinido» (así lo calificaron una vez en una conversación de señoras que él oyó por azar). Cuando pasó por su vera la mujer de Von Rabbek, le sonrió con tanta amabilidad y efusión que la dama se detuvo y lo miró interrogadora.

—¡Su casa me gusta enormemente...! —dijo Riabóvich, ajustándose las gafas.

La generala sonrió y le contó que aquella casa había pertenecido ya a su padre. Después le preguntó si vivían sus padres, si llevaba en la milicia mucho tiempo, por qué estaba tan delgado y otras cosas por el estilo... Contestadas sus preguntas, siguió ella su camino, pero después de aquella conversación Riabóvich comenzó a sonreír aún con más cordialidad y a pensar que lo rodeaban unas personas magníficas...

Durante la cena, Riabóvich comió maquinalmente todo cuanto le sirvieron. Bebía y, sin oír nada, procuraba explicarse la reciente aventura. Lo que acababa de sucederle tenía un carácter misterioso y romántico, pero no era difícil de descifrar. Sin duda, alguna señorita o dama se había citado con alguien en el cuarto oscuro, había estado esperando largo rato y, debido a sus nervios excitados, había tomado a Riabóvich por su héroe. Esto resultaba más verosímil dado que Riabóvich, al pasar por la estancia oscura, se había detenido caviloso, es decir, tenía el aspecto de una persona que también espera algo... Así se explicaba Riabóvich el beso que había recibido.

«Pero ¿quién será ella? —pensaba, examinando los rostros de las mujeres—. Debe de ser joven, porque las viejas no acuden a las citas.

Estaba claro, por otra parte, que pertenecía a un ambiente cultivado, y eso se notaba por el rumor del vestido, por el perfume, por la voz...»

Detuvo la mirada en la señorita lila, que le gustó mucho; tenía hermosos hombros y brazos, rostro inteligente y una voz magnífica. Riabóvich deseó, al contemplarla, que fuese precisamente ella y no otra la desconocida... Pero la joven se echó a reír con aire poco sincero y arrugó su larga nariz, que le pareció la nariz de una vieja. Entonces trasladó la mirada a la rubia vestida de negro. Era más joven, más sencilla y espontánea, tenía unas sienes encantadoras y se llevaba la copa a los labios con mucha gracia. Entonces Riabóvich habría deseado que esa fuese aquella. Pero poco después le pareció que tenía el rostro plano, y volvió los ojos hacia su vecina...

«Es difícil adivinar —pensaba, dando libre curso a su fantasía—. Si de la del vestido lila se tomaran solo los hombros y los brazos, se les añadieran las sienes de la rubia y los ojos de aquella que está sentada a la izquierda de Lobitko, entonces...

Hizo en su mente esa adición y obtuvo la imagen de la joven que lo había besado, la imagen que él deseaba, pero que no lograba descubrir en la mesa.

Terminada la cena, los huéspedes, ahítos y algo achispados, empezaron a despedirse y a dar las gracias. Los anfitriones volvieron a disculparse por no poder ofrecerles alojamiento en la casa.

—¡Estoy muy contento, muchísimo, señores! —decía el general, y esta vez era sincero (probablemente porque al despedir a los huéspedes la gente suele ser bastante más sincera y benévola que al darles la bienvenida). ¡Estoy muy contento! ¡Quedan invitados para cuando estén de regreso! ¡Sin cumplidos! Pero ¿por dónde van? ¿Quieren pasar por arriba? No, vayan por el jardín, por abajo, el camino es más corto.

Los oficiales se dirigieron al jardín. Después de la brillante luz y de la algazara, pareció muy oscuro y silencioso. Caminaron sin decir palabra hasta la portezuela. Estaban algo bebidos, alegres y contentos, pero las tinieblas y el silencio los movieron a reflexionar por unos momentos. Probablemente, a cada uno de ellos, como a Riabóvich, se le ocurrió pensar en lo mismo: ¿llegaría también para ellos alguna vez el día en que, como Rabbek, tendrían una casa grande, una familia, un jardín y la posibilidad, aunque fuera con poca sinceridad, de tratar bien a las personas, de dejarlas ahítas, achispadas y contentas?

Salvada la portezuela, se pusieron a hablar todos a la vez y a reír estrepitosamente sin causa alguna. Andaban ya por un sendero que descendía hacia el río y corría luego junto al agua misma, rodeando los arbustos de la orilla, los rehoyos y los sauces que colgaban sobre la corriente. La orilla y el sendero apenas se distinguían y la orilla opuesta se hallaba totalmente sumida en las tinieblas. Acá y allá las estrellas se reflejaban en el agua oscura, tremolaban y se distendían, y sólo por esto se podía adivinar que el río fluía con rapidez. El aire estaba en calma. En la otra orilla gemían los chorlitos soñolientos, y en esta un ruiseñor, sin prestar atención alguna al tropel de oficiales, desgranaba sus agudos trinos en un arbusto. Los oficiales se detuvieron junto al arbusto, lo sacudieron, pero el ruiseñor siguió cantando.

—¿Qué te parece? —Se oyeron unas exclamaciones de aprobación—. Nosotros aquí a su lado y él sin hacer caso, ¡valiente granuja!

Al final el sendero ascendía y desembocaba cerca de la verja de la iglesia. Allí los oficiales, cansados por la subida, se sentaron y se pusieron a fumar. En la otra orilla apareció una débil lucecita roja y ellos, sin nada que hacer, pasaron un buen rato discutiendo si se trataba de una hoguera, de la luz de una ventana o de alguna otra cosa... También Riabóvich contemplaba aquella luz y le parecía que ésta le sonreía y le hacía guiños, como si estuviera en el secreto del beso.

Llegado a su alojamiento, Riabóvich se apresuré a desnudarse y se acostó. En la misma isba que él se albergaban Lobitko y el teniente Merzliakov, un joven tranquilo y callado, considerado entre sus compañeros como un oficial culto, que leía siempre, cuando podía, el Véstnik Yevrópy, que llevaba consigo. Lobitko se desnudó, estuvo un buen rato paseando de un extremo a otro, con el aire de un hombre que no está satisfecho, y mandó al ordenanza a buscar cerveza. Merzliakov se acostó, puso una vela junto a su cabecera y se abismó en la lectura del Véstnik.

«¿Quién sería?», pensaba Riabóvich mirando el techo ahumado.

El cuello aún le parecía untado de aceite y cerca de la boca notaba una sensación de frescor como la de unas gotas de menta. En su imaginación centelleaban los hombros y brazos de la señorita de lila. Las sienes y los ojos sinceros de la rubia de negro. Talles, vestidos, broches. Se esforzaba por fijar su atención en aquellas imágenes, pero ellas brincaban, se extendían y oscilaban. Cuando en el anchuroso fondo negro que toda persona ve al cerrar los ojos desaparecían por completo tales imágenes, empezaba a oír pasos presurosos, el rumor de un vestido, el sonido de un beso, y una intensa e inmotivada alegría se apoderaba de él... Mientras se entregaba a este gozo, oyó que volvía el ordenanza y comunicaba que no había cerveza. Lobitko se indignó y se puso a dar zancadas otra vez.

—¡Si será idiota! —decía, deteniéndose ya ante Riabóvich ya ante Merzliakov—. ¡Se necesita ser estúpido e imbécil para no encontrar cerveza! Bueno, ¿no dirán que no es un canalla?

—Claro que aquí es imposible encontrar cerveza —dijo Merzliakov, sin apartar los ojos del Véstnik Yevrópy.

—¿No? ¿Lo cree usted así? —insistía Lobitko—. Señores, por Dios, ¡arrójenme a la luna y allí les encontraré yo enseguida cerveza y mujeres! Ya verán, ahora mismo voy por ella... ¡Llámenme miserable si no la encuentro!

Tardó bastante en vestirse y en calzarse las altas botas. Después encendió un cigarrillo y salió sin decir nada.

—Rabbek, Grabbek, Labbek —se puso a musitar, deteniéndose en el zaguán—. Diablos, no tengo ganas de ir solo. Riabóvich, ¿no quiere darse un paseo?

Al no obtener respuesta, volvió sobre sus pasos, se desnudó lentamente y se acostó. Merzliakov suspiró, dejó a un lado el Véstník Yevrópy y apagó la vela.

—Bueno... —balbuceó Lobitko, encendiendo un pitillo en la oscuridad.

Riabóvich metió la cabeza bajo la sábana, se hizo un ovillo y empezó a reunir en su imaginación las vacilantes imágenes y a juntarlas en un todo. Pero no logró nada. Pronto se durmió, y su último pensamiento fue que alguien lo acariciaba y lo colmaba de alegría, que en su vida se había producido algo insólito, estúpido, pero extraordinariamente hermoso y agradable. Y ese pensamiento no lo abandonó ni en sueños.

Cuando despertó, la sensación de aceite en el cuello y de frescor de menta cerca de los labios ya había desaparecido, pero la alegría, igual que la víspera, se le agitaba en el pecho como una ola. Miró entusiasmado los marcos de las ventanas dorados por el sol naciente y prestó oído al movimiento de la calle. Al pie mismo de las ventanas hablaban en voz alta. El jefe de la batería de Riabóvich, Lebedetski, que acababa de alcanzar a la brigada, conversaba con su sargento primero en voz muy alta, como tenía por costumbre.

—¿Y qué más? —gritaba el jefe.

—Ayer, al herrar los caballos, señoría, herraron a Golúbchik. El practicante le aplicó un emplaste de arcilla con vinagre. Ahora lo conducen de la rienda, aparte. Y también ayer, su señoría, el herrador Artémiev se emborrachó y el teniente mandó que lo ataran en el avantrén de una cureña de repuesto.

El sargento primero informó además de que Kárpov había olvidado los nuevos cordones de las trompetas y las estaquillas de las tiendas, y de que los señores oficiales habían estado de visita la noche anterior en casa del general Von Rabbek. En plena conversación, apareció en el vano de la ventana la barba roja de Lebedetski. Miró con los ojos miopes semientornados las soñolientas caras de los oficiales y los saludó.

—¿Todo marcha bien? —preguntó.

—El caballo limonero se ha hecho una rozadura en la cerviz —respondió Lobitko bostezando—. Ha sido con la nueva collera.

El jefe suspiró, reflexionó unos momentos y dijo en voz alta:

—Pues yo pienso ir a ver a Aleksandra Yevgráfovna. Tengo que visitarla. Bueno, adiós. Los alcanzaré antes de que anochezca.

Un cuarto de hora después, la brigada se puso en marcha. Cuando pasaba por delante de los graneros del señor, Riabóvich miró a la derecha hacia la casa. Las ventanas tenían las celosías cerradas. Evidentemente, allí dormía aún todo el mundo. También dormía aquella que la víspera lo había besado. Se la quiso imaginar durmiendo. La ventana de la alcoba abierta de par en par, las ramas verdes mirando por aquella ventana, la frescura matinal, el aroma de álamos, de lilas, y de rosas, la cama, la silla y en ella el vestido que el día anterior rumoreaba, las zapatillas, el pequeño reloj en la mesita, todo se lo representaba él con claridad y precisión, pero los rasgos de la cara, la linda sonrisa soñolienta, precisamente aquello que era importante y característico, le resbalaba en la imaginación como el mercurio entre los dedos. Recorrida una media versta, miró hacia atrás: la iglesia amarilla, la casa, el río y el jardín se hallaban inundados de luz; el río, con sus orillas de acentuado verdor, reflejando en sus aguas el cielo azul y mostrando algún que otro lugar plateado por el sol, era hermoso. Riabóvich lanzó una última mirada a Mestechki y experimentó una profunda tristeza, como si se separara de algo muy íntimo y entrañable.

En cambio, en la ruta sólo aparecían ante los ojos cuadros sin ningún interés, conocidos desde hacía mucho tiempo... A derecha y a izquierda, campos de centeno joven y de alforfón, por los que saltaban los grajos. Miras hacia adelante y sólo ves polvo y nucas; miras hacia atrás, y ves el mismo polvo y caras… Delante marchan cuatro hombres armados con sables: forman la vanguardia. Tras ellos va el grupo de cantores, a los que siguen los trompetas, que montan a caballo. La vanguardia y los cantores, como los empleados de las pompas fúnebres que llevan antorchas en los entierros, olvidan a cada momento la distancia que estipula el reglamento y se adelantan demasiado… Riabóvich se encuentra en la primera pieza de la quinta batería. Ve las cuatro baterías que le preceden. A una persona que no sea militar, la fila larga y pesada que forma una brigada en marcha le parece un baturrillo enigmático, poco comprensible; no entiende por qué alrededor de un solo cañón van tantos hombres, ni por qué lo arrastran tantos caballos guarnecidos con un extraño atelaje como si la pieza fuera realmente terrible y pesada. En cambio, para Riabóvich todo es comprensible y, por ello, carece del menor interés. Sabe hace ya tiempo por qué al frente de cada batería cabalga junto al oficial un vigoroso suboficial, y por qué se llama «delantero»; a la espalda de este suboficial se ve al conductor del primer par de caballos, y luego al del par central; Riabóvich sabe que los caballos de la izquierda, en los que los conductores montan, se llaman de ensillar, y los de la derecha se llaman de refuerzo. Eso no tiene ningún interés.

Detrás del conductor van dos caballos limoneros. Uno de ellos lo cabalga un jinete con el polvo de la última jornada en la espalda y con un madero tosco y ridículo sobre la pierna derecha; Riabóvich sabe para qué sirve ese madero y no le parece ridículo. Todos los que montan a caballo agitan maquinalmente los látigos y de vez en cuando gritan. El cañón por sí mismo es feo. En el avantrén van los sacos de avena, cubiertos con una lona impermeabilizada, y del cañón propiamente dicho cuelgan teteras, macutos de soldado y saquitos; todo eso le da un aspecto de pequeño animal inofensivo al que, no se sabe por qué razón, rodean hombres y caballos. A su flanco, por la parte resguardada del viento, marchan balanceando los brazos seis servidores. Detrás de la pieza se encuentran otra vez nuevos artilleros, conductores, caballos limoneros, tras los cuales se arrastra un nuevo cañón tan feo y tan poco imponente como el primero. Al segundo le siguen el tercero y el cuarto. Junto a este va un oficial, y así sucesivamente. La brigada consta en total de seis baterías y cada batería tiene cuatro cañones. La columna se extiende una media versta. Se cierra con un convoy a cuya vera, bajando su cabeza de largas orejas, marcha cavilosa una figura en sumo grado simpática: el asno Magar, traído de Turquía por uno de los jefes de batería.

Riabóvich miraba indiferente adelante y atrás, a las nucas y a las caras. En otra ocasión se habría adormilado, pero esta vez se sumergía por entero en sus nuevos y agradables pensamientos. Al principio, cuando la brigada acababa de ponerse en marcha, quiso persuadirse de que la historia del beso sólo podía tener el interés de una aventura pequeña y misteriosa, pero que en realidad era insignificante, y que pensar en ella seriamente resultaba por lo menos estúpido. Pero pronto mandó a paseo la lógica y se entregó a sus quimeras… Ora se imaginaba en el salón de Von Rabbek, al lado de una joven parecida a la señorita de lila y a la rubia de negro; ora cerraba los ojos y se veía con otra joven totalmente desconocida de rasgos muy imprecisos; mentalmente le hablaba, la acariciaba, se inclinaba sobre su hombro, se representaba la guerra y la separación, después el encuentro, la cena con la mujer y los hijos…

—¡A los frenos! —resonaba la voz de mando cada vez que se descendía una cuesta.

Él también exclamaba «¡A los frenos!», temiendo que ese grito interrumpiera sus ensueños y lo devolviera a la realidad.

Al pasar por delante de una hacienda, Riabóvich miró por encima de la empalizada al jardín. Apareció ante sus ojos una avenida larga, recta como una regla, sembrada de arena amarilla y flanqueada de jóvenes abedules… Con la avidez del hombre embebido en sus sueños, se representó unos piececitos de mujer caminando por la arena amarilla, y de manera totalmente inesperada se perfiló en su imaginación, con toda nitidez, aquella que lo había besado y que él había logrado fantasear la noche anterior durante la cena. La imagen se fijó en su cerebro y ya no ló abandonó.

Al mediodía, detrás, cerca del convoy, resonó un grito:

—¡Alto! ¡Vista a la izquierda! ¡Señores oficiales!

En una carretela arrastrada por un par de caballos blancos, se acercó el general de la brigada. Se detuvo junto a la segunda batería y gritó algo que nadie comprendió. Varios oficiales, entre ellos Riabóvich, se le acercaron al galope.

—¿Qué tal? ¿Cómo vamos? —preguntó el general, entornando los ojos enrojecidos—. ¿Hay enfermos?

Obtenidas las respuestas, el general, pequeño y enteco, reflexionó y dijo, volviéndose hacia uno de los oficiales:

—El conductor del limonero de su tercer cañón se ha quitado la rodillera y el bribón la ha colgado en el avantrén. Castíguelo.

Alzó los ojos hacia Riabóvich y prosiguió:

—Me parece que usted ha dejado los tirantes demasiado largos…

Hizo aún algunas aburridas observaciones, miró a Lobitko y se sonrió:

—Y usted, teniente Lobitko, tiene un aire muy triste —dijo—. ¿Siente nostalgia por Lopujova? ¡Señores, echa de menos a Lopujova!

Lopujova era una dama muy entrada en carnes y muy alta, que había rebasado hacía ya tiempo los cuarenta. El general, que tenía una debilidad por las féminas de grandes proporciones cualquiera que fuese su edad, sospechaba la misma debilidad en sus oficiales. Ellos sonrieron respetuosamente. El general de la brigada, contento por haber dicho algo divertido y venenoso, rió estrepitosamente, tocó la espalda de su cochero y se llevó la mano a la visera. El coche reemprendió la marcha.

«Todo eso que ahora sueño y que me parece imposible y celestial, es en realidad muy común» —pensaba Riabóvich mirando las nubes de polvo que corrían tras la carretela del general—. «Es muy corriente y le sucede a todo el mundo… Por ejemplo, este general en su tiempo amó; ahora está casado y tiene hijos. El capitán Vájter también está casado y es querido, aunque tiene una feísima nuca roja y carece de cintura… Salmánov es tosco, demasiado tártaro, pero ha tenido también su idilio terminado en boda… Yo soy como los demás, y antes o después sentiré lo mismo que todos…»

La idea de que era un hombre como tantos y de que también su vida era una de tantas, lo alegró y reconfortó. Ya se la representaba osadamente a ella, y también su propia felicidad, sin poner freno alguno a su imaginación.

Cuando por la tarde la brigada hubo llegado a su destino y los oficiales descansaban en las tiendas, Riabóvich, Merzliakov y Lobitko se sentaron a cenar alrededor de un baúl. Merzliakov comía sin apresurarse, masticaba despacio y leía el Véstnik Yevrópy que sostenía sobre las rodillas. Lobitko hablaba sin parar y se servía cerveza. Y Riabóvich, con la cabeza turbia por los sueños de toda la jornada, callaba y bebía. Después del tercer vaso, se achispó, se debilitó y experimentó un irresistible deseo de compartir su nueva impresión con sus compañeros.

—Me sucedió algo extraño en casa de esos Von Rabbek… —empezó a decir, mientras procuraba imprimir a su voz un tono de indiferencia burlona—. Había ido, no sé si lo saben, a la sala de billar…

Se puso a contar con todo detalle la historia del beso y al minuto se calló… En aquel minuto lo había contado todo y le sorprendía tremendamente que hubiera necesitado tan poco tiempo para su relato. Le parecía que de aquel beso habría podido hablar hasta la madrugada. Habiéndolo escuchado, Lobitko, que contaba muchas trolas y por esta razón no creía a nadie, lo miró desconfiado y sonrió. Merzliakov enarcó las cejas y tranquilamente, sin apartar la mirada del Véstnik Yevrópy, dijo:

—¡Que Dios lo entienda! Arrojarse al cuello de alguien sin antes haber preguntado quién era… Se trataría de una psicópata.

—Sí, debía de ser una psicópata… —asintió Riabóvich.

—Una vez me ocurrió a mí un caso análogo… —dijo Lobitko, poniendo ojos de susto—. Iba el año pasado a Kovno… Tomé un billete de segunda clase… El vagón estaba de bote en bote y no había manera de dormir. Di medio rublo al revisor… Él cogió mi equipaje y me condujo a un compartimiento… Me acosté y me cubrí con la manta. Estaba oscuro, ¿comprenden? De súbito noté que alguien me ponía la mano en el hombro y respiraba ante mi cara… Abrí los ojos, y figúrense, ¡era una mujer! Los ojos negros, los labios rojos como carne de salmón, las aletas de la nariz latiendo de pasión frenesí, los senos, unos amortiguadores de tren…

—Permítame —lo interrumpió tranquilamente Merzliakov—, lo de los senos se comprende, pero ¿cómo podía usted ver los labios si estaba oscuro?

Lobitko empezó a salirse por la tangente y a burlarse de la poca perspicacia de Merzliakov. Esto molesté a Riabóvich, que se apartó del baúl, se acostó y se prometió no volver a hacer nunca confidencias.

Empezó la vida del campamento… Transcurrían los días muy semejantes unos a los otros. Durante todos ellos, Riabóvich se sentía, pensaba y se comportaba como un enamorado. Cada mañana, cuando el ordenanza lo ayudaba a levantarse, al echarse agua fría a la cabeza se acordaba de que había en su vida algo bueno y afectuoso.

Por las tardes, cuando sus compañeros se ponían a hablar de amor y de mujeres, él escuchaba, se les acercaba y adoptaba una expresión como la que suele aflorar en los rostros de los soldados al oír el relato de una batalla en la que ellos mismos han participado. Y las tardes en que los oficiales superiores, algo alegres, con el séter—Lobitko a la cabeza, emprendían alguna correría donjuanesca por el arrabal, Riabóvich, que tomaba parte en tales salidas, solía ponerse triste, se sentía profundamente culpable y mentalmente le pedía a ella perdón… En las horas de ocio o en las noches de insomnio, cuando le venían ganas de rememorar su infancia, a su padre, a su madre y, en general, todo lo que era familiar y entrañable, también se acordaba, infaliblemente, de Mestechki, del raro caballo, de Von Rabbek, de su mujer parecida a la emperatriz Yevguenia, del cuarto oscuro, de la rendija iluminada de la puerta…

El treinta y uno de agosto regresaba del campamento, pero ya no con su brigada, sino con dos baterías. Durante todo el camino soñó y se impacientó como si volviera a su lugar natal. Deseaba con toda el alma ver de nuevo el caballo extraño, la iglesia, la insincera familia Von Rabbek y el cuarto oscuro. La «voz interior» que con tanta frecuencia engaña a los enamorados le susurraba, quién sabe por qué, que la vería sin falta… Unos interrogantes lo torturaban: ¿cómo se encontraría con ella?, ¿de qué le hablaría?, ¿no habría olvidado ella el beso? En el peor de los casos, pensaba, aunque no se encontraran, para él ya resultaría agradable el mero hecho de pasar por el cuarto oscuro y recordar…

Hacia la tarde se divisaron en el horizonte la conocida iglesia y los blancos graneros. A Riabóvich empezó a palpitarle el corazón… No escuchaba al oficial que cabalgaba a su lado y le decía alguna cosa, se olvidó de todo contemplando con avidez el río que brillaba en lontananza, la techumbre de la casa, el palomar encima del cual revoloteaban las palomas iluminadas por el sol poniente.

Se acercaron a la iglesia y luego, al escuchar al aposentador, esperaba a cada instante que por detrás del templo apareciera el jinete e invitara a los oficiales a tomar el té, pero… el informe de los aposentadores tocó a su fin, los oficiales bajaron de sus cabalgaduras y se dispersaron por el pueblo, y el jinete no comparecía.

«Ahora Von Rabbek se enterará de nuestra llegada por los mujiks y mandará por nosotros», pensaba Riabóvich al entrar en una isba, sin comprender por qué su compañero encendía una vela ni por qué los ordenanzas se apresuraban a preparar los samovares…

Una penosa inquietud se apoderé de él. Se acostó, después se levantó y miró por la ventana si llegaba el jinete. Pero no había jinete. Volvió a acostarse. Media hora más tarde se levantó y, sin poder dominar su inquietud, salió a la calle y dirigió sus pasos hacia la iglesia. La plaza, cerca de la verja, estaba oscura y desierta... Tres soldados se habían detenido, juntos y callados, al mismísimo borde del sendero. Al ver a Riabóvich, salieron de su ensimismamiento y lo saludaron. Él se llevó la mano a la visera y empezó a bajar por el conocido sendero.

Por encima de la otra orilla, el cielo se había teñido de un color purpúreo: salía la luna. Dos campesinas, charlando en voz alta, andaban por un huerto arrancando hojas de col; tras los huertos negreaban algunas isbas... Y en la orilla de este lado, todo era igual que en mayo: el sendero, los arbustos, los sauces inclinados sobre el agua... Sólo no se oía al valiente ruiseñor, ni se notaba olor a álamo y a hierba tierna.

Ante el jardín, Riabóvich miró por la portezuela. El jardín estaba oscuro y silencioso... Sólo se distinguían los troncos blancos de los abedules próximos y un pequeño tramo de la avenida, todo lo demás se confundía en una masa negra. Riabóvich aguzaba el oído y miraba ávidamente, pero, tras haber permanecido allí alrededor de un cuarto de hora sin oír ni un ruido y sin haber visto una luz, volvió sobre sus pasos...

Se acercó al río. Ante él se destacaban la caseta de baños del general y unas sábanas colgadas en las barandillas del puentecillo. Subió al pequeño puente, se detuvo un poco, tocó sin necesidad una de las sábanas, que encontró áspera y fría. Miró hacia abajo, al agua... El río se deslizaba rápido y apenas se le oía rumorear junto a los pilotes de la caseta. La luna roja se reflejaba cerca de la orilla; pequeñas ondas corrían por su reflejo alargándola, despedazándola, como si quisieran llevársela.

«¡Qué estúpido! ¡Qué estúpido! —pensaba Riabóvich contemplando la corriente—. ¡Qué poco inteligente es todo esto.»

Ahora que ya no esperaba nada, la historia del beso, su impaciencia, sus vagas esperanzas y su desencanto se le aparecían con vívida luz. Ya no le parecía extraño que no se hubiera presentado el jinete enviado por el general, ni no ver nunca a aquella que casualmente lo había besado a él en lugar de otro. Al contrario, lo raro sería que la viera.

El agua corría no se sabía hacia dónde ni para qué. Del mismo modo corría en mayo; el riachuelo, en el mes de mayo, había desembocado en un río caudaloso, y el río en el mar; después se había evaporado, se había convertido en lluvia, y quién sabe si aquella misma agua no era la que en este momento corría otra vez ante los ojos de Riabóvich... ¿A santo de qué? ¿Para qué?

Y el mundo entero, la vida toda, le parecieron a Riabóvich una broma incomprensible y sin objeto. Apartando luego la vista del agua y tras haber elevado los ojos al cielo, recordó otra vez cómo el destino en la persona de aquella mujer desconocida lo había acariciado por azar, se acordó de sus ensueños y visiones estivales, y su vida le pareció extraordinariamente aburrida, mísera y gris.

Cuando regresó a su isba, no encontró en ella a ninguno de sus compañeros. El ordenanza le informó que todos se habían ido a casa del «general Fontriabkin», que había mandado un jinete a invitarlos… Por un instante el gozo estalló en el pecho de Riabóvich, pero él se apresuró a apagar aquella llama, se acostó y, para contrariar a su destino, como si deseara vejarle, no fue a casa del general.

EL BILLETE DE LA LOTERÍA

Iván Dmítrich, un hombre de clase media que mantenía su familia con unos doscientos rublos al año, estaba muy satisfecho con su suerte.

Se sentó en el sofá después de cenar y empezó a leer el periódico.

—Hoy me he olvidado de mirar el periódico —le dijo su mujer mientras quitaba la mesa—. Fíjate si han salido la lista de premios.

—Sí, sí están —dijo Iván Dmítrich—, ¿pero no había sido ya el sorteo de ese billete?

—No, lo compré el martes.

—¿Cuál es el número?

—Serie nueve mil cuatrocientos noventa y nueve, el número veintiséis.

—Bueno... Vamos a ver... nueve mil cuatrocientos noventa y nueve, y veintiséis.

Iván Dmítrich no creía en el azar y no le interesaba la lotería y, por lo general, no hubiera consentido revisar la lista de números premiados, pero ahora, como no tenía otra cosa que hacer y el periódico estaba ante sus ojos, deslizó su dedo hacia abajo a lo largo de la columna de números. De inmediato, como una burla a su incredulidad, no más allá de la segunda línea, su mirada se fijó en la cifra nueve mil cuatrocientos noventa y nueve. No pudo creer lo que veía, se apresuró a soltar la hoja en su regazo sin mirar el número del billete y, como si le hubieran tirado un balde de agua encima, sintió que el frío le llegó a la boca del estómago; una sensación terrible y dulce al mismo tiempo.

—¡Masha, nueve mil cuatrocientos noventa y nueve, ahí está! —dijo con voz ahogada.

La mujer miró su gesto entre asombro y espanto, y se dio cuenta de que no estaba bromeando.

—¿Nueve mil cuatrocientos noventa y nueve? —preguntó ella, palideciendo y dejando caer el mantel doblado sobre la mesa.

—Sí, sí... ¡De verdad que está ahí!

—¿Y el número del billete?

—¡Ay, es verdad! El número del billete también. No. ¡Espera! Quiero decir: de todas formas, ¡nuestro número de serie está allí! De todas formas, entiendes…

Miró a su esposa, y a Iván Dmítrich se le dibujó una sonrisa amplia, sin sentido, como un bebé cuando se le muestra algo brillante. Ella sonreía también. El hecho de anunciar la serie sin correr a encontrar el número del billete fue tan agradable para ella como para él. El tormento y la expectativa ante la esperanza de una posible fortuna es tan dulce, tan emocionante.

—Es nuestra serie —señaló por fin Iván, después de un largo silencio—. Así que es probable que hayamos ganado. Es solo una probabilidad, ¡pero existe!

—Está bien, ahora míralo —reclamó ella.

—Espera un poco. Tenemos tiempo de sobra para decepcionarnos. Está en la segunda línea desde arriba, por lo que el premio es de setenta y cinco mil rublos. Pero no solo es dinero, ¡es capital, poder! Y si en un momento miro la lista y ahí está el número veintiséis… ¿Qué me dices? ¿Oye, y si realmente hemos ganado?

Los esposos comenzaron a reírse, mirándose un buen tiempo el uno al otro en silencio. La posibilidad de ganar los turbaba. No podían ni siquiera soñar para qué necesitaban esos setenta y cinco mil, qué iban a comprar, a dónde irían. Solo pensaban en las cifras nueve mil cuatrocientos noventa y nueve, y setenta y cinco mil, y en las imágenes que brotaban de su imaginación, pero por algún motivo no podían pensar en la felicidad tan cercana.

Iván Dmítrich caminó de un lado a otro, con el periódico en las manos, y solo cuando se recuperó de la primera impresión comenzó a dejarse llevar.

—¿Y si hemos ganado? —dijo—. Será una nueva vida, un gran cambio. El billete es tuyo, pero si fuera mío, lo que haría en primer lugar, claro, sería invertir veinticinco mil rublos en una propiedad. Una finca, por ejemplo. Diez mil para gastos inmediatos: muebles nuevos, pagar deudas y algún viaje. Los otros cuarenta mil irían al banco para cobrar intereses.

—Sí, una finca estaría muy bien —dijo su esposa, sentándose y dejando caer las manos en el regazo.

—En algún lugar en las provincias de Tula u Oryol. Así no necesitaríamos una dacha, y además siempre supondrá algún ingreso.

En su imaginación comenzaban a amontonarse imágenes, cada una más agradable y poética que la anterior. Y en todas estas imágenes se veía satisfecho, sereno, sano, sentía calidez, incluso calor. Aquí lo tenemos, después de comer una sopa okroshka fría, refrescante, se tumba de espaldas sobre la arena ardiente cerca de un arroyo o en el jardín bajo un árbol de limón… Hace calor… El niño y la niña juegan cerca, cavando en la arena o persiguiendo mariposas en la hierba. Él se duerme dulcemente, sin pensar en nada, sintiendo con todo el cuerpo que no necesita ir a la oficina hoy, mañana o pasado mañana. O, cansado de permanecer quieto, va al campo de heno, o al bosque de setas, o ve a los muzhiks que están atrapando peces con una red. Cuando el sol se pone, coge una toalla, jabón y va hasta el río a darse un baño, allí se desviste con parsimonia, se frota largamente el torso desnudo con las manos, y finalmente se zambulle. Y en el agua, cerca de los opacos círculos del jabón, pequeños peces revolotean y los nenúfares se agitan. Tras el baño hay té con crema de leche y bollitos. Por la tarde un paseo o una partida de cartas con los vecinos.

—Sí, estaría bien comprar una finca —dijo su mujer, soñando también, y su rostro revelaba que estaba sumergida en sus propios pensamientos.

Iván Dmítrich pensó en el otoño, con sus lluvias y sus noches frías, y también pensó en el verano. En esa época hace falta dar paseos más largos por el jardín y a la orilla del río, para refrescarse bien. Después, beber un buen vaso de vodka y comer seta salada o pepino y después… beber otro trago. Los niños vienen corriendo de la huerta, trayendo zanahorias y rábanos con olor a tierra fresca… Y entonces puede estirarse en el sofá y hojear con parsimonia una revista ilustrada, y cuando sienta somnolencia cubrir su rostro con la revista, desabrocharse el chaleco y entregarse al sueño. Al verano lo sigue un tiempo nublado y sombrío. Llueve día y noche, los árboles desnudos lloran, el viento es húmedo y frío. Los perros, los caballos, las aves… todo está mojado, abatido, triste. Ya no hay paseos; durante varios días no se puede salir y uno tiene que caminar de un lado al otro de la habitación, mirando con desánimo por la ventana gris. Es deprimente.

Se detuvo un momento y miró a su mujer.

—Sabes, Masha, debería viajar al extranjero —le dijo.

Y comenzó a pensar en lo agradable que sería a finales de otoño visitar algún lugar al sur de Francia… Italia… la India.

—También a mí me gustaría ir al extranjero, claro —dijo entonces su mujer—. ¡Pero, vamos, comprueba el número del billete!

—Espera, espera un poco —contestó.

Se paseó por la habitación y continuó pensando. Se dijo, ¿y si viajara con su mujer? Es agradable viajar solo o en compañía de mujeres sin preocupaciones y sin compromiso; esas que viven el momento presente, y no las que están continuamente pensando y hablando de los hijos, temblando de consternación por cada kopek. Iván Dmítrich imaginó a su esposa en el coche con una multitud de paquetes, cestos y bolsas. Todo el tiempo murmurando por algo: quejándose de que el tren le produce dolor de cabeza, lamentando que ha gastado mucho dinero… En cada estación él tiene que correr por el agua caliente, el pan y la mantequilla… Almuerzo no hay porque es demasiado caro…

"Ella le reprocharía cada kopek —pensó mirando a su mujer—, porque el billete de lotería es suyo, no mío. Además, ¿para qué querría ir ella al extranjero? ¿Qué es lo que iba a hacer allí? Se encerraría en la habitación del hotel y no me quitaría la vista de encima. ¡Lo sé!".

Y por primera vez en su vida, vio que la mujer había envejecido, se había vuelto fea y olía a cocina, mientras que él era todavía joven, con buena salud, exuberante, incluso podría casarse de nuevo.

"Todo esto es absurdo, una tontería —pensó—. ¿Para qué iría ella al extranjero? ¿Qué sabe ella de viajar? No importa, querría ir igual… me lo imagino. Para ella sería lo mismo Nápoles que el pueblo de Klin. La tendría siempre en medio, estorbando. Tendría que depender de ella para todo. Estoy seguro de que en cuanto recibiera el dinero lo guardaría bajo siete llaves, como hacen las mujeres. Lo escondería de mí. Sería generosa con sus familiares y a mí me pediría cuentas de cada kopek".

Iván Dmítrich se puso a pensar en esos parientes. Todos esos hermanos y hermanas, tías y tíos vendrían arrastrándose tan pronto como supieran del premio y llegarían lloriqueando como mendigos, adulando con sonrisas hipócritas y empalagosas. ¡Gente repugnante! Si les das algo, pedirán más; si te niegas, maldecirán, jurarán y te desearán toda clase de desgracias. Iván imaginó a los parientes y sus caras, las que siempre había mirado con indiferencia y que ahora le parecían odiosas, despreciables.

"Son unos canallas", pensó.

El rostro de su esposa también le empezaba a parecer irritante y repulsivo. En su corazón surgió un resentimiento contra ella, y pensó con malicia: "No entiende nada de dinero, por eso es tan mezquina. Si ganase el premio me daría cien rublos y el resto lo guardaría bajo llave".

Miró a su mujer, ya no con una sonrisa, sino con odio. Y ella lo miró a él y también en su mirada había ira y odio también. Ella tenía sus propios sueños, sus propios planes, sus propios pensamientos y conocía perfectamente las ideas de su marido. Sabía que él sería el primero en avanzar sobre lo que había ganado.

"Es agradable fantasear a costa de los demás —se pudo leer en sus ojos— ¡Ni te atrevas!".

El marido captó su mirada. El odio volvió a agitarse en su pecho y, para herir a su mujer, para desairarla, se apuró a buscar en la cuarta página del periódico y anunció con aires de triunfo:

—Serie nueve mil cuatrocientos noventa y nueve, número cuarenta y seis. ¡No veintiséis!

La esperanza y el odio desaparecieron de repente e inmediatamente Iván Dmítrich y su mujer encontraron la habitación oscura, pequeña y sofocante. Imaginaban que la cena que hubieran estado comiendo les sentaba mal y pesaba en sus estómagos. Las noches se volvían largas y tediosas.

—¿Qué significa este infierno? —dijo Iván Dmítrich, con fastidio—. Por donde vas hay siempre trozos de papel, migas y cáscaras bajo mis suelas. ¡Es que no se barre este lugar nunca! ¡Necesito dejar esta casa, que me lleve el diablo! ¡Me iré ahora mismo y me colgaré del primer árbol que encuentre!

MÁXIMO GORKI[3]

[3] Nacimiento: Nizhni Nóvgorod, Rusia — 28 de marzo de 1868. Muerte: Moscú, Unión Soviética — 18 de junio de 1936. Obras más importantes: La madre, Los bajos fondos, Infancia, En el mundo y Mis universidades.

VEINTISÉIS Y UNA

Éramos veintiséis; veintiséis máquinas vivientes, veintiséis hombres encerrados en un sótano húmedo en el que, de la mañana a la noche, amasábamos rosquillas y krendeliá. Las ventanas del sótano se asomaban a una zanja, cubierta de ladrillos mohosos por la humedad, los marcos de las ventanas estaban tapados por fuera con una tupida malla metálica y la luz del sol no podía espiarnos a través de los cristales, empolvados de harina. El patrón había fortificado las ventanas con hierro para impedir que diésemos un pedazo de pan a los pobres o a aquellos compañeros nuestros que, habiéndose quedado sin trabajo, se morían de hambre; además, nos llamaba sinvergüenzas y nos daba de comer menudillos putrefactos en lugar de carne.

Era sofocante y angosta aquella caja de piedra de techo bajo, oprimente, lleno de hollín y de telarañas. Uno se sentía atrapado y asqueado entre los gruesos muros, salpicados aquí y allá de manchas de barro y de moho… Nos levantábamos cada mañana a las cinco, sin haber dormido lo suficiente, y, obtusos e indiferentes, a las seis estábamos sentados a la mesa para hacer krendeliá con la masa que habían dejado preparada nuestros compañeros mientras dormíamos. Un día y otro día, desde la mañana hasta las diez de la noche, unos estirábamos la masa elástica con las manos, moviéndonos de cuando en cuando para no quedarnos entumecidos, mientras otros trabajaban la harina con agua. Y, un día y otro día, el agua de la caldera en la que se cocían los krendeliá ronroneaba triste y pesarosa, y la pala del hornero se peleaba furiosa y diestra con el horno y arrojaba en sus ladrillos al rojo las escurridizas piezas de masa. En la parte trasera del horno ardía la leña de la mañana a la noche, y las rojas lenguas de fuego se reflejaban temblorosas en la pared del obrador y parecían hacernos burla en silencio. El enorme horno semejaba la cabeza deforme de un monstruo legendario que, asomándose desde el subsuelo, abriera su bocaza llameante y nos abrasara con su aliento observando nuestra tarea inacabable a través de las dos negras rendijas de ventilación que tenía en la frente. Esas cavidades eran como ojos, los ojos despiadados e impasibles del monstruo: nos contemplaban con una mirada inalterable y oscura, como si se hubiesen cansado de mirar a los esclavos y, sin esperar ya nada humano de ellos, los despreciasen con frío y experimentado desdén.

Un día y otro día, rodeados de barro y de polvo de harina, asfixiados por el calor pegajoso y maloliente, estirábamos la masa y hacíamos krendeliá, empapándolos con nuestro sudor, y odiábamos nuestro trabajo con odio acendrado; jamás comíamos los productos que salían de nuestras manos y preferíamos el pan negro a los krendeliá. Sentados a la larga mesa, unos frente a otros —nueve en un lado y nueve en el otro— , movíamos mecánicamente las manos y los dedos durante horas y horas, y estábamos tan acostumbrados que ya ni siquiera atendíamos a nuestros movimientos. Y estábamos tan hartos de mirarnos los unos a los otros que todos conocíamos de memoria cada arruga de la cara de los demás.

No teníamos nada de que hablar, y estábamos hechos a ello y guardábamos silencio todo el tiempo, salvo para meternos unos con otros, porque siempre hay algo malo que decir de un hombre, y más si es un compañero. Pero incluso eso sucedía muy rara vez. ¿De qué se puede acusar a un hombre que está medio muerto, que es como una estatua, alguien cuyos sentimientos han quedado aplastados por el peso de la fatiga? Pero el silencio solo es terrible y doloroso para aquellos que se lo han dicho todo y ya no saben qué más se pueden decir; en cambio, para los que nunca han tenido nada que decir, el silencio es sencillo y llevadero... A veces cantábamos, y nuestro canto empezaba de este modo: durante la faena, alguien repentinamente soltaba un suspiro, como el relincho de un caballo exhausto, y daba comienzo así, en voz queda, a una de esas canciones susurradas cuya melodía conmueve y acaricia y procura alivio al alma atormentada del cantante.

Uno de nosotros cantaba y, al principio, los demás escuchábamos en silencio su canto solitario, que sonaba ahogado y en sordina bajo el pesado techo del sótano, como una pequeña hoguera en medio de la estepa en una húmeda noche de otoño, cuando el cielo gris cubre la tierra como un techo plomizo. En cierto momento, otro se unía al cantante, y las dos voces se elevaban con dulzura y tristeza por encima del calor sofocante de nuestra estrecha trinchera. Y de pronto unas cuantas voces más se sumaban a la canción... Y la canción bullía como una ola, se volvía más fuerte, más sonora, como si abriese una brecha en los húmedos, espesos muros de nuestra cárcel de piedra.

Todos, los veintiséis, cantábamos por fin; las voces altas, acompasadas, llenaban el taller; a la canción le faltaba espacio; rebotaba en los muros, gemía y sollozaba, vigorizando los corazones con una suave punzada de dolor que reabría viejas heridas y atizaba la pena. Los cantantes respiraban profunda y trabajosamente; de pronto uno abandonaba el canto y, durante largo rato, se limitaba a escuchar a sus compañeros, para volver luego a unir su voz a la ola común. A otro se le escapaba un quejido apesadumbrado y cerraba los ojos al cantar, y acaso la amplia y poderosa ola sonora le hiciese pensar en un camino que conducía a un lugar muy lejano, un camino ancho, inundado de sol, por donde él mismo marchaba…

El fuego temblaba sin pausa en el horno, una y otra vez la pala del hornero se arrastraba por el ladrillo, el agua chisporroteaba en la caldera y el reflejo de las llamas se contoneaba en la pared, entre risas mudas… Y nosotros, al cantar, expresábamos con palabras ajenas nuestra sórdida tristeza, la pena abrumadora de los hombres privados de sol, la pena de los esclavos. Así es como vivíamos, los veintiséis, en el sótano de una gran casa de piedra, y nos costaba tanto esfuerzo vivir como si llevásemos sobre los hombros el peso de las tres plantas del edificio.

Pero, además de las canciones, había otra cosa buena, algo que todos amábamos y que, en cierto modo, hacía las veces del sol para nosotros. En la segunda planta de la casa había un taller de bordados de oro y allí, entre otras muchas artesanas, vivía una doncella de dieciséis años llamada Tania. Cada mañana, asomaba su carita sonrosada de alegres ojos azules al ventanuco de nuestra puerta y, con voz aguda y amigable, nos reclamaba:

—¡A ver esos krendeliá, mis prisioneros!

Todos nos volvíamos al oír aquella voz familiar, cristalina, para contemplar contentos y animados la cara virginal que nos sonreía deliciosamente. Nos encantaba ver la nariz aplastada contra el cristal del ventanuco y los dientes pequeños y blancos que destellaban entre los labios rosados, siempre sonrientes. Nos apresurábamos a abrirle la puerta, empujándonos unos a otros; ella entraba, animada y afable, tendiéndonos su delantal. Se quedaba parada ante nosotros, con la cabeza un poco inclinada hacia un lado, sin dejar de sonreír. Una gruesa trenza de cabello castaño le caía desde el hombro y reposaba sobre su pecho. Y nosotros, sucios, tiznados, encorvados, la mirábamos desde abajo —cuatro escalones separaban el umbral de la puerta del suelo del taller—, la mirábamos levantando la cabeza y le dábamos los buenos días, empleando determinadas palabras que no utilizábamos con nadie más que con ella. Al hablarle, nuestras voces se volvían más dulces, nuestras bromas más livianas. Todo era diferente con ella. El hornero sacaba una palada de los krendeliá más tostados y crujientes, volcándola con pericia en el delantal de Tania.

—¡Cuidado que no te vea el jefe! —le advertíamos siempre. Ella se reía con picardía y nos gritaba su alegre despedida:

—¡Adiós, mis prisioneros! —Y desaparecía rauda, como un ratoncillo.

Eso era todo. Pero mucho después de haberse ido seguíamos hablando de ella con deleite. Decíamos exactamente lo mismo que habíamos dicho la víspera y la antevíspera, porque ella, al igual que nosotros y que todo lo que nos rodeaba, era también la misma del día anterior y de cualquier otro día. Es muy duro, muy difícil vivir viendo que nada cambia a nuestro alrededor y, a menos que uno tenga la suerte de que eso acabe con su alma para siempre, la inmutabilidad de las cosas se vuelve más dolorosa a medida que pasa el tiempo…

Nosotros siempre hablábamos de las mujeres en tal tono que, a veces, llegaba a asquearnos la rudeza y desvergüenza de nuestras propias palabras, y eso se explicaba porque las mujeres que habíamos conocido no merecían, quizá, palabras mejores que aquéllas. Pero de Tania nunca hablábamos mal. No solo ninguno de nosotros se atrevió jamás a rozarla siquiera, sino que ella tampoco oyó nunca una grosería salir de nuestras bocas. Tal vez fuese porque nunca se quedaba mucho tiempo con nosotros: centelleaba ante nuestros ojos como una estrella fugaz, para desaparecer después. O, tal vez, porque era menuda y muy hermosa, y todo lo que es hermoso infunde respeto hasta en la gente más vulgar. Y además, aunque nuestra dura tarea nos hubiese convertido en bestias de carga, seguíamos siendo, a pesar de todo, seres humanos y, como todos los seres humanos, necesitábamos adorar algo para seguir viviendo, y a quién mejor que a ella si nadie más nos prestaba la menor atención a nosotros, los moradores del sótano. Nadie, aunque vivieran decenas de personas en la casa. Y, finalmente, y ésta es probablemente la razón principal, todos la considerábamos responsabilidad nuestra, algo que solo existía gracias a nuestros krendeliá. Pensábamos que era nuestro deber tener krendeliá recién horneados para ella, y lo convertimos en nuestra ofrenda diaria al ídolo, en un rito casi sagrado que nos ataba a ella más y más cada día. Aparte de krendeliá, le dábamos a Tania muchos consejos: que se abrigase más, que no subiera corriendo las escaleras, que no cargase demasiada leña. Ella escuchaba nuestros consejos sonriendo, nos replicaba entre risas y nunca nos hacía caso, pero eso no nos molestaba. Lo único que necesitábamos era mostrarle que nos preocupábamos por ella.

A menudo nos venía con peticiones de lo más diverso. Nos pedía, por ejemplo, que le abriésemos la maciza puerta del sótano, que le cortásemos leña. Hacíamos cualquier cosa que nos pidiera con gozo, y hasta con una suerte de orgullo.

Pero, cuando uno de nosotros le pidió una vez que le remendara su única camisa, ella resopló con desprecio y le dijo:

—¡Sí, hombre! ¡No tengo yo otra cosa que hacer…!

Nos reímos con ganas del tipo aquel, y nunca más le pidió nadie nada. La amábamos; con eso está dicho todo. Un ser humano siempre quiere hacer a otro depositario de su amor, aun cuando con ello a veces pueda ahogarlo u ofenderlo; podemos arruinar la vida de un semejante con nuestro amor porque, al amar, no respetamos al amado. Nosotros no tuvimos más remedio que amar a Tania, porque no había nadie más a quien amar.

En ocasiones, alguno razonaba de pronto de este modo:

—¿Y a qué viene tanto alboroto con esa chica? ¿Qué tiene de especial, eh? Lo único que nos da son quebraderos de cabeza.

Los demás, a toda prisa y sin miramientos, le parábamos los pies al que se había atrevido a proferir semejantes palabras. Teníamos necesidad de amar algo. Y habíamos descubierto algo que amar y lo amábamos, y aquello que amábamos los veintiséis tenía que ser inaccesible para cada uno de nosotros, y cualquiera que se enfrentase a nosotros en esta cuestión era enemigo nuestro. Amábamos, tal vez, algo que no merecía ese amor, pero éramos veintiséis y, por tanto, queríamos que lo que amábamos fuese siempre sagrado a ojos de todos.

Ser amado no es menos doloroso que ser odiado. Y puede que sea por eso por lo que algunas personas arrogantes dicen que es más halagador ser odiado que ser amado. Pero, si eso es cierto, ¿por qué no se alejan de quienes los aman?

Además del obrador donde hacíamos los krendeliá, nuestro patrón era propietario también de una panadería: estaba en el mismo edificio, separada de nuestra zanja por un simple muro; los panaderos, que eran cuatro, guardaban las distancias, pues consideraban su trabajo más limpio que el nuestro y, en consecuencia, se creían mejores que nosotros; nunca venían a nuestro taller, y se reían de nosotros siempre que nos encontrábamos en el patio. Nosotros tampoco íbamos a su tienda: el patrón nos lo tenía prohibido por miedo a que le robásemos hogazas y bollos. No nos gustaban los panaderos, porque les teníamos envidia. Su trabajo era más llevadero que el nuestro, les pagaban mejor, les daban mejor de comer, su taller era espacioso y tranquilo, y ellos tenían un aspecto tan limpio y saludable que nos resultaba repulsivo. Y es que nosotros, en cambio, teníamos la tez amarillenta y grisácea, y había tres con sífilis, varios con sarna, y otro más estaba completamente baldado por culpa del reúma. Los días de fiesta, o cada vez que libraban, los panaderos se ponían sus buenas chaquetas y sus botas lustrosas e iban juntos al parque de la ciudad, donde dos de ellos tocaban el acordeón. Nosotros, por el contrario, vestíamos ropas harapientas y sucias y calzábamos zapatos agujereados o lapti, y la policía no nos dejaba entrar en el parque: ¿cómo iban a gustarnos los panaderos?

Un día supimos que uno de ellos se había dado a la bebida y que el patrón lo había despedido y había contratado a un sustituto: un soldado que llevaba chaleco de raso y un reloj de bolsillo con cadena de oro. Nos picaba la curiosidad y, con la esperanza de echarle un ojo a semejante petimetre, nos relevábamos para salir continuamente al patio común.

Pero fue él mismo quien se presentó en nuestro taller. Empujó la puerta abierta con el pie y, dejándola entreabierta, apareció sonriente en el umbral y exclamó:

—¡Dios nos asista! ¡Salud, muchachos!

El aire frío entró en tromba por la puerta y se arremolinó en torno a su pie, formando una densa nube de vaho; él se quedó en el umbral, mirándonos desde lo alto. Tenía el bigote rubio y rizado y una brillante dentadura amarillenta. Efectivamente, llevaba un chaleco reluciente: azul, con flores bordadas y unas piedrecitas rojas como botones. Y también le colgaba una cadena…

Era atractivo el soldado, alto, fuerte, de tez vigorosa y ojos grandes y luminosos, que miraban con franqueza. Se cubría la cabeza con un gorro blanco y muy almidonado, y por debajo de su mandil impecable asomaban las puntas de unos botines elegantes y resplandecientes.

El hornero le pidió educadamente que cerrara la puerta, lo cual hizo sin prisa; luego, quiso saber qué pensábamos del patrón. Quitándonos la palabra unos a otros, le contamos que era un granuja, un canalla, un villano, un tirano: en fin, todo lo que podía y debía decirse de nuestro patrón, cosas que aquí no cabe reproducir. El soldado nos escuchaba atusándose las puntas del bigote y sin dejar de observarnos con una mirada suave y luminosa.

—¿Hay muchas chicas aquí? —preguntó de repente.

Algunos se echaron a reír avergonzados, otros pusieron caras raras; alguien le explicó al soldado que en total había nueve chicas.

—¿Y os aprovecháis? —preguntó, guiñando un ojo.

Otra vez nos dio la risa, una risa embarazosa y apenas audible. Queríamos aparentar ante el soldado que éramos tan desenvueltos como él, pero ninguno sabía cómo. Uno confesó, en voz baja:

—Eso no es para nosotros…

—No, claro; para vosotros es difícil… —admitió el soldado, muy convencido, sin dejar de mirarnos fijamente . No tenéis el porte adecuado… la figura… ¡No tenéis buena presencia, ésa es la palabra! Y a una mujer le gusta la buena presencia en un hombre. ¡Para ellas todo tiene que estar perfecto, todo! Y además les impresiona la fuerza física… ¡Hay que tener unas manos como éstas! —El soldado se sacó la mano derecha del bolsillo. Llevaba el puño de la camisa remangado hasta el codo. Nos mostró la mano: era blanca, fuerte, y estaba cubierta de vello rubio y satinado—. Las piernas, el pecho… todo ha de ser firme y robusto. Y luego está el estilo para vestir, hay que ir como mandan los cánones… A mí, sin ir más lejos, las mujeres me adoran. Yo no las busco, no intento atraerlas, vienen a mí ellas solitas.

Se sentó en un saco de harina y nos contó cómo se lo disputaban las mujeres y cómo las manejaba él a su antojo. Luego se marchó y, en cuanto se cerró la puerta tras él con un chirrido, nos quedamos callados largo rato, pensando en el soldado y en sus historias. Y entonces, de repente, empezamos a hablar todos a la vez, y en seguida se hizo evidente que a todos nos había caído en gracia. Qué tipo tan simpático y tan llano. Había venido, se había sentado y había estado charlando un rato con nosotros. Nadie lo había hecho antes, nadie nos había hablado así, tan amigablemente… Y nos pusimos a elogiarlo y a comentar sus futuros éxitos con las bordadoras, que, cuando se encontraban con nosotros en el patio, o bien fruncían los labios de modo ofensivo, o bien pasaban de largo como si no nos hubieran visto siquiera. Y nosotros las admirábamos de lejos, al verlas en el patio o cuando cruzaban por delante de nuestras ventanas: en invierno, con sus peculiares gorros y sus abrigos de piel; en verano, con sombreritos floreados y sombrillas de colores en las manos. Aunque luego, entre nosotros, hablábamos de esas chicas de tal modo que, si nos hubieran oído, se habrían muerto de vergüenza y ultraje.

—¡En fin, esperemos que no eche a perder también a Tániushka! —exclamó de pronto, inquieto, el hornero.

Nos quedamos todos mudos de asombro, estupefactos ante sus palabras. En cierto modo, nos habíamos olvidado de Tania; era como si la figura sólida y apuesta del soldado no nos la dejase ver. Entonces se desató una ruidosa discusión. Unos decían que Tania no se rebajaría a algo semejante, otros argumentaban que no podría resistirse al soldado, había incluso quienes afirmaban que le darían una paliza al soldado si se atrevía a molestar a Tania; finalmente, decidimos de común acuerdo vigilarlos a ambos, así como poner a la chica en guardia contra él... Esto zanjó la disputa.

Pasó casi un mes. El soldado preparaba panecillos, se dejaba ver por ahí con las bordadoras, venía bastante a menudo a nuestro taller, pero nunca nos daba detalles de sus conquistas; se limitaba a atusarse los bigotes y a relamerse con deleite.

Tania venía cada mañana para que le diésemos krendeliá, tan alegre, afable y cariñosa como de costumbre. Intentamos entablar una conversación con ella acerca del soldado, pero dijo que tenía "ojos de carnero degollado" y otras lindezas por el estilo, y eso nos tranquilizó. Nos sentíamos orgullosos de nuestra pequeña, al ver cómo las demás bordadoras galanteaban con el soldado. La displicencia de Tania en cierto modo nos subió el ánimo a todos y, siguiendo su ejemplo, comenzamos a mirar al soldado con desdén. Y a Tania la queríamos más todavía y la saludábamos por la mañana aún más contentos y animados.

Pero un día el soldado apareció un poco borracho, se sentó en un banco y se echó a reír y, cuando le preguntamos de qué se reía, nos explicó:

—Hay dos que se han pegado por mí... Lidka y Grushka... ¡Cómo se han puesto la cara! ¡Ja, ja! Una agarró del pelo a la otra, la tiró al suelo del zaguán y se le sentó encima... ¡Ja, ja, ja! Y venga a arañarse la cara... ¡Es de risa! ¿Por qué no sabrán las mujeres pelear limpiamente? ¿Por qué tendrán que arañarse, eh?

Allí estaba sentado, corpulento, pulcro, jovial, sin parar de hablar y de reírse. Nosotros no decíamos nada. Por la razón que fuese, en aquella ocasión nos pareció repulsivo.

—Pues sí, qué éxito tengo con las mujeres, ¿eh? ¡Tiene gracia! ¡Guiño un ojo y las tengo a mis pies! ¡Qué diablos!

Levantaba las manos —blancas, cubiertas de vello sedoso— y se daba palmadas en las rodillas con gran estrépito. Y nos miraba tan gratamente sorprendido como si en verdad fuese incapaz de entender por qué tenía tanta suerte en el amor. Su cara robusta y sanguínea irradiaba felicidad y jactancia, y no dejaba de relamerse golosamente los labios.

De pronto el hornero, metiendo con fuerza y con rabia la pala en la boca del horno, dijo en tono de burla:

—No hay que ser muy fuerte para derribar un abeto, pero que alguien intente echar abajo un pino...

—¿Me estás hablando a mí? —preguntó el soldado.

—A ti, sí, sí...

—¿Y a qué viene eso?

—No hagas caso… ¡Ya es demasiado tarde!

—¡No, no, espera! ¿A qué te refieres? ¿De qué pino me hablas?

El hornero no respondió y siguió manejando la pala con destreza. Echaba en el horno los krendeliá recién salidos de la caldera, sacaba los que ya estaban listos y los arrojaba ruidosamente al suelo, para que los aprendices los ensartaran en un cordel. Parecía como si se hubiera olvidado del soldado y de su conversación con él. Pero entonces el soldado se puso muy nervioso. Se levantó del asiento, se fue derecho al horno y, arriesgándose a golpearse el pecho con el mango de la pala, que se balanceaba frenéticamente en el aire, insistió:

—En serio, dímelo: ¿a quién te referías? Me ofendes… ¿De mí? ¡De mí no se libra ni una, jamás! Y eso que me has dicho es muy ofensivo…

Y, en verdad, parecía sinceramente ofendido. Era evidente que no tenía nada de lo que sentirse orgulloso, salvo aquella habilidad suya para seducir a las mujeres; era como si, aparte de esa destreza, no hubiera vida en él, como si solo eso le hiciera sentirse vivo.

Hay personas para las cuales lo mejor y más querido que tienen es algún tipo de enfermedad del cuerpo o del alma. La cultivan a lo largo de toda su vida y viven solo para ella; la padecen, pero se alimentan de ella, se están quejando siempre de esa dolencia ante los demás y de ese modo atraen su atención. Así se ganan la compasión de la gente, pero aparte de eso no tienen nada. Si los librásemos de su enfermedad, si los curásemos, haríamos de ellos unos desdichados, al privarlos de lo único que daba sentido a su vida: se quedarían vacíos. A veces la vida de un hombre es tan mísera que se ve forzado a apreciar su mayor defecto y a vivir para él. Puede decirse que a menudo la gente se vuelve depravada por puro aburrimiento.

El soldado, sintiéndose insultado, acorraló a nuestro hornero y rugió:

—¡Dímelo de una vez! ¿De quién hablabas?

—¿Quieres saberlo? —De repente el hornero se volvió hacia él.

—Claro.

—¿Conoces a Tania?

—Sí, ¿y qué?

—Pues inténtalo con ella…

— ¿Yo?

— ¡Sí, tú!

—¿Con ella? ¡Bah, qué fácil!

—¡Ya veremos!

—¡Ya lo verás! ¡Ja, ja!

—Seguro que ella te…

—¡Dame un mes de plazo!

—¡Mira que eres presuntuoso, soldado!

—¡Dos semanas y verás! Total, ¿quién es esa Tania? ¡Bah!

—¡Vete por ahí! Largo de aquí… ¡fanfarrón!

—Dos semanas, ¡y listo!

—Que te vayas, te digo.

De pronto, el hornero enrojeció de ira y amenazó al soldado con la pala. El soldado se echó atrás, sorprendido, se quedó callado un instante y a continuación dijo, en voz baja y ominosa:

—Muy bien, que así sea. —Y se marchó.

Todos habíamos guardado silencio durante la disputa, a la espera del resultado. Pero, en cuanto el soldado salió, se armó una barahúnda muy animada y ruidosa.

Alguien le gritó al hornero:

—¡Buena la has hecho, Pável!

—¡A trabajar! —replicó, furioso.

Sabíamos que aquello había herido al soldado en lo más íntimo y que el peligro se cernía sobre Tania. Lo sabíamos y, al mismo tiempo, nos poseía una ardiente y gozosa curiosidad: ¿qué iba a pasar? ¿Se resistiría al soldado? Y prácticamente todos exclamábamos confiados:

—¿Tania? ¡Se resistirá! ¡Ella no se rinde así como así!

Estábamos ansiosos de poner a prueba la fortaleza de nuestro ídolo; nos recordábamos unos a otros que nuestro ídolo era tenaz, que Tania saldría victoriosa de este combate. De este modo, finalmente, nos dio por pensar que no habíamos provocado al soldado lo suficiente, que igual se olvidaba de la querella y que, por tanto, debíamos herirlo aún más profundamente en su amor propio. A partir de aquel día, empezamos a vivir de un modo particularmente intenso y agitado: como jamás habíamos vivido antes. Nos pasábamos el día entero discutiendo, como si nos hubiésemos vuelto más listos. Hablábamos más y mejor. Nos parecía estar jugando una partida con el diablo, apostando todo por Tania. Y cuando supimos por los panaderos que el soldado había empezado a “requebrar a nuestra Tania”, aquello hizo que nos sintiéramos tan condenadamente bien y absorbió de tal modo nuestra curiosidad que no nos dimos ni cuenta de que el patrón, sacando provecho de nuestra excitación, había incrementado nuestro volumen de trabajo en catorce pudy de masa al día. Ni siquiera nos cansábamos de trabajar. El nombre de Tania no se nos caía de la boca en todo el día. Y cada mañana la aguardábamos con especial impaciencia. A veces imaginábamos que aparecería y que ya no sería la Tania de siempre, sino otra distinta.

No obstante, a ella no le contamos nada sobre la disputa. No le hacíamos preguntas y la tratábamos tan amablemente como siempre. Pero algo nuevo y ajeno a nuestros antiguos sentimientos por Tania se había colado a hurtadillas en nuestra relación con ella: una curiosidad voraz, aguda y fría como un cuchillo de acero.

—¡Muchachos! ¡Hoy se cumple el plazo! —dijo el hornero una mañana, al iniciarse la jornada.

Lo sabíamos bien sin que él nos lo recordase, pero aun así todos dimos un respingo.

—¡Tened los ojos muy abiertos!... ¡Pronto aparecerá! —nos sugirió.

Alguien exclamó pesaroso:

—¡No sé qué esperas que veamos!

Y de nuevo se montó una ruidosa algarabía. Aquel día íbamos a descubrir por fin hasta qué punto era pura e inaccesible a la corrupción la urna en la que habíamos depositado todo lo mejor que teníamos. Aquella mañana intuíamos, por primera vez, que aquél era un juego verdaderamente peligroso, que la prueba a la que habíamos sometido a nuestro ídolo podía destruir la adoración que sentíamos. A lo largo de todos aquellos días nos habían contado que el soldado rondaba a Tania con obstinación, pero, por uno u otro motivo, ninguno de nosotros había preguntado cuál había sido la reacción de la chica. Y Tania había seguido viniendo cada mañana, como de costumbre, a pedirnos krendeliá, y era la misma de siempre. También aquel día, en seguida, escuchamos su voz:

—¡Mis prisioneros! Vengo a...

Nos apresuramos a dejarla entrar pero, en contra de lo habitual, la recibimos en silencio. La mirábamos fijamente, sin saber qué decirle, qué preguntarle; delante de ella, formábamos un grupo sombrío y mudo. Ella estaba manifiestamente sorprendida por nuestra insólita recepción, y de pronto la vimos ponerse pálida, agitarse con nerviosismo, y nos preguntó con voz entrecortada:

—¿Qué... qué os pasa?

—¿Y a ti? —replicó secamente el hornero, sin quitarle ojo.

—¿A mí? ¿Qué pasa conmigo?

—No, nada...

—Bueno, venga, dadme krendeliá... —Nunca nos había metido prisa...

—¡Tranquila! —respondió el hornero, sin dejar de mirarla a la cara.

Y entonces ella se dio la vuelta sin más y desapareció por donde había venido.

El hornero cogió la pala y, volviéndose hacia el horno, dijo sin alterarse:

—Se acabó, ya está… ¡Ese soldado! Sinvergüenza… Bribón…

Como un rebaño de ovejas, tropezando unos con otros, volvimos a la mesa, nos sentamos en silencio y nos pusimos a trabajar sin ganas. No tardó en alzarse una voz:

—A lo mejor todavía no…

—¡Eso! ¡Seguid dándole vueltas! —se lamentó el hornero.

Todos sabíamos que era un hombre inteligente, más que cualquiera de nosotros, y comprendimos por sus palabras que estaba firmemente convencido de la victoria del soldado. Nos quedamos tristes y preocupados…

A las doce en punto, durante la pausa para el almuerzo, apareció el soldado. Venía, como siempre, atildado y elegante y, como siempre, nos miró directamente a los ojos. A nosotros nos resultaba incómodo mirarle.

—Bien, distinguidos caballeros, si lo desean, les mostraré la audacia de un soldado —dijo, sonriendo satisfecho—. Salid al zaguán y mirad por las rendijas… ¿Entendido?

Salimos y, apelotonados unos contra otros, nos pegamos a la pared de madera del zaguán que daba al patio y miramos por las rendijas. No tuvimos que esperar mucho tiempo… En seguida vimos acercarse a Tania caminando a buen paso, saltando por encima de los charcos de barro y nieve fundida. Parecía inquieta. Desapareció por la puerta del sótano. Entonces apareció el soldado y fue hacia allí sin prisa, silbando. Llevaba las manos en los bolsillos y se le movía el bigote.

Estaba lloviendo, y las gotas de lluvia caían sobre los charcos y formaban ondas en ellos. Era un día húmedo y gris, un día verdaderamente desapacible. Aún había nieve en los tejados, y el suelo aparecía cubierto, aquí y allá, de oscuras manchas de barro. Y también la nieve de los tejados estaba cubierta de una capa marrón y sucia. La lluvia goteaba lentamente, con un sonido lastimero. Nos sentíamos enfermos y helados.

El soldado fue el primero en salir de la bodega; cruzó el patio sin prisa, atusándose el bigote, con una mano en el bolsillo: el mismo de siempre.

Después, salió Tania. Sus ojos… Sus ojos irradiaban alegría y felicidad, sus labios sonreían. Iba caminando como en sueños, trastabillando, dando pasos titubeantes.

No pudimos soportarlo. Nos precipitamos todos sobre la puerta, salimos en tromba al patio y empezamos a silbarle y a proferir insultos furiosos y brutales.

Al vernos, se echó a temblar y se detuvo de golpe, como si se hubiera quedado petrificada en el barro. La rodeamos y seguimos injuriándola, malignos, con las palabras más obscenas. Le dijimos cosas terribles.

No le hablábamos a gritos, sino con calma, en vista de que no tenía escapatoria, de que la habíamos acorralado y podíamos mofarnos de ella todo lo que quisiéramos. No sé por qué, pero nadie le pegó. Ella estaba parada en medio del grupo, volviendo la cabeza a un lado y a otro, escuchando nuestros insultos. Y nosotros seguíamos arrojándole más fango y más veneno.

Estaba pálida, descolorida. Los ojos azules, radiantes de felicidad un momento antes, los tenía abiertos de par en par, el pecho le subía y le bajaba agitado por la respiración, le temblaban los labios.

Y nosotros, rodeándola, nos vengábamos de ella, porque ella nos había atracado. Había sido nuestra, le habíamos entregado lo mejor que teníamos, aunque solo fueran mendrugos de mendigo, pero éramos veintiséis y ella era una sola, y por tanto no había castigo suficiente para su crimen. ¡Cómo nos excedimos con ella! Y ella callaba, mirándonos con los ojos desorbitados y temblando de pies a cabeza.

Nos reíamos, rugíamos, aullábamos. Vinieron más a unirse a nosotros. Alguien le pegó un empujón…

Y de pronto le centellearon los ojos; con calma, se llevó las manos a la cabeza, se arregló un poco el pelo y dijo en voz alta pero tranquila, mirándonos directamente a los ojos:

—¡Miserables prisioneros!

Y vino directa hacia nosotros, caminando, igual que las otras, como si no nos viese, como si no le obstaculizásemos el paso. Así que no pudimos impedir que pasara y, tras romper nuestro cerco, sin volverse, exclamó con desprecio indescriptible:

—¡Sabandijas…! ¡Chusma…!

Y se marchó.

Nos quedamos de pie en el centro del patio, en medio del barro, bajo la lluvia y el cielo gris, encapotado…

Después, volvimos todos en silencio a nuestra húmeda cárcel de piedra. E igual que antes, el sol nunca logró colarse por nuestras ventanas. Y Tania jamás regresó.

EL TIMADOR

I
El encuentro con él

Tropezando en la niebla con los setos, caminaba yo intrépidamente por los charcos de fango de una ventana a otra, llamaba con los dedos, no muy fuerte, y voceaba:

—¡¿Permitiríais hacer noche a un transeúnte?!

En respuesta, me enviaban al vecino, a la "isba comunal", al diablo. En una ventana prometieron que me echarían al perro, en otra callaron pero me amenazaron elocuentemente con un gran puño. Y una mujer me gritó:

—¡Vete, lárgate mientras estés entero! Tengo al marido en casa...

De lo que deduje que, evidentemente, acogía en casa huéspedes para dormir cuando no estaba el marido... Lamentando que él estuviera en casa, me dirigí a la siguiente ventana.

—¡Gentes de bien! ¡¿Permitiríais hacer noche a un transeúnte?!

Me respondieron cariñosamente:

—¡Vete con Dios, aléjate!

Y hacía un tiempo de perros: caía una lluvia fina y fría, la tierra enfangada estaba ajustadamente envuelta por la niebla. De vez en cuando, a saber de dónde, soplaba una ráfaga de viento que suavemente golpeaba las ramas de los árboles, hacía frufrú con la paja mojada de los tejados y alumbraba muchos sonidos melancólicos más, rompiendo el silencio de la oscura noche con una afligida música. Escuchando aquel triste preludio del duro poema llamado otoño, las gentes a cubierto, ciertamente, estaban de mal humor y por eso no me dejaban pasar a pernoctar. Luché durante un buen rato contra su resolución, se me resistieron con firmeza y, al final, destruyeron mi esperanza de pasar la noche bajo techo. Entonces salí de la aldea hacia el campo, pensando que tal vez allí encontraría un almiar de heno o paja, aunque solo la casualidad podría mostrármelo en aquella pesada y densa oscuridad.

Pero he aquí que veo que a tres pasos de mí se eleva algo grande y aún más oscuro que la oscuridad. Sospecho que es una panadería. Las panaderías no se construyen directamente sobre la tierra, sino sobre pilotes o piedras; entre el suelo de la tienda y la tierra hay un espacio donde puede acomodarse holgadamente un hombre bastante grande, solo hay que tumbarse sobre la barriga y arrastrarse hacia allá.

Evidentemente, el destino quería que pasara esa noche no bajo techo sino bajo suelo. Contento con esto, me arrastré por la tierra seca, tentaleando el lugar más uniforme para el lecho. Y de pronto, en la oscuridad, se oyó una tranquila voz de advertencia:

—Manténgase a la izquierda, respetable…

Fue algo realmente inesperado.

—¿Quién está aquí? —pregunté.

—Un hombre… ¡con un palo!

—Palo también lo tengo yo…

—¿Y cerillas, tiene?

—Y cerillas.

—¡Muy bien!

Yo no veía en aquello nada de bueno; a mi parecer, habría sido bueno para mí si hubiera tenido pan y tabaco, no solo cerillas.

—¿Qué pasa, que en la aldea no dejan quedarse a dormir? — preguntó la voz invisible.

—No dejan —dije yo.

—A mí tampoco me dejaron…

Eso era evidente, si es que en efecto había pedido pernoctar. Pero es posible que no lo hubiera pedido, y se hubiera tumbado aquí, tal vez con el fin de esperar el momento oportuno para llevar a cabo alguna acción arriesgada, necesitada del manto nocturno. Por supuesto, cualquier trabajo cuenta con la bendición de Dios, no obstante, decidí agarrar fuerte mi palo.

—¡No nos dejaron, diablos! —repitió la voz—. ¡Porras!, cuando hace bueno dejan pasar, pero con este tiempo ¡ni aunque berrees!

—¿Usted adónde va? —pregunté.

—A… Nikoláiev. ¿Y usted?

Le dije adónde.

—Siendo así, vamos por el mismo camino. Pero bueno, encienda una cerilla que voy a fumar.

Las cerillas se habían humedecido; las froté con impaciencia durante un buen rato contra las tablas que tenía sobre mi cabeza. Y por fin, se encendió un pequeño fuego, y de la oscuridad asomó una cara pálida con barba negra.

Unos ojos grandes, inteligentes, sonrientes me miraban; después, bajo el bigote, brillaron unos dientes blancos, y el hombre me dijo:

—¿Quiere fumar?

La cerilla se había consumido. Encendí otra, y a la luz de esta volvimos a mirarnos el uno al otro, tras lo cual mi compañero de pernocta declaró con convicción:

—¡Bueno, parece que entre nosotros no hay por qué tener vergüenza, coja un cigarrillo!

Él tenía uno entre los dientes que se estaba encendiendo, e iluminaba su rostro con un color rojizo. Alrededor de los ojos y en la frente tenía muchas arrugas sutilmente pronunciadas. Iba vestido con los restos de un viejo abrigo de guata, atado con una cuerda, y en los pies llevaba unos lapti de un solo trozo de piel, "porshni", como los llaman en el Don.

—¿Peregrino? —pregunté.

—Viajo a pie. ¿Usted?

—También.

Empezó a acomodarse, tintineó algo metálico, probablemente una tetera o una olla, accesorios indispensables del peregrino para ir por los lugares santos. Pero en su tono faltaba el matiz de esa piedad de zorro que siempre delata al peregrino, en su tono no se escuchaba la astuta unción obligada del peregrino, y por ahora en sus conversaciones no había habido ni expresiones religiosas ni una sola palabra "de las Escrituras". En general, no se correspondía con el gandul profesional de los lugares sagrados, la peor variedad, con mucho, de la "Rusia errante"; peor por su calidad moral, por la enorme cantidad de embustes y supersticiones con los que ese tipo de gente contamina al hambriento espiritual, a la aldea ansiosa. Además iba a Nikoláiev, donde no había reliquias…

—¿Y desde dónde viene caminando? —pregunté.

—Desde Astrakán…

En Astrakán tampoco hay reliquias. Entonces le pregunté:

—¿O sea que usted camina de "mar a mar", y no por los lugares santos?

—A los santos también voy. ¿Por qué no iba a ir a los lugares santos? Allí siempre dan bien de comer… sobre todo si se entra en intimidad con un monje. Nuestro hermano Isaki es muy respetado por ellos, porque aporta distracción a sus vidas. ¿Y usted, qué?

—Me aprovecho.

—Lugares alimenticios. ¿De dónde viene? ¡Ajá! El camino es largo. Encienda una cerilla y fumemos. Cuando fumas, es como si todo se hiciera más cálido…

Desde luego hacía frío, tanto por el viento que insolentemente se clavaba en nosotros, como por la ropa mojada.

—Tal vez quiera comer. Tengo pan, patatas y dos cuervos asados… ¿le doy?

—¿Cuervo? —pregunté con curiosidad.

—¿Usted no los come? Mal hecho…

Me alargó un gran currusco de pan.

—No he probado nunca el cuervo…

—Tome, pruebe. En otoño están más sabrosos. Y además, es mucho más agradable comer cuervo cocinado con tus propias manos, que el pan o el tocino que te ha dado una mano de un vecino por la ventana de su casa… a la cual, una vez has recibido la limosna, ¡apetece prenderle fuego!

Dijo esto de manera razonable, razonable e interesante. El uso del cuervo como comida era nuevo para mí, pero no me producía asombro: sabía que en Odesa, en invierno, los rakli comen ratas, y en Rostov, caracoles. No era tan increíble. Incluso los parisinos, estando sitiados, habían comido con gusto todo tipo de basura, y hay gente que se pasa toda la vida en estado de sitio.

—¿Y cómo coge usted los cuervos? —traté de informarme.

—No por el pico, por supuesto. Se les puede matar con un palo o con piedras, ¡pero es más seguro pescarlos! Hay que atar en el extremo de un hilo largo de bramante un trozo de tocino, de carne o de corteza de pan. El cuervo lo agarra, lo traga y entonces ¡tiras de él! Después, una vez se le ha retorcido el cuello, solo queda desplumarlo, destriparlo y, clavado en un palo, asarlo sobre la hoguera.

—¡Quién estuviera ahora sentado junto a una hoguera! —suspiré.

El frío se hizo más notable. Parecía que el propio viento estaba helado, así de doloroso era el chillido trémulo con el que golpeaba contra las paredes de la tienda. A veces con él volaba el aullido de los perros, el melancólico sonido de la campana de guardia de la iglesia rural. Las gotas de lluvia caían con fuerza del tejado a la tierra mojada.

—¡Me aburre estar acostado en silencio! —dijo mi compañero de pernocta.

—Y hablar da frío —hice notar yo.

—¡Meta la lengua en el seno y se calentará!

—Gracias por el consejo…

—¿Iremos juntos o qué? Nos coge de camino.

—¡Vayamos!

—Entonces presentémonos… soy el noble Pavel Ignatiev Promtov…

Yo también me presenté.

—¡Así que sí! Ahora le preguntaré una cosa: ¿y cómo llegó usted a este sendero? ¿Por debilidad por el vodka, o qué?

—Por el aburrimiento de la vida…

—Eso puede ser… ¿conoce usted una publicación del Senado titulada Informe sobre las condenas?

—La conozco.

—¿Aparece su nombre publicado en ella? El mío por aquel entonces todavía no había sido hecho público en ninguna parte, cosa que le dije a él.

—El mío tampoco está publicado.

—Pero ¿lo espera?

—¡Todo está en manos de Dios!

—Usted parece un hombre alegre, ¿lo es?

—¡¿Para qué penar?!

—No todo el mundo hablaría así estando en su situación —puse en duda la sinceridad de sus palabras.

—La situación es cruda y fría, pero cambiará con el alba. Saldrá el sol, porque saldrá, ¿no? Entonces nos arrastraremos fuera de aquí y beberemos té, comeremos, nos calentaremos… ¿Acaso está mal?

—¡Bien! —convine yo.

—¡Ya ve! Todo lo malo tiene su lado bueno.

—Y todo lo bueno, su lado malo.

—¡Amén! —proclamó con tono de diácono Promtov.

¡Ay, Dios, con él te lo pasas bien! Lamentaba no ver su rostro que, a juzgar por la riqueza de tonos de su voz, debía de ser muy expresivo. Hablamos durante mucho rato de tonterías, escondiendo tras ellas el deseo mutuo de saber más uno del otro, y yo en el fondo admiraba aquella habilidad que tenía él de, callando sus cosas, hacerme a mí revelarle las mías.

Mientras charlábamos, paró de llover y, de manera imperceptible, la oscuridad comenzó a disiparse; por el este ya se encendía el suave resplandor de la franja rosácea del amanecer. Con el alba apareció una fresca mañana, agradable y vivificante cuando sorprende a la persona vestida con ropa seca y abrigada.

—¿No cree que encontraremos por aquí algo para la hoguera? —preguntó Promtov.

Arrastrándonos sobre la tierra, buscamos por todas partes pero no encontramos nada. Entonces decidimos arrancar una tabla cualquiera, una que no estuviera clavada especialmente fuerte. Una vez arrancada, la convertimos en astillas. Después Promtov propuso intentar abrir un agujero en el suelo de la tienda para coger unos granos de centeno, ya que si el centeno se cuece en agua se obtiene una buena comida. Yo protesté, alegando que eso no era correcto: sacaríamos de la tienda varios pudos de centeno, para al final coger dos o tres libras.

—¿Y a usted que más le da? —preguntó Promtov.

—Hay que respetar la propiedad ajena, según tengo entendido.

—¡Eso, amigo, solo es necesario cuando uno tiene la suya! Y es necesario porque para cualquier otro esa es ajena.

Callé, pensando para mí que este individuo debía de ser un liberal radical en cuestiones de propiedad y que el placer de conocerle tendría también sus inconvenientes.

Salió el sol, alegre y resplandeciente. Trozos de cielo azul miraban desde las nubes rotas que lenta y cansinamente se desplazaban hacia el norte. Por todas partes centelleaban gotas de lluvia. Promtov y yo salimos de debajo de la tienda y nos fuimos al campo, por las barbas del cereal segado, hacia la cinta sinuosa de verdes árboles que estaba a gran distancia de nosotros.

—Allí hay un río —dijo mi conocido.

Le miré, y pensé que debía tener unos cuarenta años y que su vida no había sido precisamente una broma. Sus ojos, oscuros y profundamente hundidos en las órbitas, brillaban con tranquilidad y aplomo, y cuando los entornaba un poco, su rostro adoptaba una expresión astuta y seca. En el andar firme y rápido, en el morral de cuero sujetado con destreza a la espalda, en toda su figura se notaba la costumbre de la vida errante, la experiencia del lobo y la habilidad del zorro.

—Iremos de la siguiente manera —dijo—: al otro lado del río, a unas seis verstas, está la aldea de Manzheleia, de allí parte el camino directo a Novaia Praga. Cerca de ese lugar viven stundistas, baptistas y otros visionarios… Dan muy bien de comer, si se les dice alguna mentira consoladora. ¡Pero de las Escrituras con ellos ni una palabra! Las conocen al dedillo…

Escogimos un sitio cerca de un grupo de álamos negros, recogimos piedras en la orilla del río, turbio por la lluvia, y sobre las piedras hicimos una hoguera. A dos verstas de nosotros, en un alto, estaba la aldea, la paja de sus tejados brillaba como oro rosado. Los agudos olmos estaban coloreados con los tintes del otoño. El humo gris de las chimeneas envolvía los álamos, oscureciendo los colores anaranjados y purpúreos de las hojas y el suave cielo azul que había entre ellos.

—Voy a darme un baño —anunció Promtov—. Es imprescindible después de una noche tan mala. Se lo recomiendo. Y mientras nos refrescamos, hervirá el té. ¿Sabe? Hay que esforzarse para que nuestro cuerpo esté siempre limpio y fresco.

Mientras hablaba, se iba desvistiendo. Su cuerpo era de raza, hermoso, proporcionado, con músculos fuertes, bien desarrollados. Y cuando vi los sucios andrajos que se había quitado y tirado lejos, me parecieron más abominables de lo que me habían parecido hasta aquel momento... Habiéndonos sumergido en la punzante agua del río, temblorosos y azules de frío, saltamos a la orilla y nos pusimos deprisa nuestra ropa calentada por la hoguera. Después nos sentamos cerca del fuego a beber té.

Promtov tenía una jarra verdosa, echó en ella el té hirviendo y me lo ofreció primero a mí. Pero el diablo, que siempre anda al acecho para reírse de los hombres, me tiró de una de las falsas cuerdas del corazón y exclamé con generosidad:

—¡Gracias! ¡Beba usted primero, yo esperaré!

Dije esto con el firme convencimiento de que Promtov querría competir conmigo en generosidad y cortesía, entonces yo cedería y bebería té el primero. Pero él dijo simplemente:

—Bueno, está bien...

Y se acercó la jarra a la boca.

Yo me volví a un lado y me puse a mirar fijamente la desierta estepa, deseando convencer a Promtov de que no veía cómo se reían de mí sus oscuros ojos. Él tomaba sorbos de té, mordía el pan, se relamía de gusto, y todo ello lo hacía martirizantemente despacio. Del frío me temblaban hasta las tripas, estaba dispuesto a echarme un puñado de té ardiendo directamente de la tetera.

—Qué —se reía Promtov—, no es provechoso tener consideración, ¿eh?

—¡Ay de mí! —dije.

—¡Pues bien! Aprenda... ¿Para qué ceder a otro lo que tú necesitas o te viene bien? Aunque digan que todos los hombres somos hermanos, nadie ha intentado demostrarlo con datos métricos.

—¿Es eso lo que de verdad piensa?

—¿Y por qué iba a decir lo que no pienso?

—Ya sabe, el individuo siempre hace algo de alarde, sea quien sea...

—¡No entiendo qué le ha provocado semejante desconfianza hacia mí! —se encogió de hombros el muy lobo—. No será porque le he dado pan y té, ¿no? No lo hice por sentimientos fraternales, sino por curiosidad. Veo a una persona fuera de lugar y siento el deseo de averiguar cómo y por qué fue arrancada de la vida...

—También yo siento ese deseo… Dígame, ¿quién y qué es usted? —le pregunté.

Me miró con ojos escrutadores y, tras un silencio, dijo:

—El hombre nunca sabe con exactitud quién es… Es preciso preguntarle por quién se toma.

—¡Aunque sea así!

—Bueno, pienso que soy un hombre que en la vida está apretado. La vida es estrecha y yo soy ancho… Puede ser que esto no sea cierto. Pero en el mundo hay un tipo de gente particular, nacida seguramente del Judío Errante. Su particularidad consiste en que no hay manera de que encuentre su lugar en la tierra y se aferre a él. En su interior habita el prurito inquieto del deseo de algo nuevo. Los más insignificantes de ellos nunca pueden escoger para sí ni unos pantalones a su gusto, y por eso siempre están insatisfechos, infelices, y a los importantes nada satisface, ni el dinero, ni las mujeres, ni los honores… Tales personas no gustan, son temerarias e insociales. La mayoría de los prójimos son monedas de cinco kopeks, moneda de uso corriente… y la única diferencia entre ellos es el año de acuñación. En una está borrado, en la otra está más nuevo, pero el valor es el mismo, el material del que están hechas idéntico, y en todo son similares la una a la otra. Pero yo no soy una moneda de cinco kopeks, aunque tal vez sea una moneda de dos kopeks… ¡Eso es todo!

Hablaba con escepticismo, sonriendo, y me daba la impresión de que ni él mismo creía lo que estaba diciendo. Pero despertaba en mí una curiosidad ávida, y decidí seguirle hasta que averiguara su identidad. Estaba claro que era lo que se dice “un hombre inteligente”. Había muchos así entre los vagabundos, todos eran gentes muertas, que habían perdido el respeto hacia sí mismos, carentes de autoestima, y vivían únicamente para hundirse cada día más y más en el fango y la inmundicia; después se disolvían en ella y desaparecían de la vida.

Pero en Promtov había algo firme, resistente. No se quejaba de la vida, como hacían todos.

—¿Entonces, qué? ¿Vamos? —propuso.

—¡Vamos!

Calentados por el té y el sol, nos fuimos por la orilla del río, siguiendo su curso.

—¿Y usted cómo consigue el alimento? —le pregunté a Promtov—. ¿Trabaja?

—¿Qué si traaaabajo? No, ya no era aficionado antes de esto…

—¿Entonces?

—¡Ya lo verá!

Se calló. Después, unos pasos más adelante, comenzó a silbar entre dientes una alegre canción. Sus ojos escrutaban la estepa con seguridad y atención, y caminaba con firmeza, como todo el que va hacia un objetivo.

Yo lo miraba, y el deseo de comprender con quién estaba cobraba aún más fuerza en mí.

... Cuando entramos en la calle principal de la aldea, se nos tiró a las piernas un pequeño perro y, ladrando con fuerza, comenzó a dar vueltas a nuestro alrededor. Con cada mirada que le lanzábamos, soltaba un chillido tímido y se apartaba a un lado, como una bola, y de nuevo se arrojaba contra nosotros, ladrando porfiadamente. Vinieron corriendo sus amigos, pero no eran igual de inteligentes, gruñeron una o dos veces y se escondieron. Su indiferencia, al parecer, excitó todavía más al perrito pelirrojo.

—¿Ve qué naturaleza tan vil? —dijo Promtov señalando con la cabeza al receloso perro—. Y es que miente, comprende que no es necesario ladrar, no es malo, es cobarde, pero necesita ganarse los favores de su amo. Un rasgo puramente humano que le ha sido inculcado por un hombre. La gente corrompe a los animales. Pronto llegará el momento en el que los animales serán tan insinceros como, por ejemplo, usted y yo...

—Se lo agradezco —dije.

—No hay por qué. Pero necesito tirar...

En su expresivo rostro apareció un gesto triste, se le hundieron los ojos, todo él se encorvó, se encogió, y los andrajos que vestía se pusieron de pie, como aletas de gobio.

—Hay que dirigirse al prójimo para pedir pan —me explicó su transformación y se puso a mirar atentamente a las ventanas de las jatas. En una jata, bajo la ventana, había una mujer dando el pecho a un bebé. Promtov se inclinó ante ella y dijo suplicante:

—¡Madrecita mía! ¡Dad pan a estos peregrinos!

—¡No se ofendan! —respondió la mujer, lanzándonos una mirada desconfiada.

—Que se te corte lo que tienes en el pecho, hija de perra —le deseó adustamente mi compañero de viaje.

La mujer gritó como una poseída y se lanzó sobre nosotros.

—Desde luego...

Promtov, sin moverse del sitio, la miró a la cara con sus ojos negros, cuya expresión era salvaje y malvada... La tía palideció, se estremeció y, murmurando no sé qué, entró rápidamente en la jata.

—¡Vayámonos! —le propuse a Promtov.

—Esperaremos hasta que nos traiga pan.

—Nos mandará al marido con horcas.

—No tiene ni idea —sonrió escéptico aquel lobo.

Estaba en lo cierto, la mujer apareció ante nosotros con media hogaza de pan y un buen trozo de tocino. En silencio y haciendo una profunda reverencia a Promtov, le pidió suplicante:

—Por favor, cójalo, hombre de Dios, no monte en cólera…

—¡Dios te proteja del mal de ojo, los sortilegios y las fiebres! —la bendijo de manera imponente Promtov. Y nos fuimos…

—Escuche —le dije cuando ya estábamos lejos de la jata—, ¿por qué se ha comportado de forma tan extraña? Sin ir más lejos, la forma de pedir…

—Es la más segura… si echas unas buenas miradas a la mujer, te toma por brujo, se asusta y no solo pan, toda "la bolsa" del marido entrega. ¿Por qué voy a pedir y humillarme ante ella cuando puedo dar órdenes? Siempre pensé que era mejor arrancar que pedir…

—¿Y no le sucedió nunca que en lugar de pan…?

—¿Me dieran una tunda? No. ¡Que se metan conmigo! Tengo, querido mío, un papel mágico: me basta con enseñárselo a un aldeano para que se convierta en mi esclavo… ¿Quiere que se lo enseñe?

Cogí en la mano aquel papel, que estaba bastante sucio y arrugado, y vi que era un certificado de paso expedido a Pavel Ignatev Promtov, desterrado por la administración judicial de Petersburgo, para ir de Astrakán a Nikoláeiv. El papel tenía el sello de la dirección de la policía de Astrakán y la correspondiente firma, todo estaba en regla…

—No lo entiendo —dije devolviendo el documento a la mano de su propietario—. ¿Por qué motivo habiendo sido desterrado de Petersburgo, viene desde Astrakán?

Se echó a reír, expresando con toda su figura su conciencia de superioridad sobre mí.

—¡Pues muy sencillo! Piénselo, me desterraron de Petersburgo, y al desterrarme me pidieron que escogiera, con las consabidas excepciones, un lugar para vivir. Yo doy el nombre. Kursk, pongamos por caso. Aparezco en Kursk, me presento a la policía… "¡Tengo el honor de presentarme!". La policía de Kursk no puede recibirme amablemente: tiene sus propias diligencias, está liadísima. Se imagina que tiene ante sí a un ratero hábil, del que no pudieron librarse ni por la fuerza ni con la ayuda de la ley, teniendo que recurrir a medidas administrativas para deshacerse de él. Y está totalmente dispuesta a largarme adonde sea, incluso de cabeza al abismo. A la vista de sus dificultades, salgo en su ayuda. "Como yo mismo escogí el lugar para vivir, ¿no querrían que lo escogiera de nuevo?". Se alegran de verse libres de mí. Yo digo que estoy dispuesto a irme del área en la que son responsables de la inviolabilidad de las personas y la propiedad, pero que por mi amabilidad, tendrán que darme un viático. Dan cinco rublos, diez, más o menos según el humor y el carácter, pero siempre lo dan con gusto. Mejor perder cinco rublos, que adquirir con mi persona una preocupación innecesaria, ¿no?

—Puede ser —dije.

—¡Pues sí, es precisamente así! Y me abastecen de un documento que no se parece en absoluto a un pasaporte. Y es en esa diferencia suya con el pasaporte donde se esconde su poder mágico. En él está escrito: "¡Admi—nis—tra—tivamente desterrado de Pe—ters—bur—go!". Se lo enseño al jefe de la aldea, que suele ser tonto como un tocón, y no entiende ni palabra. Le da miedo: en el papel hay sellos. Yo le digo: "En virtud de este documento tienes que facilitarme un lugar donde pasar la noche". Lo da. "Tienes que darme de comer". Da de comer. No puede hacer otra cosa, porque está escrito en el papel, ¡de Petersburgo, administrativamente! A saber qué demonios será eso de "administrativamente". ¿Significará enviado en secreto para investigar las artesanías, la elaboración de monedas falsas, la destilación clandestina, la venta encubierta de bebida? ¿O se referirá a averiguar la frecuencia con la que visitan la iglesia ortodoxa? ¿O quizá sea algo relacionado con la tierra? ¿Quién descifra qué significa eso de administrativamente? Tal vez yo sea alguien disfrazado. El aldeano es tonto, ¡él qué sabe!

—Sí, poco sabe —señalé yo.

—¡Y eso está muy bien! —afirmó convencido Promtov—. Así debe ser exactamente, y ese es el único estado en el que es imprescindible para todos, como el aire. Ya que, ¿qué es un aldeano? El aldeano es para toda la gente material nutritivo, es decir, un animal comestible. ¡Me pongo como ejemplo! ¿Acaso me habría sido posible la estancia en la tierra sin los aldeanos? ¡Para la existencia del hombre son necesarios sol, agua, aire y aldeano!

—¿Y tierra?

—¡Si hay aldeano, habrá tierra! Basta con ordenarle: "¡Eh, tú! ¡Crea tierra!". Y la tierra será. No puede desobedecer…

¡Le gustaba decir estas cosas al alegre perillán! Habíamos salido de la aldea hacía un buen rato, habíamos pasado de largo por delante de muchos caseríos, y de nuevo teníamos ante nosotros un pueblo, cubierto por el follaje anaranjado del otoño. Promtov charlaba animado, como un pardillo, y yo escuchaba y pensaba en el nuevo tipo, para mí, de parásito, aquel que corroía el quimérico bienestar del aldeano…

—¡Escuche! —de pronto recordé una situación—. Nosotros nos conocimos en unas circunstancias que me hacen dudar del poder de su papel. ¿Cómo explica eso?

—¡Eh! —se rió Promtov—. Muy sencillo: yo ya había pasado por esos lugares, y, ya sabe, no siempre es cómodo que le recuerden a uno…

Su sinceridad me gustaba. Escuchaba con atención la charla descarada de mi compañero de viaje tratando de determinar si era tal cual se describía.

—He ahí, ante nosotros, un pueblo, ¿quiere que le muestre la eficacia de mi papel? —propuso Promtov.

Rechacé el experimento, proponiéndole que mejor me explicara en función de qué le habían galardonado con el papel.

—Bueno, eso, ¿sabe?, ¡es una larga historia! —Hizo un ademán con la mano—. Pero se la contaré, algún día. Por ahora, descansemos y comamos algo. Tenemos avíos suficientes, lo cual significa que ir al pueblo a incomodar a los vecinos por ahora no nos es necesario.

Alejándonos del camino hacia un lado, nos sentamos en la tierra y nos pusimos a comer. Después, apoltronados bajo los templados rayos solares y el soplo del viento suave de la estepa, nos tumbamos y nos dormimos… Y cuando despertamos, el sol, purpúreo y enorme, ya estaba en el horizonte y sobre la estepa se habían echado las sombras de la tarde sureña.

—Ya ve —anunció— quiere el destino que pasemos la noche en esta aldeílla…

—Vayamos mientras haya luz —propuse.

—¡No se preocupe! Hoy pasaremos la noche bajo techo…

Tenía razón: en la primera jata a la que llamamos a la puerta pidiendo que nos dejaran pasar la noche, nos invitaron hospitalariamente a entrar.

En cuanto el amo de la jata, un hombre alto y bondadoso, llegó del campo, su esposa preparó la cena. Cuatro mugrientos chiquillos, amontonados en un rincón de la jata, miraban desde allí con ojos curiosos y cohibidos. La corpulenta esposa deprisa y en silencio se movía de la jata al zaguán y viceversa, trayendo pan, sandías, leche. El anfitrión estaba sentado frente a nosotros en un banco, frotando concentradamente contra él los riñones, lanzándonos miradas inquisitivas.

Poco después hizo la pregunta habitual:

—¿Adónde van?

—Caminamos, buen hombre, ¡de mar a mar, hasta la ciudad de Kiev!… —respondió animadamente Promtov con las palabras de una canción de cuna.

—¿Qué hay allí, en Kiev? —preguntó el hombre pensativo.

—¿Santas reliquias?

El dueño de la casa miró a Promtov y, en silencio, escupió. Más tarde, tras la pausa, preguntó:

—¿Y de dónde vienen?

—Yo de Petersburgo y él de Moscú —respondió Promtov.

—¿Y qué? —levantó el bigote el jojol—. ¿Qué tal por Petersburgo? La gente dice que fue construido en el mar… y que se inunda…

Se abrió la puerta y aparecieron dos jojoles:

—¡Venimos a verte, Mijailo! —anunció uno de ellos.

—¿Y qué os trae a mí?

—Bueno, hay un asunto… ¿quién es esta gente?

—¿Esta que está aquí? —preguntó el dueño de la casa, señalándonos con la cabeza.

—¡Pues sí, esta!

El dueño de la casa guardó silencio, pensando y dando vueltas a la cabeza, y anunció:

—¿Acaso yo lo sé?

—¿Acaso son peregrinos? —nos preguntó.

—¡Pues sí! —respondió Promtov.

Se hizo el silencio. Tres jojoles nos miraban fijamente, con desconfianza, con curiosidad… Al final todos se sentaron a la mesa y comenzaron a apurar estrepitosamente las sandías rojo sangre…

—¿Acaso alguno de ustedes sabe leer y escribir? —se dirigió a Promtov uno de los jojoles.

—Los dos —respondió concisamente Promtov.

—Entonces, ¿sabrían ustedes qué debe hacer un hombre al que a veces duele y pica el espinazo hasta tal extremo que no puede ni dormir por la noche?

—¡Lo sabemos! —anunció Promtov.

—¿Y qué es?

Promtov masticó pan durante un buen rato, después limpió las manos sobre sus andrajos, a continuación miró pensativo al techo y, por fin, con decisión e incluso aspereza, dijo:

—Hay que recoger ortigas y pedir a la mujer que por la noche te frote con las ortigas el espinazo, y después que lo unte con aceite de cáñamo con sal…

—¿Y eso que provocará? —inquirió el jojol.

—¡Nada! —se encogió de hombros Promtov.

—¿Nada?

—¡Lo que es nada!

—¿Y ayuda eso?

—Ayuda…

—Lo pediré… Gracias…

—¡Salud! —deseó Promtov completamente en serio.

Silencio prolongado, el crujido de las sandías, el susurro de los niños…

—Escuchen —empezó a hablar el dueño de la jata— ya que es así… ustedes no sabrán… tal vez, haya llegado a sus oídos en Petersburgo o en Moscú… acerca de Siberia… ¿es posible emigrar allí o no? Porque el administrador local del zemstvo, a no ser que mienta, asegura que está absolutamente prohibido.

—¡No se puede! —cortó Promtov.

Los jojoles se miraron entre ellos y el anfitrión masculló para sus adentros:

—¡Maldita sea su estampa!

—¡No se puede! —declaró de nuevo Promtov, y de pronto su rostro pareció inspirado…— Y porque no se puede, ¡no tiene sentido ir a Siberia, cuando por todas partes hay tanta tierra como quieras!

—Está visto que para los difuntos hay tierra a voluntad en cualquier lugar… ¡para los vivos es para los que hace falta!… —declaró con tristeza un jojol.

—En Petersburgo está resuelto —continuó solemnemente Promtov—, toda la tierra, la que tienen los campesinos y los terratenientes, se les quitará para el tesoro público…

Los jojoles le miraron con los ojos como platos y callaron. Promtov los miró con severidad y preguntó:

—¿A fin de qué quitarla para el tesoro público?

El silencio adquirió un carácter tenso, y parecía que los pobres jojoles iban a reventar de esperanza. Yo los miraba conteniendo apenas la rabia que me provocaba la burla que Promtov les estaba haciendo a los pobres diablos. Pero revelar ante ellos su insolente mentira habría sido entregárselo para que lo apalearan. Guardé silencio.

—¡Hable, hable, buen hombre! —pidió en voz baja y tímidamente uno de los jojoles.

—¿A fin de qué quitarla? ¡Para repartir justamente toda la tierra entre los campesinos! Allá reconocen —Promtov señaló de lado con el dedo hacia algún lugar— que el verdadero dueño de la tierra es el campesino, y dieron la orden: no dejar ir a Siberia, y esperar el reparto…

A uno de los jojoles incluso se le cayó un trozo de sandía de la mano. Los tres bebían las palabras de Promtov con ojos sedientos y callaban, sorprendidos por su maravillosa noticia. Y después, tras unos cuantos segundos, se oyeron al mismo tiempo cuatro exclamaciones:

—¡Madre Inmaculada! —suspiró histéricamente la esposa.

—No estará mintiendo…

—¡Hable, hable, buen hombre!

—¡Por eso este año las estrellas brillan más! —exclamó convencido el jojol al que dolía el espinazo.

—Esto es solo un rumor —dije yo—, puede ser que todo resulte una trola…

Promtov me miró con sincera sorpresa y dijo ardientemente:

—¿Cómo que un rumor? ¿Cómo que una trola?

Y de su boca comenzó a fluir la melodía de la más descarada mentira, música dulce para todos los oyentes, menos para mí. ¡Mentía alegremente! Los aldeanos estaban dispuestos a saltar dentro de su boca. Pero a mí me resultaba cruel escuchar aquella inspirada mentira, que podía atraer la desgracia a la cabeza de personas ingenuas. Salí de la jata y me tumbé en el patio, pensando en cómo desenmascarar el detestable juego de mi compañero de viaje. Después me dormí y Promtov me despertó al amanecer.

—¡Levántese, nos vamos! —dijo.

A su lado estaba de pie el soñoliento dueño de la jata, y el morral de Promtov rebosaba. Nos despedimos de él y nos fuimos. Promtov estaba contento, cantaba, silbaba y me miraba de reojo con ironía. Yo discurría qué decirle y guardaba silencio, caminando a su lado.

—¿Por qué no me crucifica? —preguntó de pronto.

—¿Y usted reconoce que sería justo? —me informé fríamente.

—Bueno, se supone… Yo le entiendo y sé que usted debería mortificarme… Incluso le diré cómo lo hará. ¿Quiere? ¡Mejor déjelo! ¿Qué hay de malo en que los aldeanos sueñen? La única consecuencia es que serán más inteligentes. Y yo saco mi ganancia. ¡Mire, me han llenado el morral hasta arriba!

—Pero es que puede hacer que los azoten.

—Poco probable… ¿Y si así fuera? ¿Qué tengo yo que ver con las espaldas ajenas? ¡Deja que su Dios se ocupe de su integridad! Esto por supuesto no es moral, pero, por otra parte, ¿a mí qué me importa qué es moral y qué no es moral? ¡Convenga conmigo en que no tengo nada que ver!

"Y bien —pensé—, el lobo tiene razón…".

—Supongamos que van a sufrir por mi culpa, incluso después de ello el cielo será azul, y el mar, salado.

—Pero ¿en serio no le da pena?

—De mí nadie se apena… Soy un cardo corredor, y todos a cuyos pies me lanza el viento me echan a un lado de un puntapié…

Estaba serio y con maldad reconcentrada, sus ojos brillaban vengativos.

—Yo siempre actúo así, y a veces peor… A un aldeano en la provincia de Sarátov, para el dolor de estómago le recomendé tomar aceite de oliva de baja calidad en el que hubiera macerado cucarachas negras, por avaro. Anda que no habré hecho poco mal y ridiculizado poco en mis viajes. Cuántas supersticiones grotescas diferentes y sueños habré introducido en el capital espiritual del aldeano… Y en general, no me avergüenzo… ¿Qué necesidad tengo? ¿En honor de ciertas leyes?, pregunto. ¡No hay leyes ajenas, al menos en mí!

Escuchándole, pensaba que por mi parte sería muy inteligente recordar el primer salmo del rey David y salirme del camino de este pecador. Pero me apetecía conocer su historia.

Todavía estuve tres días más con él y en esos tres días confirmé mucho de lo que antes solo intuía. Por ejemplo, me quedó claro el camino por el que habían llegado al morral de Promtov distintas cosas innecesarias tales como el candelabro de cobre, el escoplo, el trozo de encaje y los collares. Comprendí que estaba arriesgando las costillas e incluso que podía ir a parar allí adonde habitualmente van a parar los coleccionistas como Promtov. Era necesario separarse de él… ¡Pero, ay, su historia!

Y he aquí que una vez que soplaba un viento cruel que nos golpeaba en las piernas, Promtov y yo nos enterramos, de día, en un almiar de paja, para resguardarnos del frío, y Promtov me contó la historia de su vida.

II
La historia de su vida

Pues bien, le contaré, para que le sea de utilidad y le sirva de lección… Comenzaré por papá. Mi papá era un hombre severo y piadoso, vivió hasta los sesenta años, hasta la jubilación con pensión completa, y cambió de domicilio a un villorrio del distrito, donde se compró una casa… Y mamá era una mujer de buen corazón y sangre caliente, de manera que puede ser que aquel papá mío no fuera mi padre. Él no me tenía en ninguna estima: por cualquier insignificancia me ponía en un rincón, de rodillas, y me azotaba con la correa. Mamá sí que me quería, y con ella vivía bien. Por cada nota que ella, a veces, enviaba a través de mí a su amigo del alma, y ella siempre tenía amigos del alma, me daba la debida recompensa, especialmente por la discreción. Cuando papá se fue, yo estaba en el sexto curso del gimnasio y en seguida fui expulsado porque confundí a los profesores de física, había que recibir las lecciones de nuestro inspector y yo las recibía de la gobernanta. Por eso, el inspector se enfadó conmigo y me mandó adonde mi papá. Me presenté ante él y le conté que bueno, le dije, que a causa de desavenencias con el inspector había sido expulsado del templo de la ciencia. Pero al parecer, dicho inspector además había enviado a papá una carta contándole la esencia del asunto, si bien calló prudentemente que me había encontrado en el lugar del delito, en la habitación de la gobernanta, y que él mismo había aparecido allí de noche y en bata, y que, al entrar, susurró con voz suave: "¿Dunechka?". Pero bueno, eso es asunto suyo. Papá, al recibirme, por supuesto, se puso a reñirme con palabras malsonantes, y mamá también. Me regañaron y decidieron enviarme a Pskov, donde papá tenía un hermano. Me mandaron a Pskov, me encontré con un tío cruel y tonto, pero las primas no estaban mal, así que se podía vivir. Sin embargo, resultó que yo tampoco era del gusto de los de allí. A los tres meses, mi tío me mandó a paseo, acusándome de conducta depravada y de ser una mala influencia para sus hijas. De nuevo me regañaron y me largaron, esta vez a una aldea con una tiíta a la provincia de Riazán. La tiíta resultó ser una tía débil y alegre, ¡y siempre había un montón de jóvenes en su casa! Pero por aquel entonces todos estaban contagiados de la estúpida moda de leer libros prohibidos… Así que ¡zas!, me encerraron en un presidio, donde estuve creo que unos cuatro meses. Mamá me decía por carta que la había matado, papá que lo había denigrado, ¡tenía unos padres muy aburridos!

¿Sabe?, mucho más apropiado que el orden actual sería que al hombre se le permitiera escoger a sus padres, ¿no es cierto? Y bien, me liberaron del presidio y fui a Nizhni Novgorod, donde tengo una hermana casada. Y resultó que mi hermana estaba superada por la familia y por eso era mala… ¿Qué hacer? Apareció en mi ayuda la feria, ingresé en el coro. Tenía una buena voz, buena apariencia, me hicieron solista, cantaba también por mi cuenta… ¿Piensa que además me emborrachaba? No, y ahora tampoco bebo casi vodka, si acaso a veces, muy de tarde en tarde, y solo para entrar en calor. Nunca fui un borracho, simplemente bebía si había un buen vino, champán, por ejemplo. Deme marsala en abundancia, seguramente lo beberé, porque me gusta, como las mujeres. Las mujeres me gustan a rabiar… y tal vez, las odio… porque habiendo tomado lo que se debe de la mujer, al instante experimento el deseo irresistible de hacerle algo espantoso, de manera, ¿sabe?, que ella no sintiera dolor ni humillación, pero que le pareciera como si su sangre y su médula espinal hubieran sido impregnadas por mí de veneno, y que toda la vida llevara consigo esta porquería de veneno y lo sintiera a cada minuto… ¡Vamos! No sé de dónde me viene tanta maldad para con ellas, no lo sé y no puedo explicármelo… Ellas siempre fueron benévolas conmigo, claro que era guapo y atrevido, ¡pero también unas falsas! Además, al diablo con ellas. Me gusta cuando lloran y gimen; miras, escuchas y piensas, ¡ajá!, ¡el que la hace la paga!

Así que canto y no me va mal, vivo alegremente. Una vez se presenta ante mí un hombre afeitado y pregunta: "¿Ha probado a actuar en un escenario?". "Actué en espectáculos caseros…". "¿Desearía un papel en un vodevil por veinticinco rublos al mes?". Venga, y nos fuimos a la ciudad de Perm. Actúo, canto en los divertimentos, en apariencia un moreno apasionado, en el pasado un criminal político. Las damas se vuelven locas por mí. Me daban segundos papeles de amantes y los representaba. Pruebe, me dijeron, héroes. Probé en Fuegos fatuos el papel de Max, y me sentía yo mismo, ¡salió muy bien! Actué toda la temporada, en verano hicimos una alegre gira: actuamos en Viatka, actuamos en Ufa, incluso en la ciudad de Elabuga actuamos. Para el invierno volvimos otra vez a Perm.

Y ese invierno sentí hacia la gente odio y repugnancia. Sales, ¿sabe?, a escena y en cuanto cientos de idiotas y canallas te clavan los ojos, te corre por la piel tal servilismo, un escalofrío cobarde, como si te hubieras sentado sobre un hormiguero. Te miran como si fueras su juguete, una cosa que hubieran comprado para su disfrute. Está en su voluntad condenarte o aprobarte… Y vigilan si haces el espectáculo ante ellos con suficiente aplicación o no. Y si les parece que lo has hecho con aplicación, gritan como asnos atados, los escuchas y te sientes contento por sus elogios. Por un momento olvidas que eres de su propiedad… después lo recuerdas y por haberte resultado agradable su aprobación no te das a ti mismo en todo el morro de milagro…

Hasta el espasmo me resultaba antipático el público, y con frecuencia me apetecía escupirle desde el escenario, insultarle con las palabras más obscenas. Con frecuencia, sientes cómo sus ojos se clavan en tu cuerpo, literalmente, y cómo espera ansiosamente que le hagas cosquillas… Esperan con la seguridad de aquella terrateniente a la que las sirvientas rascan los talones por la noche… Sientes esa espera y piensas: qué bien estaría tener en la mano un cuchillo tan grande que fuera posible cortar de una vez las narices a toda la primera fila de espectadores… ¡Que el diablo los lleve!

¿Acaso me había apasionado por el lirismo? Bueno, actúo, odio al público y quiero alejarme de él. A ello me ayudó la esposa del fiscal. Ella a mí no me gustaba, y eso a ella no le gustaba. Puso en movimiento al esposo, y fui a parar a la ciudad de Saransk. Cual mota de polvo, el viento me alejó de las orillas del Kam. ¡Ay de mí! Todo era como un sueño, en esta vida detestable.

Estoy en Saransk, y está conmigo la joven esposa de un oriundo de Perm, de profesión mercader. La tía era decidida y le gustaba mucho mi arte. Así que estábamos juntos. Dinero no teníamos, conocidos tampoco. Yo me aburría, ella también. Ella incluso comenzó a decirme, por aburrimiento, que yo no la quería. Al principio lo aguantaba, pero después me harté, y le dije: "¡Sí, aléjate de mí, por todos los diablos!". "¿Así?", dijo. Cogió un revólver, y zas, me metió una bala directamente en el hombro izquierdo, un poco más abajo y ya estaría yo en el paraíso. Bueno, por supuesto, me caí. Y ella se asustó, y del miedo se tiró a un pozo. Cogió una mojadura de muerte.

Y a mí me ingresaron en un hospital. Y, como es de suponer, por allí aparecían damas: a ellas no las alimenta el pan, solo revolotear cerca de algún asunto amoroso. Giraron a mi alrededor mientras no pude ponerme en pie, y cuando me puse en pie, me colocaron como secretario en la policía. Bueno, pertenecer a la policía es, de todas formas, más conveniente que estar bajo la vigilancia de la policía. Y así viví dos o tres meses…

Precisamente en esos días, por primera vez en mi vida, experimenté un ataqué depresivo, de los que destrozan el alma de tedio… El estado de ánimo más abominable de todos, el de una persona desfigurada… Todo alrededor pierde el interés, y apetece algo nuevo… Das bandazos de aquí para allá, buscas, buscas, encuentras algo, lo coges y enseguida te das cuenta de que no es en absoluto lo que buscas, lo que hace falta… Te sientes agarrotado interiormente, incapaz de vivir en paz contigo mismo, cuando esa paz es, de todo, lo más necesario para la persona. Un estado vil…

Y me condujo a tal extremo que me casé. Semejante actuación para una persona de mi carácter solo es posible como consecuencia de la congoja o la resaca.

Mi esposa era hija de un clérigo, vivía con su madre, su padre había muerto, y gozaba de una libertad absoluta. Tenía su propia casita, casi podría decirse casona, y dinero. La muchacha era hermosa, bastante inteligente, de carácter alegre, pero le gustaba mucho leer libros, y esto ejercía una mala influencia sobre ella y sobre mí. Permanentemente sacaba de los libros diferentes normas de vida: cogía cualquier norma y de inmediato me venía con ella. Y yo, ya desde los tiempos en que me habían salido los dientes, las normas morales no las soportaba... Al principio, me reía de mi mujer, y después empezó a darme náuseas escucharla. Me di cuenta de que siempre presumía adornada por invenciones librescas, y a las mujeres lo leído en los libros les va como al lacayo el traje del amo. Comenzamos a discutir... Conocí a un pope, un pope que había allí, libertino, guitarrista, cantante, bailaba maravillosamente el trepak ¡y bebiendo era un maestro!... Para mí era la mejor persona de la ciudad, porque con él me divertía, y mi mujer me reñía por su culpa, y hacía todo lo posible por arrastrarme a su grupo de bibliófilos y fariseos. Venía a visitarla por la tarde la gente más seria, "la mejor de la ciudad", como ella los llamaba; para mí eran serios, como los ahorcados. A mí también, por aquel entonces, me gustaba leer, pero nunca me inquietó lo leído, y además no comprendo qué falta hace. Y ellos, mi esposa y los que estaban con ella, al terminar de leer un libro cualquiera, solían experimentar tal inquietud que parecía que les hubieran caído sobre la piel un centenar de rancajos a cada uno. Para mí es así: ¿un libro?, ¡bien! ¿Interesante?, ¡todavía mejor! Pero cada libro lo ha escrito un hombre, y más alto que su cabeza no puede saltar. Todos los libros se escriben con un objetivo: todos quieren mostrar que lo bueno está bien y lo malo está mal. Y el provecho será el mismo leas cien o mil. Mi esposa devoraba los libros por docenas, tanto que yo empecé a decirle directamente que la vida me iría mucho mejor si me hubiera casado con el pope. Solo el pope me salvaba del aburrimiento, y sin él me hubiera separado de mi mujer... Tenía por costumbre irme adonde el pope en cuanto llegaban adonde ella los fariseos. Así viví año y medio. De puro aburrimiento, comencé a ayudar en los oficios al pope. Unas veces leía los apóstoles, otras, en el coro, cantaba: "Desde mi juventud, muchas pasiones han batallado contra mí".

Tuve mucha paciencia en aquel tiempo y mucho me será justificado en el juicio final por esa paciencia. Pero he aquí que vino adonde mi pope una sobrina, porque estaba viudo y porque los cerdos lo habían comido, bueno no lo habían comido del todo, pero le habían estropeado la fisonomía. ¿Sabe? Se cayó borracho en el corral y se durmió y los cerdos llegaron al patio y le comieron una oreja y algo más. Los cerdos comen todo tipo de porquería.

A consecuencia de esta pérdida, mi pope enfermó y llamó a una sobrina para que cuidara de él, y yo de ella. Y bueno, nosotros, ella y yo, nos pusimos manos a la obra con gran celo, y éxito. Y mi mujer lo averiguó y, por supuesto, se enfadó. ¿Qué podía hacer yo? También me enfadé. Ella incluso me dijo: "¡Lárgate de mi casa!". Yo pensé, pensé, y pacíficamente me fui, me fui de la ciudad. Así rompí los lazos de mi matrimonio... Si está viva, mi esposa seguramente me considerará felizmente muerto. Nunca le deseé nada malo... Pienso que ella también me habrá olvidado gustosa a mí, ¡y que vivirá en paz!

Y bien, de nuevo libre llegué a la ciudad de Pensa. Me dirigí a la policía, no había plaza; aquí, allí, ¡no había sitio en ninguna parte! Ingresé en los salmistas, canto y leo. En la iglesia, otra vez el público, y otra vez surge en mí aversión hacia él. El sueldo era mísero, y la situación de dependencia. Me iba mal. Pero una mercadera me ayudó. Era una mujer gruesa, beata, a la que la vida resultaba aburrida. Así que me eligió para su enseñanza espiritual. Y empecé a ir su casa, y ella me alimentaba. Su marido estaba en un manicomio, y ella sola dirigía un gran negocio de harina... He aquí que fui a verla con mucho cuidadito: "¿Difícil, dije, Sekleteia Kirillovna?". "Difícil", dijo. "¿Me coge como ayudante?". "Me engañarás", dijo, pero me cogió, por supuesto. Allí viví muy bien, ¡pero la ciudad resultó ser muy mala! No había ni un teatro, ni una fonda en condiciones, ni gente interesante... Empecé a sentir añoranza y escribí una carta a mi tío: en los cinco años que he estado ausente de Petersburgo, decía, he sentado la cabeza. Pido perdón por todo lo que hice, no lo volveré a hacer nunca más, y de paso le preguntaba si podría yo vivir en Piter. Mi tío me contestó que podía, pero con prudencia. Me despedí de la mercadera.

¿Sabe qué? Aquella tía era tonta, grasienta y fea. Tuve amantes muy belfamistas, elegantes, e inteligentes mujercitas tuve... Sí. Pero siempre acabé mal con ellas: o yo echo a la mujer con malicia y desprecio, o la mujer me hace una marranada. Y la tal Sekleteia me inspiraba respeto por su simplicidad. Le dije: "Adiós". "Adiós amor mío, dice. Que Dios te dé felicidad...". "¿Es que, digo, no te da pena que nos separemos?". "¿Cómo, dice, no me va a dar pena separarme de esta belleza e inteligencia? En la vida me separaría de ti, pero si es necesario. Yo, dice, te comprendo, eras un pájaro herido; pues bien, ¡vuela con Dios!". Y se puso a llorar amargamente... "¡Vaya, digo, perdóname, Sekleteia!". "Qué dices, dice, debería darte las gracias yo a ti, no perdonarte". "¿Cómo que darme las gracias? ¿Por qué habrías de darme las gracias?". "¿Qué cómo?, dice. Así eres tú: no te hubiera costado nada arruinarme, estuve completamente en tus manos, podrías haberme robado cuanto quisieras, y yo no te lo habría impedido, ¡tú eso lo sabías! ¡Y sin embargo te vas como es debido! Sé cuánto cobraste conmigo en este tiempo, en total cerca de cuatro mil. Otro en tu lugar, dice, se habría zampado toda la sopa, y habría roto la taza...". Sí, sí... eso es lo que ella dijo... ¡Ay, qué mujer tan amable!

Nos besamos y, respetándola, con el corazón ligero y cinco mil en el bolsillo —había sumado mal— hice mi aparición en Piter. Vivo como un barín, frecuento el teatro, hago amistades, a veces, por aburrimiento, juego a ser actor, pero más a las cartas. Es una hermosa ocupación la de las cartas: estás sentado a la mesa y, en el transcurso de una noche, mueres y resucitas diez veces. Es horrible saber que en el próximo minuto acabarán con tu último rublo y que tú, indigente, al pisar la calle, robarás o te pegarás un tiro. También está bien saber que tu vecino o compañero siente por su último rublo lo mismo, delicado y siniestro, que sentías tú no mucho antes que él. Ver las rojas y pálidas jetas excitadas, temblorosas por el miedo a ser derrotados y la avidez de dinero, mirarlos y batir sus cartas una tras otra, ¡ay, cómo altera eso la sangre!... Bates la carta y es como si le arrancaras al individuo un trozo de carne caliente del corazón, con nervios y sangre. ¡Dicho sea de una manera pintoresca! Ese riesgo permanente de caer es lo mejor de la vida, y el mejor pensamiento se expresa así:

Hay placer en el combate
¡Y un abismo lúgubre al borde!

Hay un gran placer en esto... y en general solo puede sentirse uno bien cuando arriesga algo. Cuanto mayor es el riesgo, mayor es la vida... ¿Ha pasado usted hambre? A mí me ha ocurrido no comer nada durante dos días seguidos... Y bien, cuando el estómago comienza a comerse a sí mismo, cuando sientes cómo se seca, muriendo de hambre, tu interior está entonces preparado para matar por un trozo de pan a un hombre, a un bebé... dispuesto a todo, y esta preparación, como la acción, tiene su propia poesía, es una sensación muy preciada, y habiendo sobrevivido a ella ¡te respetas más!

Pero bueno, continuemos nuestro abigarrado relato, que ya de por sí se alarga como una procesión funeraria en la que yo hago el papel del finado. ¡Fu! Vaya comparación estúpida se me ha venido a la cabeza. Y tal vez sea cierta... por eso, además, uno no se hace más inteligente... en alguna parte de la obra del señor Balzac hay una expresión muy precisa y certera: "Eso es tonto, como el hecho". ¿Tonto? ¡Vale, déjalo! Así que vivo en Petersburgo. Es una buena ciudad, pero sería dos veces mejor si la mitad de sus habitantes se ahogaran en aquel mar detestable que se agita cerca de ella. Vivo y llevo a cabo diferentes acciones como es menester al individuo. Le gusté a una dama, y me adquirió para mantenerme. ¿Usted se habría dejado mantener por una mujer? Pruebe porque es interesante, usted es al mismo tiempo una cosa de la señora y su patrón. Le compraron como un juguete, pero usted juega con el comprador. Este comprador acaba en sus manos y en una posición muy ridícula, siempre podéis actuar ante él como una bota que quiere ser sombrero y pide que se la pongan en la cabeza. Así viví dos o tres años, y todo iba estupendamente, o sea, con alegría. Pero entonces sucedió una historia de opereta. Una vez vino a verme alguien, un hombre muy bueno, pero que se dedicaba a negocios feos de la política, por lo que estaba oportuna y fuertemente pillado. Llegó y dijo: "¡Consígueme un pasaporte!". "¿Cuál?". "Pues así, dice: una muchacha, morena, unos veinte años, altura media, todo lo demás, lo habitual". "¿Para qué?". "Pues, dice, hay una muchacha, y hace falta que desaparezca, así que quiero darla en matrimonio con un documento ajeno". ¿Y qué? Era un alegre hombre de negocios, y casualmente mi dama tenía una doncella que convenía a lo exigido... Cogí su pasaporte, y se lo di a aquel charlatán. Bien. Pasó bastante tiempo.

De pronto, ¡zas! Aparecen dos gendarmes y dicen ¡venga! Y yo fui. Alguien, canoso y muy cruel, me pregunta: "¿Usted, dice, consiguió el pasaporte para la muchacha?". "Cierto, su señoría, solo que no sé si para esta muchacha o para otra". "¿Cómo así?". El amigo, efectivamente, olvidó decirme el nombre de la muchacha aquella. El cruel no me cree. "¿Cómo es que no la conoce y le dio el pasaporte?". "Yo no se lo di a ella...". "¿Y a quién?". "He aquí a quien...". "Ajá, dice, ¡lo tenemos! ¡Le agradezco la entrevista!". Y entonces dio la orden de arrestar a mi amigo, y a mí, de momento, encerrarme en un lugar confortable. A los dos días nos carearon a mi amigo y a mí. Él, por supuesto, confirmó mis palabras... Me preguntaron adónde quería irme tras abandonar Piter. "¿No podría vivir en Ttsarkoe Selo?", digo. "No, dice, más lejos". "¿Y en Russa?". "Más lejos todavía". Acordamos Tula. A Tula, ¡pues a Tula! "Usted, dice, puede ir incluso más lejos, si quiere, pero por aquí, en tres años, no aparezca". "Sus documentos por ahora nos los quedaremos, en recuerdo suyo, y a usted le expediremos un certificado de paso hasta Tula. Cójalo y procure largarse en veinticuatro horas...". "Bueno, ¿y qué?, pienso. Hay que obedecer a la autoridad, ¿cómo no obedecer?".

Así que... vendí todas mis pertenencias al ama de la habitación por un precio de risa y fui adonde mi dama. No me recibió, perra. Fui adonde dos o tres conocidos más y me recibieron como si fuera un leproso. Los mandé a freír espárragos a todos, y me fui a un lugar misericordioso para pasar en él mis últimas horas en Piter. Hacia las seis de la mañana salí de allí sin un céntimo en los bolsillos, ¡me había quedado limpio jugando a las cartas! Curiosamente, fue un camarada fiscal el que me limpió, incluso me conmovió su talento, ganó sin ninguna indulgencia… ¡sí!… ¿Adónde podía ir yo? Me fui, no sé a qué, a la estación Moskovski, llegué, me abrí paso a empujones, y vi que salía un tren para Moscú. Entré en un vagón y me senté. Avancé dos estaciones, me echaron triunfalmente. Querían levantar acta, me preguntaron que quién era yo, les mostré mi certificado y me dejaron en paz. "Váyase, dicen, lejos". Me voy. Anduve unas diez verstas, me cansé y sentí que necesitaba comer. Una casilla. Un guarda de línea. Voy hacia él: "¡¿Me darías, amigote, un trozo de pan?!". Me miró y me dio no solo pan, sino también una gran taza de leche. E hice noche donde él, era mi primera vez como vagabundo, al aire libre, sobre el heno, en el campo, detrás de la casilla. Desperté al día siguiente, brillaba el sol, el aire picaba como si fuera champán, verde, pájaros. Cogí aún más pan del guarda y me fui.

Usted debería comprender esto: en la vida de vagabundo hay algo absorbente, que te devora. Es agradable sentirse libre de las obligaciones, de los pequeños lazos que vinculan tu vida al resto de personas… de cualesquiera insignificancias, antes de que acorralen tu vida y ya no sea un placer sino una carga aburrida… un pesado cesto de obligaciones… Como la obligación de vestirse correctamente, hablar correctamente… y hacerlo todo como es costumbre, no como a ti te apetece. Al encontrarte con un conocido es preciso, según la costumbre, decirle ¡hola!, y no ¡muérete!, como a veces apetece decir.

En general, si somos sinceros, todas estas solemne—estúpidas relaciones que se establecen entre la gente honrada de la ciudad ¡son una aburrida comedia! Es más, una vil comedia porque nadie llama a nadie a la cara idiota, ni canalla… y si alguna vez se hace esto, es solo en un ataque de esa sinceridad llamada cólera…

Y como vagabundo vives al margen de todas esas pejigueras… El propio hecho de que tú sin pena hayas renunciado a diferentes comodidades de la vida y puedas sobrevivir sin ellas, de alguna manera eleva agradablemente tu autoestima. Te haces tolerante contigo mismo sin volver la mirada atrás, si bien yo conmigo nunca he sido severo, no me llamaba al orden, ni me dolieron nunca las muelas de mi conciencia, ni arañé mi corazón con las uñas de mi mente. ¿Sabe?, yo pronto y casi sin sentirlo hice mía con firmeza la más simple y sabia filosofía: vivas como vivas, morirás; para qué discutir con uno mismo, ¿para qué tirar de uno por el rabo hacia la izquierda, cuando tu naturaleza empuja poderosamente hacia la derecha? Y a la gente que se parte en dos no la soporto… ¿En provecho de qué se esfuerzan? Alguna vez he conversado con chiflados de esos. Le preguntas: "¿De qué te quejas, amigo, por qué, hermano, alborotas?". "Aspiro, dice, a la perfección…". "¿Para qué?". "¿Cómo que para qué? En el perfeccionamiento del individuo reside el sentido de la vida…". "Bueno, yo esto no lo entiendo; en el perfeccionamiento del árbol el sentido está claro: será perfeccionado hasta que sirva para el trabajo y pueda ser empleado como pértigo, ataúd o cualquier otra cosa útil para el hombre… ¡Está bien! Tú te perfeccionas, eso es asunto tuyo; pero, dime, ¿por qué me importunas y quieres convertirme a tu fe?". "Porque tú, bestia, dice, no buscas el sentido de la vida". "Pero es que yo ya lo encontré, puesto que la conciencia de mi bestialidad no me abruma". "Mientes, dice. Si lo reconoces, debes corregirte". "¿Cómo corregirse? Dado que vivo en el mundo conmigo mismo, la mente y el sentimiento en mí son una única esencia, ¡la palabra y la acción están en completa armonía!". "Eso, dice, es una infamia y un cinismo…". Y así razonan todos ellos, o al menos tenían la costumbre de hacerlo así. Siento que mienten y son tontos; siento eso y no puedo sino despreciarlos. ¡Porque yo a la gente la conozco! Si todo lo que hoy es vil, sucio y malo lo declaras mañana honrado, limpio y bueno, todos estos jetas, sin tener que hacer ningún esfuerzo, mañana serán absolutamente honrados, limpios y buenos. Para ello solo necesitan una cosa: destruir su cobardía. Ya ves. ¿Que es muy duro esto, dice? No importa, pasará. Será duro, pero es justo… Yo, ¿ve?, considero lo siguiente: sirve a dios o al diablo, pero no a dios y al diablo. Un buen villano siempre es mejor que un mal honrado. Hay negro y hay blanco, mézclalos y saldrá sucio. Durante toda mi vida me he encontrado únicamente malos honrados, de aquellos, ¿sabe?, cuya honradez se compone de trozos, como si la hubieran recogido al pie de las ventanas, cual mendigos. Tal honradez multicolor está mal encolada, tiene grietas… Y todavía queda la honradez de los libros, aprendida de la lectura y que sirve a la persona, igual que sus mejores pantalones, para las situaciones de gala. Y en general todo lo bueno de la mayoría de las buenas personas es festivo y forzado; lo retienen no en ellos, sino con ellos, para exhibir, para chulería de unos delante de otros… Encontré personas que eran buenas por naturaleza… pero se encuentran muy raramente y prácticamente solo entre las gentes sencillas, fuera de las murallas de la ciudad… ¡Sientes inmediatamente que son buenos! Y ves que nacieron buenos… sí.

Y además, ¡al diablo con ellos, con todos, con los buenos y con los malos! ¡No quiero conocer ni a Hécuba!

Le cuento hechos de mi vida concisa y superficialmente, y a usted le cuesta trabajo comprender por qué y cómo… Pero la esencia no está en los hechos, sino en los estados de ánimo. Los hechos son únicamente porquería y basura. Yo puedo llevar a cabo muchos hechos si quiero… cojo así un cuchillo y se lo clavo a usted en la garganta, será un hecho delictivo… Sin embargo, si empujo el cuchillo contra mí mismo, también será un hecho… resumiendo, se pueden realizar los más variados hechos, ¡si el estado de ánimo lo permite! El meollo de la cuestión reside en los estados de ánimo: ellos envilecen los hechos, y ellos crean los pensamientos, los ideales… ¿Y sabe usted lo que es un ideal? Es sencillamente una muleta, inventada en aquellos tiempos en los que el hombre se convirtió en una mala bestia y empezó a andar sobre las patas traseras. Al levantar la cabeza de la tierra, vio sobre ella el cielo y fue cegado por la magnificencia de su claridad. Entonces, por estupidez, se dijo: ¡lo alcanzaré! Y desde entonces deambula por la tierra con esta muleta, sosteniéndose todavía con su ayuda hasta el día de hoy sobre las patas traseras.

Usted no vaya a pensar que yo también conquistaré el cielo, nunca sentí ese deseo… eso lo he dicho así por decir algo bonito.

No obstante, la historia esta otra vez me ha atrapado. ¡No importa! En verdad, solo en las novelas los cúmulos de acontecimientos son desplegados correctamente, nuestra vida es una madejilla enredada. Además, por las novelas pagan dinero, y yo me estoy molestando gratis: ¡el diablo sabe para qué!…

Bueno, a ver, me gustó esta peregrinación, y aún me gustó más cuando rápidamente descubrí los medios de alimentación. Una vez que iba caminando vi que a lo lejos resplandecía una hacienda, y que salían a mi encuentro, entre las altas espigas de cereal, tres agradables figuras: un hombre y dos damas. El hombre de barba ya entrecana, con gafas y muy agradable, las damas con aspecto extenuado, pero también agradable. Puse cara de mártir, llegué a su altura y les pedí permiso para pasar la noche en la hacienda. Me dieron permiso y se miraron entre ellos de manera muy significativa. Les hice una reverencia, les di las gracias y seguí sin apresurarme. Dieron la vuelta y vinieron tras de mí. Entablaron conversación, que quién era, de dónde, de qué familia. Era gente humanitaria, de pensamiento liberal, y ellos mismos me apuntaban las respuestas, así que para cuando llegamos a la hacienda, ¡resultó que les había mentido el diablo sabe cuánto! Como si yo estudiara y enseñara al pueblo, y mi alma fuera presa de diferentes ideas, etcétera... Y, ¡por Dios!, todo esto sucedió únicamente porque ellos quisieron, yo lo único que hice fue no impedir que me tomaran por lo que me tomaron. Cuando me di cuenta de lo difícil que era el papel que debía interpretar para ellos, me sentí un poco mal. Pero después de la cena comprendí que interpretar ese papel tenía interés, ¡máxime con lo divinamente sabroso que comían! Comían con sentimiento, comían como gente educada. Después me acompañaron a una pequeña habitación, el hombre me facilitó unos pantalones y demás, vamos, que se portó conmigo humanitariamente. Y bien, ¡por eso di rienda suelta a mi imaginación!

¡Virgen Santísima, cómo mentí! ¡Qué tiene que ver Jlestakov! ¡Un idiota, Jlestakov! Mentí sin perder nunca la conciencia de que estaba mintiendo, incluso con deleite de cómo mentía. Mentí de tal modo que, se lo digo, ¡hasta el Mar Negro se habría ruborizado si me hubiera escuchado! Estas buenas gentes escuchaban con deleite, escuchaban y me alimentaban, y me agasajaban, como si fuera un bebé enfermo pariente suyo. Y yo en agradecimiento continuaba mintiéndoles. ¡He ahí cuando me fueron de utilidad los libros que en algún momento había leído y las discusiones de los fariseos de mi mujer!

Mentir hábilmente es un gran placer, se lo digo. Si mientes y ves que te creen, te sientes elevado por encima de la gente, y sentirse superior a los demás siempre es un placer. Apoderarse de su atención y pensar para uno mismo: "¡Idiotas!". Dejar con un palmo de narices a alguien siempre es agradable. Sí, y a ese alguien también le resulta agradable escuchar una buena mentira que le halague el oído. Y puede ser que cualquier mentira sea buena o, al contrario, que todo lo bueno sea mentira. Apenas hay en el mundo algo a lo que se preste más atención que a ciertas invenciones humanas: sueños, fantasías y demás. Tomemos, por ejemplo, el amor: yo siempre amé en las mujeres precisamente aquello que ellas nunca tenían y de lo que yo habitualmente las dotaba. Y eso era lo mejor en ellas. Ocurre que ves una muchachita fresca e inmediatamente piensas: debe abrazar así, debe besar asá. Desnuda debe ser de esta manera, llorando de esta otra y contenta de aquella otra. Después, sin darte cuenta, te convences de que es así, exactamente así como tú quieres... Y se entiende que al conocerla y saber cómo es en realidad, ¡ya estás hasta el cuello! Pero esto no es importante ya que no se puede ser enemigo del fuego solo porque de vez en cuando quema, hay que recordar que siempre calienta, ¿o no? Pues bien… Por la misma razón no se puede decir que la mentira sea nociva, denigrarla por todos los medios, preferir la verdad… todavía no está claro qué es esa verdad, nadie vio su pasaporte… y puede ser que, al presentar los documentos, resulte ser dios sabe qué…

De todas formas yo, como Sócrates, filosofo en lugar de hacer algo…

Mentí a aquella buena gente hasta agotar mi imaginación y, cuando supe que corría el peligro de resultarles aburrido, me fui lejos; viví con ellos tres semanas. Me fui bien abastecido para el camino, así que dirigí mis pasos hacia la estación más cercana, con el objetivo de ir a Moscú. De Moscú a Tula viajé gratis, por inadvertencia de los conductores.

Y heme en Tula ante el comisario de policía. Me mira y me pregunta: "¿A qué piensa dedicarse aquí?". "No sé", digo. "¿Y por qué, dice, le echaron de Petersburgo?". "Eso tampoco lo sé". "Evidentemente, dice, ¿por alguna muchacha, por algo no previsto en el código penal?", pregunta con perspicacia. Pero yo permanezco impasible. "Es usted una persona incómoda", dice. "¡Cada uno, dice, tiene su especialidad, buen señor!". Pensó, pensó, ¿y qué me propuso? "Como usted mismo escogió el lugar para vivir, dice, si esto no le gusta, puede ir a otro lugar. Hay otras ciudades, por ejemplo, Orel, Kursk, Smolensk… Ya que a usted le da igual dónde vivir, ¿no sería mejor que le diera otro certificado de tránsito? Para nosotros será muy agradable no tener que preocuparnos por su salud. Aquí tenemos tal cantidad de diligencias… y usted, dice, disculpe la sinceridad, parece una persona absolutamente capaz de aumentar las diligencias de la policía… incluso como si hubiera sido creado para ese fin". "Ya, digo, pero a mí aquí me gusta…". "Bueno, dice, ¿quiere que le de un billete de tres rublos para el camino?". "En poco, digo, valora su trabajo… Mejor permítame quedarme al amparo de las leyes de Tula". Pero él no me quiere de ninguna de las maneras… ¡Era un hombre inteligente! Y bien, le saqué quince rublos y me fui a la ciudad de Smolensk. ¿Ve? Toda mala situación de una persona tiene posibilidades de mejorar. Lo digo basándome en una sólida experiencia y por la fuerza de mi fe en la destreza de la mente humana. ¡La mente es el poder! Usted todavía es un hombre joven, y mire lo que le digo: ¡tenga fe en la mente y no se perderá nunca! Sepa que cada persona guarda en sí un idiota y un estafador: el idiota es el sentimiento, y el estafador, la inteligencia. El sentimiento, porque es tonto, directamente se sincera y no sabe fingir, ¿y acaso se puede vivir sin fingir? Es imprescindible fingir, incluso por compasión hacia las personas, es necesario, porque las personas siempre están necesitadas de piedad… y, sobre todo, cuando ellas precisamente compadecen a otras…

Así que me fui a Smolensk sintiendo que la tierra estaba firme bajo mis pies, y sabiendo que siempre puedo contar, por una parte, con la ayuda de las personas humanitarias, y por otra con el apoyo de la policía. Los primeros me necesitan para la exteriorización de sus sentimientos, y los segundos no me necesitan; por eso unos y otros deberán pagarme de sus excedentes.

Llegué a Smolensk y como ya hacía frío decidí quedarme a pasar el invierno. Rápidamente encontré buenas personas y me instalé con ellas. No estuvo mal, pasé el invierno entretenido. Pero he aquí que llegó la primavera y, ¿puede creerlo? ¡Tiró de mí! Me apetecía vagabundear… ¿Quién me lo impedía? Me fui y de nuevo anduve pendoneando todo el verano y en invierno caí en la ciudad de Elizavetgrad. ¡Caí allí y no hubo manera de que pudiera acomodarme con nadie! ¡Luché, luché y al final encontré mi camino! Me enrolé con los reporteros del periódico local, un trabajo insignificante pero libre y que daba algo de forraje. Después conocí a los cadetes, en esa ciudad hay una academia de caballería, y una vez que nos hubimos conocido, formamos una timba. Una buena timba era; aquel invierno junté cerca de mil rublos. Y de nuevo llegó la primavera. Me encontró con dinero, con aspecto de gentleman.

¿Adónde voy? A la ciudad de Slaviansk, a los baños. Allí jugué exitosamente hasta agosto, y ese mes me vi obligado a irme. Pasé el invierno en Zhitomir con una tía, era una basura considerable, ¡pero de una belleza sin parangón!

Así viví los años de mi destierro de Piter y volví allí de nuevo. ¡El diablo sabrá por qué, pero siempre me atrajo! Llegué como un gentleman, con posibles. Encuentro a conocidos, ¿y qué sucede? Sabían de mi aventura entre los liberales de la región de Moscú. Todos sabían cómo había vivido en la hacienda de los Ivanov durante tres semanas, alimentando sus hambrientas almas con los frutos de mi fantasía, y cómo había actuado con los Petrov, y cómo había ofendido a Vasilev. ¿Qué se le va a hacer? Las cosas son como son. Si te cierran siete puertas, abre otras diez… ¡Pero no tuve suerte! ¡Intenté con todas mis fuerzas conseguir una posición estable en la sociedad, y no lo conseguí! O yo mismo había perdido en esos tres años mi capacidad de llevarme bien con la gente, o esa gente se había hecho en ese tiempo más astuta. Así que, cuando me vi en un verdadero aprieto, el diablo me empujó a ofrecer mis servicios a la policía secreta. Me ofrecí en calidad de agente para la vigilancia de las casas de juego. Me cogieron. Las condiciones eran buenas. A esa profesión secreta unía otra conocida: empecé a hacer reportajes para un periódico. Hacía la crónica de sucesos, y a veces escribía folletines. Y después jugaba. Y me aficioné al juego, me aficioné hasta tal punto que se me olvidó informar sobre él al jefe. Me olvidé completamente, ¿sabe?, de que esa era mi obligación. Y cuando perdía me acordaba: ¡y bien, hay que informar! Pero no, pensaba para mí, primero me desquito y luego informo. Aplacé así el cumplimiento de la obligación mucho tiempo, hasta que fui pillado en la mesa de juego, en el lugar del delito, por la policía. Por supuesto, los policías me abochornaron públicamente al identificarme como uno de ellos. Y al día siguiente me citaron donde corresponde, hicieron una amonestación muy cruel, me dijeron que no tengo la más mínima conciencia y me desterraron de la ciudad… ¡otra vez me desterraron! Sin derecho a volver en un período de diez años.

Llevo seis años viajando y no está mal, no me quejo a mi dios de mi suerte. De este tiempo no le voy a contar nada porque es demasiado monótono… y diverso. En general, es una vida alegre, de pájaros. Únicamente grano falta a veces… pero no hay que ser demasiado exigente, teniendo en cuenta que incluso aquellos que están en el trono no experimentan solo placer. En una vida como esta no hay obligaciones, esa es la primera ventaja, y no hay leyes, aparte de las leyes de la naturaleza, esa es la segunda. Por supuesto, los señores policías rurales de grado inferior a veces molestan, pero hay pulgas hasta en los mejores hoteles… A cambio usted puede ir a la derecha, a la izquierda, adelante, atrás, a cualquier sitio que le atraiga, y si no le atrae ningún lugar, será abastecido de pan por el aldeano, es bueno y siempre da; abastécete de pan y túmbate, mientras no tire de ti algún lugar…

¡Dónde no habré estado! He estado en las colonias tolstoianas, y me he alimentado en las cocinas de las mercaderas de Moscú. He vivido en el monasterio de las Cuevas de Kiev y en Novy Afón. He estado en Chenstojov y en Murom. A veces me parece que ya encamino mis pasos por segunda vez por todos los senderos del imperio ruso. ¡Y en cuanto se me presente la ocasión de cambiar de apariencia, me largo al extranjero! Tiraré para Rumanía, y desde allí todos los caminos estarán abiertos. Porque en Rusia ya me aburro. Y aquí “todo lo que puedo hacer, ya lo he hecho”.

Pienso que, en realidad, en estos seis años he hecho muchas cosas. ¡Cuántas palabras hermosas he dicho, qué maravillas he relatado! Llegas, ¿sabe?, a una aldea, pides un lugar donde pasar la noche, y cuando te alimentan, ¡das cuerda a tu fantasía! Es posible que hasta sectas nuevas haya fundado, ya que mucho, muchísimo he hablado de las Escrituras. Y el aldeano a las Escrituras es sensible y sobre dos palabras puede construir tal nueva creencia que vaya… ¡Y cuánto he inventado sobre las leyes de la parcelación y la repartición de la tierra! Sí, le he echado mucha imaginación a la vida.

Sí, así es como vivo… Vivo y creo. Si deseo llevar una vida sedentaria, lo consigo inmediatamente, ya que soy inteligente y me valoran las mujeres. He aquí que llego a Nikoláiev y voy al barrio Nikoláievski, donde vive la hija de un soldado de Nikoláiev. Una mujer viuda, hermosa y acomodada. Voy adonde ella y le digo: "¡Caperucita! ¡Vamos, prepárame un baño! Lávame y vísteme y estaré contigo eternamente". Siempre me lo hace todo… Y si se ha llevado un amante mientras yo no estaba, lo echará. Podría vivir en su casa un mes o más, lo que yo quisiera. Viví en su casa, por tercer año, dos meses de invierno, otros años había estado hasta tres meses… hubiera vivido todo el invierno si ella hubiera sido más inteligente pero me aburría mucho con ella. Excepto de su huerta, que le proporciona dos mil al año, la tía no quiere saber de nada.

Y entonces me fui a Kubán, a la stanitsa de Labinski. Allí hay un cosaco, Piotr Chiorny, que me considera un hombre santo, muchos me consideran un hombre de vida honrada. Mucha gente sencilla y creyente me dice: "Toma, padrecito, coge esto y enciende una vela al santo cuando estés allí…". Lo cojo. Yo valoro a los creyentes y no quiero ofenderles con la abominable verdad, diciéndoles que con su óbolo sincero no pondré una vela a un santo sino que me compraré tabaco…

Hay también muchos atractivos incluso en la conciencia del propio distanciamiento de la gente, en la clara comprensión de la altura y solidez de este muro de pecados que yo mismo he construido libremente frente a ellos. Y mucha dulzura y acidez en el riesgo permanente de ser descubierto. ¡La vida es un juego! Siempre lo juego todo, o sea nada, a una carta, y siempre gano… sin riesgo de perder otra cosa que no sea mi vida. Pero estoy convencido de que si en algún momento llegan a pegarme, no me mutilarán, me matarán. Es imposible ofenderse por ello, y sería idiota temerlo.

Y bien, joven, le he contado mi historia. Incluso con batallitas la he contado, aunque en mi historia haya habido también filosofía. ¿Y sabe? Me gusta lo que he contado. Me parece que la he contado de manera honrada. Es más, es probable que haya inventado mucho, pero realmente, si he mentido, he mentido en los hechos. No se fije en ellos sino en mi capacidad de exposición, hecha, se lo aseguro, con toda mi alma. Le he servido un guiso de fantasía con salsa de purísima verdad…

Y a fin de cuentas, ¿a santo de qué le he contado todo esto? Porque siento, querido mío, que apenas me cree… Me alegro por usted. ¡Bien! ¡No crea al hombre! Porque siempre, cuando habla de sí mismo, ¡miente! Miente en la desgracia para despertar hacia él más compasión, y miente en la felicidad para que le envidien más, en todos los casos para aumentar la atención que le prestan.

LA MADRE DEL MONSTRUO

Día tórrido. Silencio. La vida está como cristalizada en un luminoso remanso. El cielo contempla a la tierra con mirada límpida y azul por la pupila resplandeciente del sol.

El mar se diría forjado en metal liso y azuloso. En su inmovilidad, las barcas policromas de los pescadores parecen soldadas al hemiciclo tan esplendoroso como el cielo... Moviendo apenas las alas, pasa una gaviota, y en el agua palpita otra más blanca y más bella que la que hiende al aire.

El horizonte aparece confuso. Entre la bruma, se vislumbra un islote violáceo, del que no se sabe si flota dulcemente o si se derrite bajo el calor. Es una roca solitaria en medio del mar, espléndida gema del collar que forma la bahía de Nápoles.

El pétreo islote, erizado de cresta y aristas, va descendiendo hasta el agua. Su aspecto es imponente, y tiene la cima coronada por la marca verdeoscura de un viñedo, de los naranjos, de los limoneros y de las higueras, y por las menudas hojas de color de plata oxidada de los olivos. Entre este torrente de verdor que se desborda hacia el mar sonríen unas flores blancas, áureas y rojas, y los frutos anaranjados y amarillos hacen pensar en las noches sin luna y de firmamento sombrío.

El silencio reina en el cielo, en el mar y en el alma.

Entre los jardines serpentea un angosto sendero, por el que una mujer se dirige hacia la orilla. Es alta. Su vestido negro y remendado está descolorido por el uso. Su pelo brillante forma como una diadema de ricitos sobre la frente y las sienes, y es tan encrespado que no es posible alisarlo. De su rostro enjuto impresiona la mezcla de rudeza y austeridad. Hay en estas facciones algo profundamente arcaico; al tropezar con la mirada fija y sombría de sus ojos, se piensa sin querer en los ardientes orientales, en Débora y en Judit.

Anda con la cabeza agachada, haciendo calceta; el acero de las agujas brilla entre sus dedos. El ovillo de lana está oculto en una de sus faltriqueras, pero se diría que el hilo rojo sale de su pecho. El camino es sinuoso y los pedruscos crujen y resbalan a su paso. Sin embargo, la vieja sigue bajando con la misma seguridad que si sus pies viesen el sendero.

He aquí la historia de esta mujer.

Poco después de su matrimonio con un pescador, su marido salió un día a la faena y no regresó. La mujer estaba grávida.

Apenas nació el niño, ella procuró mantenerlo siempre oculto de la gente. Nunca la vieron con él en la calle, al sol, para glorificarse con su hijo, como suelen hacer todas las madres; antes al contrario, lo tenía envuelto en harapos, en un rincón de su choza.

Durante mucho tiempo ningún vecino pudo ver del niño más que la cabezota y los inmensos ojos inmóviles en la cara amarillenta. Advirtieron asimismo que la madre, que antaño había luchado a brazo partido contra la miseria, llena de alegría, infatigablemente, que sabía comunicar valor a los demás, se mostraba ahora taciturna y parecía estar siempre meditando, con el ceño fruncido, como si contemplase el mundo a través de un velo de dolor, con mirada extraña e interrogadora.

Sin embargo, no pasó mucho tiempo sin que todos se enterasen de su desgracia. El niño había nacido contrahecho, y esa era la causa de la pesadumbre de la madre y el motivo de que lo ocultase de la gente.

Entonces los vecinos, condolidos, le dijeron que comprendían el dolor de una madre que da a luz a un hijo anormal, pero que nadie, salvo la Madona, sabía si aquella prueba era un castigo, y que el niño, de todos modos, no debía ser privado de la luz del sol.

Ella prestaba oídos a la gente y les mostraba a su hijo. Tenía éste unas piernas y unos bracitos en extremo cortos, como aletas de pez; la cabeza, hinchada como una bola, se sostenía a duras penas sobre el cuello delgaducho y endeble; el rostro estaba todo surcado de arrugas; tenía los ojos turbios y la boca hendida por una sonrisa inexpresiva.

Al mirarlo, las mujeres lloraban y los hombre se retiraban mohínos, con una mueca de desdén. La madre del monstruo se sentaba en el suelo, y ora bajaba la cabeza, ora la levantaba y miraba a todos, como preguntando algo que nadie podía comprender.

Los vecinos construyeron para el engendro una caja semejante a un ataúd; lo llenaron de vellones de lana, colocaron en ella al pequeño monstruo y los pusieron en un rincón del patio. Tenían la esperanza de que el sol, hacedor de milagros, haría uno más.

Pero fue transcurriendo el tiempo y el monstruo seguía siéndolo: una cabezota enorme, un largo tronco y unos atrofiados muñones. Únicamente su sonrisa iba adquiriendo una expresión más y más definida de insaciable glotonería. En la boca surgieron dos hileras de agudos dientes, y los cortos y deformes brazos se adiestraron en coger los trozos de pan y llevarlos, sin equivocarse nunca, a la ávida bocaza.

Era mudo, pero cuando alguien comía cerca o cuando olía alimento, abría el hocico y empezaba a dar unos mugidos roncos y a menear como un loco la cabezota, mientras el blanco mate de los ojos se le cubría de venillas sanguinolentas.

Comía mucho, cada día más; su mugido se hizo persistente. La madre trabajaba sin cesar, pero su ganancia era exigua y a veces nula. No se quejaba de su suerte, y si aceptaba alguna ayuda, era de mala gana y sin despegar los labios. Cuando estaba fuera, los vecinos, cansados del constante mugir del monstruo, corrían a meterle en la boca mendrugos, frutas, legumbres y cuanto comestible tenían a mano.

—¡Te va a comer viva! —decían a la madre—. ¿Por qué no lo llevas a un asilo?

—No quiero oír hablar de eso —contestaba la pobre mujer—. Soy su madre. Yo lo traje al mundo y yo he de ganar el sustento para él.

Como aún era hermosa, más de uno quiso hacerse amar por la desdichada, pero no obtuvo el menor éxito. A uno, precisamente a aquel hacia quien se sentía más inclinada, le dijo un día:

—No puedo ser tu esposa. Tengo miedo de engendrar otro monstruo. Tú mismo te avergonzarías. ¡No, vete!

El hombre insistió, recordándole que la Madona hacía justicia a las madres y las consideraba como hermanas suyas. Pero ella exclamó:

—¡Ay! No sé de qué puedo ser culpable, pero se me castiga con crueldad.

El pretendiente suplicó, lloró, se enfureció; pero la mujer no cedió.

—Me da miedo —decía—. He perdido la fe en mi destino…

El hombre se marchó muy lejos, y no regresó nunca.

Durante muchos años, la pobre madre estuvo llenando aquella boca sin fondo que engullía sin cesar. El monstruo comía todo el fruto del trabajo materno, la sangre, la vida de la desgraciada mujer. La cabeza, cada vez más desarrollada, era horrible. Semejaba un globo a punto de desprenderse del atrofiado cuello para elevarse por el aire, tras haber topado contra las esquinas de las casas.

Todos los que pasaban por la calle y miraban hacia el patio, se detenían estupefactos, estremecidos, sin atinar a comprender qué era aquello. La caja estaba adosada a un muro por el que se enredaba una parra, y de su interior surgía la cabeza del monstruo.

El amarillento rostro estaba surcado de arrugas; los pómulos eran salientes; los ojos mates, desencajados, casi salían de las órbitas.

Aquella horrenda imagen se quedaba fija largo tiempo en la memoria. La gran nariz, achatada, vibraba y se estremecía; los labios, al moverse, dejaban al descubierto unos dientes carniceros, y a cada lado del globo surgían dos desmesuradas orejas que parecían tener vida propia e independiente… Aquel horripilante mascarón estaba rematado por un manojo de pelos negros y rizados como los de un africano.

Casi siempre se le veía con un pedazo de cualquier cosa comestible en la mano diminuta y breve como la patita de una lagartija.

Entonces inclinaba la cabeza y mascaba con gran ruido, sorbiéndose los mocos, y los ojos se le movían hasta fundirse en una mancha turbia y sin fondo sobre la pálida faz, cuyas contracciones semejaban las de la agonía. Cuando tenía hambre, alargaba el cuello y abría la boca enrojecida, de la que salía una delgada lengua de víbora para mugir con acento imperativo.

La gente se marchaba santiguándose y musitando una oración.

Aquello les recordaba todos los dolores y desgracias que les había deparado la vida.

Un herrero, hombre viejo y de carácter melancólico, repetía a menudo:

—Cuando veo esa bocaza que se lo traga todo, se me ocurre que mi fuerza ha sido también devorada por algo, no sé qué, pero que se le parece mucho. Y pienso que todos nosotros vivimos y morimos para mantener parásitos.

Aquella cara enmudecida suscitaba en todas las conciencias ideas tristes y sentimientos de espanto.

La madre escuchaba los comentarios de sus vecinos sin despegar los labios. Sus cabellos encanecieron prematuramente y las arrugas se fueron extendiendo por su rostro. Hacía ya tiempo que había perdido el hábito de reír. No ignoraban los vecinos que la infeliz se pasaba las noches enteras a la puerta de su casa mirando al cielo, como si esperase que de allí pudiera llegar el socorro. Y se decían unos a otros, encogiéndose de hombros:

—¿Qué debe estar esperando?

Terminaron por aconsejarle:

—¡Llévalo a la plaza, junto a la iglesia! Por allí pasan los extranjeros y le echarán limosna.

—Sería horrible que lo vieran los extranjeros —contestó la madre, horrorizada—. ¿Qué pensarían de nosotros?

—La desgracia existe en todos los países —le contestaron—, cosa que nadie ignora.

La madre negó con un movimiento de cabeza.

Cierto día, ocurrió que unos extranjeros visitaban el pueblo y lo husmeaban todo, entraron en el patio y se fijaron en el monstruo, que estaba metido en su caja. La madre fue testigo de sus gestos de repugnancia y comprendió que hablaban con repulsión de su hijo. Pero lo que más la sorprendió fueron ciertas palabras pronunciadas con acento de desprecio y animosidad y, también, de triunfo.

La desgraciada mujer conservó en la memoria el sonido de aquellas palabras extranjeras, que repetía insistentemente y en las que su corazón de italiana y de madre adivinaba un significado insultante. Aquel mismo día fue a casa de un adivino conocido suyo y le preguntó qué significaban las palabras que había oído.

—Convendría saber quién las ha pronunciado —contestó el hombre, frunciendo el ceño—. Pues significan: "Italia muere antes que las demás naciones italianas". ¿Quién forja semejantes mentiras?

La pobre mujer se marchó silenciosa.

Al día siguiente, a consecuencia de un hartazgo, su hijo murió entre convulsiones.

La madre se sentó en el patio, junto a la caja, con las manos cruzadas sobre aquella cabeza inerte. Permanecía quieta, inmóvil, y parecía más que nunca esperar algo. Fijaba la mirada interrogante en cada uno de los que desfilaban ante el cadáver.

Todos guardaron silencio. Nadie le preguntó nada, aunque muchos se sentían inclinados a felicitarla por haberse liberado de aquella esclavitud, o tal vez hubieran deseado consolarla por haber perdido al que, después de todo, era su hijo. Pero nadie despegó los labios. Hay momentos en que todos comprenden que ciertas cosas no pueden expresarse sin que parezcan reticencias.

Mucho tiempo después de la muerte del monstruo, la madre seguía mirando a la gente a la cara, como si preguntase no se sabe qué. Pero luego, poco a poco, pareció ir olvidándolo todo…

UNA VEZ EN OTOÑO

Una vez, en otoño, me vi en una situación tan molesta como desagradable, recién llegado a una ciudad donde no conocía a nadie. Estaba sin blanca y no tenía dónde dormir.

Tras haberme visto obligado a vender en los días previos toda mi ropa, salvo lo más imprescindible, salí de la ciudad y me dirigí a un lugar conocido como Las Bocas. Allí se encontraban los muelles donde amarraban los barcos de vapor; en la temporada de navegación aquello bullía con una actividad incesante, pero en esos momentos todo estaba tranquilo y solitario: estábamos a finales de octubre.

Caminaba arrastrando los pies por la arena húmeda, examinándola con suma atención, ansioso de encontrar en ella algún resto comestible; vagaba en solitario entre edificios desiertos y quioscos, pensando en lo bien que se está con la tripa llena…

En esas situaciones, resulta más sencillo saciar el hambre del espíritu que el hambre del cuerpo. Cuando deambulamos por las calles, nos vemos rodeados por edificios de magnífico aspecto, así como —puede uno afirmarlo sin temor a equivocarse— bien amueblados por dentro. Algo que puede suscitar en nosotros deleitosas reflexiones sobre arquitectura, higiene y muchas otras cuestiones profundas y trascendentales; nos cruzamos con personas bien vestidas y abrigadas, personas respetuosas que no vacilan en apartarse delicadamente para no tener que reparar en nuestra existencia lamentable. Os doy mi palabra: el espíritu del hambriento siempre está mejor alimentado, de forma más saludable, que el espíritu del ahíto. ¡Ahí tenemos una hipótesis a partir de la cual podemos sacar una conclusión muy graciosa a favor de los saciados!

Caía la tarde, llovía, soplaba el viento racheado del norte. Silbaba en los quioscos y tenduchos vacíos, azotaba las ventanas de los hoteles, protegidas con tablones, y llenaba de espuma las olas del río que rompían con estrépito sobre la arena de la orilla, levantando sus blancas crestas. Después, saltando impetuosamente unas sobre otras, las olas se perdían en la borrosa lejanía… Se diría que el río, sintiendo la cercanía del invierno, huía aterrado de las cadenas de hielo que aquella misma noche podía arrojarle el viento del norte. Del cielo plomizo y sombrío caían sin pausa las gotas de lluvia, diminutas, casi invisibles; dos deformes sauces derribados y una barca volcada junto a sus raíces acentuaban la triste elegía de la naturaleza que me rodeaba.

Un bote volcado y desfondado y unos árboles viejos, penosos, saqueados por el viento helado… Todo allí resultaba ruinoso, estéril y muerto, mientras el cielo derramaba inagotables lágrimas. Todo parecía tan solitario y tan lúgubre como si estuviera a punto de morir; pronto sería yo el último ser vivo, aunque también a mí me estaba esperando la gélida muerte.

Y yo tenía entonces diecisiete años, ¡maravillosa edad!

Caminé y caminé por el húmedo y desapacible arenal, entonando con los dientes una melodía dedicada al hambre y al frío, cuando de pronto, mientras buscaba afanosamente algo de comer, al pasar por uno de los quioscos, descubrí una figura de mujer. Estaba encogida en el suelo, y el vestido, empapado por la lluvia, se le pegaba a la espalda inclinada. Me detuve cerca de ella y me fijé en lo que hacía. Estaba cavando con las manos una zanja en la arena, tratando de hacer un agujero por debajo de un quiosco.

—¿Qué estás haciendo? —le pregunté, sentándome en cuclillas a su lado.

Soltó un tímido grito y rápidamente se puso en pie. En ese momento, viéndola a mi lado, mientras ella me miraba fijamente con sus asustados ojos pardos, me di cuenta de que era una muchacha de mi edad, con una cara muy bonita en la que, por desgracia, destacaban tres enormes moratones. Eso la afeaba, aunque los moratones estaban dispuestos con una asombrosa proporcionalidad: había uno debajo de cada ojo —ambos del mismo tamaño— y otro —más grande— en la frente, justo encima del entrecejo. Esa simetría delataba el trabajo de un artista, muy diestro en la labor de desfigurar una fisonomía humana.

A medida que me miraba, el temor desaparecía de los ojos de la chica… De pronto se sacudió la arena de las manos, se colocó el pañuelo de percal de la cabeza, se encogió de hombros y dijo:

—Me imagino que tú también tendrás hambre… Anda, cava tú, a mí ya me duelen las manos. Mira, ahí dentro —señaló el quiosco con la cabeza— seguro que hay pan… Aquí todavía comercian…

Y me puse a cavar. También la chica, después de estar un rato pendiente de mí, se sentó a mi lado y empezó a ayudarme…

Trabajábamos en silencio. No sabría decir ahora si en esos instantes se me pasaron por la cabeza el código penal, la moral, el derecho a la propiedad y todas esas cosas de las que, según los expertos, conviene acordarse en todos los momentos de la vida. Aunque, si no quiero apartarme demasiado de la verdad, tendré que admitir que seguramente estaría tan concentrado en la tarea de cavar aquel agujero bajo el almacén que no pensaría en nada que no fuera lo que nos aguardaba allí dentro...

Se hacía de noche. La oscuridad —húmeda, penetrante, fría— se iba cerrando a nuestro alrededor. El rumor de las olas parecía algo más sordo que antes, mientras la lluvia repiqueteaba en los tablones del quiosco con mayor frecuencia e intensidad... No muy lejos, resonó la matraca de un vigilante nocturno.

—¿Tú crees que habrá un suelo de madera? —preguntó en voz baja mi compinche.

Yo no entendí a qué se refería, y no le respondí.

—Decía que si habrá un suelo. Porque, de ser así, nos estamos deslomando para nada. Después de cavar el agujero, igual nos encontramos ahí dentro con unos tablones muy gruesos... Y a ver quién los quita... Sería mejor reventar el candado... No debe de ser muy bueno...

Las buenas ideas no visitan con frecuencia la cabeza de las mujeres; pero, como veis, no dejan de visitarla en ocasiones... Yo siempre he apreciado las buenas ideas y siempre he tratado de aprovecharlas en la medida de lo posible.

Encontré el candado, tiré de él y saltó junto con los anillos a los que estaba enganchado... Mi compañera se encorvó de inmediato y reptó como una serpiente por la franja rectangular que acabábamos de abrir. Desde dentro me llegó su grito entusiasmado:

—¡Bravo!

Un escueto elogio femenino es para mí más preciado que un verdadero ditirambo pronunciado por un varón, aunque éste sea tan elocuente como todos los oradores de la Antigüedad juntos. Pero por aquel entonces yo era menos galante que en la actualidad y, sin hacer caso del cumplido de la chica, le pregunté brevemente, con cierta aprensión:

—¿Hay algo?

Ella empezó a enumerar monótonamente lo que iba descubriendo:

—Una cesta con unas botellas... Unos sacos vacíos... Un paraguas... Un cubo de hierro.

Nada de aquello era comestible. Sentí desvanecerse mis esperanzas... Pero, de repente, gritó animada:

—¡Ajá! Ya lo he visto…

—¿Qué?

—Pan. Una hogaza… Solo que está húmeda… ¡Toma!

A mis pies apareció una hogaza de pan, seguida por mi valerosa compañera. Tardé muy poco en arrancar un cacho, metérmelo en la boca y empezar a masticar…

—Oye tú, dame eso… Además, aquí no podemos estar. ¿Adónde podríamos ir? —Escrutó las tinieblas en todas direcciones… Era una noche oscura, húmeda, rumorosa—. Fíjate en esa barca volcada… ¿Qué dices?

—¡Vamos!

Y fuimos para allá, mientras troceábamos el botín y nos llevábamos los pedazos a la boca… La lluvia arreciaba, el río gemía, un largo silbido burlón sonaba a lo lejos, como si una criatura, enorme e impasible, se riera de todos los principios de este mundo, de aquella espantosa noche otoñal y de nosotros, sus dos héroes… Era un silbido desgarrador, pero, a pesar de todo, yo no dejaba de comer con avidez, y la muchacha, que marchaba a mi izquierda, no se quedaba atrás.

—¿Cómo te llamas? —se me ocurrió preguntarle.

—¡Natasha! —contestó, sin dejar de comer.

La miré con el corazón encogido; miré entonces la oscuridad que me envolvía, y tuve la impresión de que mi destino, de irónico semblante, me dedicaba una sonrisa fría y enigmática…

La lluvia golpeaba incansablemente las tablas de la barca, despertando tristes pensamientos con su suave susurro, y el viento silbaba al atravesar el fondo roto, metiéndose en una ranura donde pulsaba una astilla, y al hacerlo se oía un crujido inquieto y quejumbroso. Las olas del río rompían en la orilla, con un sonido monótono, desesperado, como si contaran una historia insufrible, tediosa y pesada, de la que ya estaban hartas, una historia de la que preferirían no hablar, pero que no tenían, a pesar de todo, más remedio que referir. El murmullo de la lluvia se fundía con aquel chapoteo, y sobre la barca volcada flotaba el largo y pesado suspiro de la tierra, ofendida y extenuada con aquella eterna sucesión: el paso del cálido y luminoso verano al otoño frío, húmedo y brumoso. El viento se arrastraba sobre la orilla desierta y el río espumeante, entonando deprimentes canciones…

Debajo de la barca no se estaba nada cómodo: había poco espacio, el ambiente era húmedo, las pequeñas y frías gotas de lluvia y las ráfagas de viento se colaban por el fondo destrozado…

Llevábamos un rato callados, temblando de frío. Yo tenía ganas de dormir, y recuerdo a Natasha con la espalda apoyada en la borda, acurrucada y encogida. Se abrazó las rodillas y apoyó en ellas la barbilla; miraba al río fijamente, con los ojos muy abiertos: sobre la mancha blanca de su cara parecían aún más grandes, por culpa de aquellos moratones. No se movía, y su inmovilidad y su silencio —yo me daba cuenta— me fueron intimidando poco a poco… Me apetecía hablar con ella, pero no sabía por dónde empezar…

Fue ella la primera en hablar.

—¡Condenada vida! —exclamó claramente, marcando las sílabas, en un tono profundamente convencido.

Pero no había sido una queja. Había demasiada indiferencia en sus palabras para tratarse de una queja. Yo, sencillamente, estaba en presencia de alguien que había estado dándole vueltas a una cuestión, como mejor sabía, hasta llegar a una conclusión determinada que había expresado en voz alta y a la que yo no podía oponerme sin incurrir en una contradicción. Por eso, no dije nada. Y ella, sin hacerme mucho caso, seguía allí sentada, sin moverse.

—Total, casi mejor reventar… —añadió Natasha, esta vez en voz baja, pensativa. Y tampoco esta vez había en sus palabras una sola nota de protesta. Se apreciaba claramente que, después de meditar sobre la existencia, se había examinado a sí misma y había concluido que, para preservarse de las humillaciones de la vida, no estaba en condiciones de hacer otra cosa que no fuera, justamente, "reventar".

Yo estaba asqueado de tanta lucidez, y tenía la sensación de que, si seguía callado un poco más, seguramente me echaría a llorar… Y eso habría sido un acto vergonzoso en presencia de una mujer, sobre todo porque ella, desde luego, no lloraba. Me decidí a entablar conversación.

—¿Quién te ha hecho eso? —le pregunté; no se me había ocurrido nada más inteligente.

—Ha sido Pashka… —contestó en voz alta, con firmeza.

—¿Quién es ése?

—Mi querido… Uno que es panadero…

—¿Te pega a menudo?

—Cuando bebe más de la cuenta, le da por pegarme…

Y de pronto, acercándose a mí, empezó a contarme cosas de su vida, de Pashka y de sus relaciones. Ella era una "mujer de mala vida"; él, un panadero de bigotes rojos que tocaba el acordeón divinamente. Había ido a verla a su "establecimiento" y a ella le había gustado mucho, porque era un hombre alegre y que vestía decentemente. Llevaba una poddiovka de quince rublos y botas con "adornos"... Por ese motivo se enamoró de él y él se convirtió en un cliente "de confianza". Y, al convertirse en un cliente "de confianza", se dedicó a quitarle el dinero que otros clientes le daban para golosinas, a gastarse en bebida ese dinero y a pegarle... Lo cual no habría tenido mayor importancia, si no hubiera empezado a liarse con otras delante de ella...

—¿Se habrá creído que no me importa? Como si yo fuera menos que nadie... Vamos, que se burla de mí, el muy sinvergüenza. Hace un par de días le pedí un rato libre a la patrona, fui a verle, y resulta que la borracha de Dianka estaba con él. Y él también estaba algo achispado. Le digo: "¡Serás desgraciado! ¡Bandido!". Me dio una paliza tremenda. Me pateó, me tiró de los pelos, no se privó de nada... ¡Y eso es lo de menos! Me destrozó la ropa... Y ahora ¿qué hago yo? ¿Cómo me presento con estas pintas delante de la patrona? Todo roto: el vestido, la blusa... Nuevecita que estaba... Y encima me ha dejado sin pañuelo... ¡Señor! ¿Qué va a ser de mí ahora? —empezó a gemir de pronto con voz lastimera y desgarrada.

Y el viento también gemía, cada vez con más fuerza, y cada vez más frío. Los dientes me empezaron otra vez a castañetear. También ella se encogió, muerta de frío, y se acercó tanto a mí que podía ver el brillo de sus ojos a través de la oscuridad...

—¡Qué canallas sois los hombres! Os pisotearía a todos, no os dejaría un miembro sano. Y, si alguno la espicha... ¡de buena gana le escupiría en toda la cara! ¡No me dais la menor pena! ¡Miserables! Y hay que ver qué forma de gimotear, meneando el rabo, peor que los perros, esperando a que alguna boba os haga caso, y asunto concluido. Ya está en vuestras garras... Malditos veletas...

No paraba de meterse con los hombres, poniéndolos a caldo, pero sus insultos no tenían fuerza: no se percibía en ellos ni rabia ni odio a esos "malditos veletas". En general, había en el tono de su discurso una calma que no se correspondía con el contenido y su voz resultaba tristemente pobre en matices.

Pero todo aquello me afectó mucho más que los más elocuentes, que los más convincentes entre los incontables libros y discursos pesimistas que hubiera podido leer y escuchar antes y después, y que he seguido leyendo y escuchando hasta la fecha. Y eso es así por la misma razón por la que la agonía de un hombre que está a punto de fallecer es mucho más natural y más impactante que cualquier descripción de la muerte, por precisa y hermosa que sea.

Me sentía mal; es posible que fuera más por el frío que por las palabras de mi acompañante. Suspiraba en silencio y me rechinaban los dientes.

Casi de inmediato sentí el contacto de dos manos pequeñas: una de ellas en el cuello, la otra en la cara. Y al mismo tiempo oí una voz preocupada, suave, cariñosa:

—¿Qué te pasa?

Podría haber esperado esa pregunta de cualquier persona menos de Natasha, que acababa de proclamar que todos los hombres eran unos miserables y les deseaba a todos la muerte. Pero en seguida se apresuró a añadir:

—¿Qué te pasa?, dime. ¿Tienes frío o qué? ¿Estás tiritando? ¡Ay, cómo eres! Ahí parado… ¡como un mochuelo! Tenías que haberme dicho antes que tenías frío… Anda… túmbate en el suelo… Tiéndete… yo también me tumbo… ¡así! Ahora abrázame… más fuerte… Seguro que ahora se te pasa el frío… Y después nos tumbamos espalda con espalda… Se trata de pasar la noche… Y ¿cuál es tu historia? ¿Te has dado a la bebida? ¿Te han echado del trabajo? ¡No pasa nada!

Estaba reconfortándome… Dándome ánimos…

¡Maldita sea mi estampa! ¡Tres veces maldita! ¡Cuánta ironía había en aquello! Yo estaba, en ese tiempo, seriamente preocupado por el destino de la humanidad, soñaba con la reorganización de la estructura social, con las transformaciones políticas, leía toda clase de libros diabólicamente complicados, tan profundos que, seguramente, su sentido no estaba al alcance ni de sus propios autores… Y, al mismo tiempo, trataba por todos los medios de convertirme en un "activista de primer orden". Y resulta que me estaba dando calor con su cuerpo una mujer venal, una criatura infeliz, maltratada, acosada, sin sitio a dónde ir, sin precio, a la que nunca se me habría ocurrido prestar ayuda hasta que ella me ayudó a mí, y, aunque así hubiera sido, difícilmente habría sabido cómo hacerlo.

Ay, habría jurado que todo eso me estaba pasando en sueños, en un mal sueño, en una pesadilla…

Pero ¡qué va!, eso era imposible, pues las gotas heladas de lluvia caían sobre mí, el pecho de aquella mujer se estrechaba contra mi cuerpo, exhalando en mi rostro su cálido aliento… que olía levemente a vodka, pero ¡era tan vivificante! El viento aullaba y gemía, la lluvia golpeaba la barca, las olas rompían, y nosotros dos, fuertemente abrazados, tiritábamos de frío. Todo eso era completamente real, y estoy convencido de que nadie ha tenido pesadillas tan atroces como aquella realidad.

Y Natasha me seguía hablando, con ese cariño y esa simpatía con la que solo las mujeres son capaces de hablar. Bajo la influencia de sus palabras, cariñosas e ingenuas, una tímida llama se encendió en mi interior, y en mi corazón se produjo el deshielo.

Entonces las lágrimas brotaron de mis ojos, como una granizada, llevándose consigo la rabia, la melancolía, la estupidez y la suciedad que se habían ido acumulando en mi corazón hasta esa noche…

Natasha intentaba convencerme:

—¡Venga, no llores, no seas tonto! ¡Déjalo ya! Ya verás cómo todo se arregla, con ayuda de Dios… Conseguirás otro trabajo…

Y no paraba de besarme. Continuamente, sin descanso, con fervor…

Fueron los primeros besos de mujer que me deparó la vida, y fueron los mejores besos, pues todos los que vinieron después me costaron muy caros y apenas me aportaron nada.

—Vamos, basta ya de gimoteos, ¡mira que eres raro! Mañana mismo te busco un sitio, ya que no tienes a donde ir… —oía yo, como en un sueño, un suave susurro consolador…

Estuvimos toda la noche abrazados.

Y, cuando amaneció, salimos de la barca y nos dirigimos a la ciudad… Después nos despedimos amistosamente, y no volvimos a encontrarnos jamás, a pesar de que estuve más de medio año buscando en todos los tugurios a aquella adorable Natasha, con la que pasé aquella noche, una vez, en otoño…

Si acaso ha muerto —¡qué suerte para ella!—, ojalá descanse en paz. Y, si aún vive, espero que disfrute de sosiego. Y que no se despierte en su alma la conciencia de la caída… Pues solo supondría un sufrimiento inútil y estéril…

CONTENIDO

www.ingramcontent.com/pod-product-compliance
Lightning Source LLC
LaVergne TN
LVHW101918220826
846093LV00009B/286

* 9 7 9 8 8 9 2 6 7 5 7 8 9 *